Nicola Vollkommer

# Leben am reich gedeckten Tisch

*Von Glaubensenttäuschung zu ganzer Hingabe*

SCM
R.Brockhaus

**SCM**

Stiftung Christliche Medien

SCM R.Brockhaus ist ein Imprint der SCM Verlagsgruppe, die zur Stiftung Christliche Medien gehört, einer gemeinnützigen Stiftung, die sich für die Förderung und Verbreitung christlicher Bücher, Zeitschriften, Filme und Musik einsetzt.

MIX
Papier | Fördert gute Waldnutzung
FSC® C014496

1. aktualisierte Auflage 2023 (6. Gesamtauflage)


Max-Eyth-Str. 41 · 71088 Holzgerlingen
Internet: www.scm-brockhaus.de · E-Mail: info@scm-brockhaus.de



Umschlaggestaltung: Miriam Gamper-Brühl, www.3kreativ.de
Titelbild: © Shutterstock/Ardea-studio
Satz: typoscript GmbH, Walddorfhäslach
Druck und Bindung: GGP Media GmbH, Pößneck
Gedruckt in Deutschland
ISBN 978-3-417-00055-9
Bestell-Nr. 227.000.055

In diesem Buch werden Begebenheiten geschildert,
die sich so oder ähnlich zugetragen haben.

Die Namen der Personen
und die genauen Begleitumstände wurden
aber verändert.

# INHALT

# PROLOG ZUR NEUEN AUFLAGE

Selbst für die Verhältnisse einer nahöstlichen Kultur, die bis heute großen Wert auf Gastfreundschaft legt, war Jesus sehr häufig bei Mahlzeiten anzutreffen. Oder auf dem Weg von einer Mahlzeit weg, oder unterwegs zu einer Mahlzeit. Dies war auch seinen Kritikern nicht entgangen, die sich lautstark über seine Vorliebe für Tischgemeinschaften beklagten und vor allem über die – ihrer Ansicht nach – unehrenhaften Freundschaften, die er an diesen Tischen pflegte. Auf ihre Heuchelei und doppelten Maßstäbe wies er sie oft und gerne hin:

> Denn Johannes der Täufer ist gekommen, der weder Brot aß noch Wein trank, und ihr sagt: Er hat einen Dämon. Der Sohn des Menschen ist gekommen, der da isst und trinkt, und ihr sagt: Siehe, ein Fresser und Weinsäufer, ein Freund von Zöllnern und Sündern.
>
> *Lukas 7,33-34; ELB*

Die gedeckten Tische, an denen Jesus anzutreffen war, waren mehr als nur gesellige Treffen mit Freunden, bei denen ein hungriger Magen nach einem langen Fußmarsch gesättigt wurde. Sie waren Schaumaterial für das Evangelium, das er verkündete. Sie waren sichtbare und spürbare Inszenierungen einer Einladung zu einem viel größeren Fest, das noch kommen würde und das wir ansatzweise auch hier auf Erden genießen können und zu dem wir unsere Mitmenschen einladen dürfen.

»Leben am reich gedeckten Tisch« war für mich ein riskantes Projekt, denn der Inhalt stammte aus meinem Tagebuch, das in den dunkelsten Zeiten meines Lebens entstanden war – natürlich überarbeitet und etwas vornehmer gestaltet und formuliert als in den rohen, ungefilterten Passagen, in denen ich im Original mein Herz ausschüttete. Zu viel Ehrlichkeit kann für Leser nervig sein.

Ich war in Afrika groß geworden. Der christliche Glaube bedeutete dort Opfer und Verzicht – keiner bekehrte sich zu Jesus in der Hoffnung, Vorteile davon zu haben. Vorteile gab es nicht, nur Nachteile. Nun sah ich mich zum ersten Mal mit einer anderen Art von Christen konfrontiert: dem europäischen Wohlstandschristen, bei dem sich eine gehörige Portion Streben nach Macht, Ansehen und Geld im Glaubensleben und im Dienst mitmischt – alles mit einem breiten Grinsen im Gesicht und einer Bibel in der Hand.

Wir erlebten den steilen Anstieg einer erfolgreichen Gemeindegründung – und den steilen Abstieg, der darauf folgte. Das Problem mit Erfolg ist, dass jeder sein Scheibchen davon haben will. Junge Männer, die für uns wie Brüder waren, mutierten zu ehrgeizigen Möchtegernleitern und verlangten nach ihrer Plattform. Gleichzeitig warf ein bekannter Prediger aus dem Ausland ein gieriges Auge auf die blühende Arbeit und die frustrierten Mitarbeiter und witterte seine Chance, einen Zweig seines Dienstes im finanzstarken Deutschland zu starten. Weil mein Mann sich weigerte, sich diesen Machenschaften zu beugen, wurden wir über Nacht zu Spielbällen in einem verwirrenden Karussell von Konkurrenzkämpfen, Rangordnungen und hartnäckigen Mobbingaktionen.

Gleichzeitig knabberte ich noch am Verlust einer geliebten Mutter und versuchte, vier kleine Kinder großzuziehen. Als ein ehemaliges Gemeindemitglied mich auf der Straße einmal mit den Worten begrüßte: »Ach, ihr seid noch da – das überrascht mich jetzt!«, brannte bei mir die letzte Sicherung durch. Ich fing an, mit einer aufgeschlagenen Bibel vor mir meinen Zerbruch zu protokollieren. Auf jeder Seite der Bibel fand ich meine eigene Geschichte.

Und wie sehr freue ich mich, dass viele Leserinnen und Leser vom »reich gedeckten Tisch« dieser Impulse profitiert haben!

Was wir damals noch nicht ahnten: Das, was wie ein Scheitern aussah, war der eigentliche Beginn unseres Abenteuers »Gemeinde«. Wenn jemand mich fragt, wie man haarsträubendes Unrecht gerade unter sogenannten Christen wie auch persönliche Schicksalsschläge durchleiden und trotzdem treu am Glauben bleiben kann, ist meine Antwort einfach: »Geh essen mit Jesus.« Denn: »Gott ist auch mitten unter den Kochtöpfen«, wie Teresa von Ávila gesagt hat. Ich hoffe, Sie entdecken einige von Gottes Kochtöpfen im Relaunch von »Leben am reich gedeckten Tisch«. Ich wünsche Ihnen einen »guten Appetit«!

*Nicola Vollkommer*
*Reutlingen, Juli 2022*

# VORWORT

Ein 50. Geburtstag im Bekanntenkreis. Die anfängliche Schockstarre, die mich überrollt, wenn ich mich in dieser Liga der grau werdenden Eminenzen wiederfinde, ist schnell überwunden. An Standardnettigkeiten wie »Mann, du siehst keinen Deut älter aus!«, »Hey, der Glatzkopf steht dir aber!«, »Dich habe ich sofort an der Stimme erkannt!« hat man sich gewöhnt. Es ist ein Wiedersehen von Ehemaligen aus Schülerbibelkreis, Studentenmission und Teestube. Einige haben sich seit Jahren nicht mehr gesehen.

Gespräche kreisen um Kinder, Berufe, Hausbau, schwächelnde Eltern. Alte Witze werden abgestaubt, längst vergessene Anekdötchen wachgerufen. Nach zwei oder drei Lachrunden ist das Eis gebrochen, man ist auf den gemeinsamen Nenner der guten alten Zeiten gestoßen, es wird frei geplaudert. Neben anderen Gesprächsinhalten taucht das Thema auf, das uns in unseren Jugendjahren miteinander verband: Glaube und Kirche. Die Mienen werden ernst, die Stimmen nachdenklich, hier und da ist ein Hauch von Schmerz in den Augen zu erkennen. Einige erzählen in der Vergangenheitsform. Ehemaliges dies und jenes. Ein ehemaliger Jugendleiter, ein ehemaliger Kirchengemeinderat. Eine frühere Missionarin, eine Kindermitarbeiterin im vorzeitigen Ruhestand. Worte wie »Burn-out«, »Gemeindekrise«, »Überforderung der Familie« fallen. Zwei haben eine Scheidung hinter sich. Manche haben Kinder, die von Kirche nichts wissen wollen. Einer hat besonders viel zu erzählen: Missionarssohn, Zaungast vom Fach, rhetorisch begabt. Er weiß, wo der Hase im frommen Pfeffer liegt, was die Christen falsch machen. Hat genug frommen Jargon auf Lager, um eine Lachnummer daraus zu machen.

Eine Geburtstagsparty ist nicht der beste Ort, eine Schadensanalyse durchzuführen, warum sich Leute im besten Alter in den geistlichen Ruhestand zurückziehen – in der Blüte ihrer Jahre, in bester Gesundheit, mit satten Bankkonten und vorzeigbaren Lebenskompetenzen ausgestattet. So war es nicht gedacht, denke ich, während ich in die Runde blicke, als wir uns damals in unseren Sturm-und-Drang-Jahren aufmachten, um die Welt zu verändern, Großes zu wagen und Großes zu glauben. Wir rissen andere mit unserem Pioniergeist mit, nervten nichts ahnende Freunde mit unserem missionarischen Eifer und steckten Energie, Geld und Zeit, was das Zeug hält, ins Reich Gottes. Wir gründeten Familien und schrieben in Großbuchstaben auf unsere Flagge: »Ich und mein Haus, wir wollen dem Herrn dienen.«

Auch an mir sind die Schrammen und Blessuren des Lebens nicht spurlos vorbeigegangen. Wenn ich es mit einem intakten Glauben bis zur Schlusslinie schaffe, dann eher stolpernd auf allen vieren, mit einem »Hoch auf die Gnade Gottes« auf den Lippen. Anderen eine Mahnpredigt über die Schmach der verlorenen »ersten Liebe« zu halten, würde ich mir nicht anmaßen. Muss ich auch nicht. Zum Glück.

Einmal lief mein Glaubensschiff ordentlich auf Grund. Es war eine geistliche Krise mit allen klassischen Begleiterscheinungen: ein steiler Sinkflug sämtlicher Lebensträume, eine innere Starre und Dauermüdigkeit, Gebete, die an der Decke hängen blieben und danach wieder herunterpurzelten. Im schlimmsten Fall war es mit meinem christlichen Leben nun endgültig vorbei, im besten Fall würde ich mit einem Platz auf der Ersatzbank abgespeist werden. Ich war von Gott enttäuscht. Hatte er mich doch mächtig über den Tisch gezogen mit verlockenden Versprechungen, die er nicht eingehalten hatte. Vermutlich war er von mir noch mehr enttäuscht.

Mit meinen Versprechen stand es um einiges schlechter als mit seinen. Es herrschte zwischen uns Funkstille.

Ich nahm meine Bibel in die Hand und beschäftigte mich zum ersten Mal als gescheiterter Christ damit. Ich las und las, las ganze Bücher der Bibel in einem Zug durch. Es war, als ob ich die Worte zum ersten Mal wahrnahm. Texte, die ich als Kind brav auswendig aufgesagt hatte, um mein Stempelchen in der Sonntagsschule zu verdienen, fesselten mich auf einmal. Mit Tränen im Gesicht empfand ich die biblischen Berichte plötzlich ganz anders als früher. So unterschiedlich die Personen und Ereignisse, die mir begegneten, auch waren, so einheitlich war ihre Fähigkeit, sich in meiner Seele einzunisten und mir meine eigene Geschichte zu erzählen.

Ein unscheinbarer Vers, der mir nie zuvor aufgefallen war, brachte die Wende. Es war ein kleiner Vorfall nach dem sensationellen Zug der Israeliten durch das Schilfmeer und dem Krieg gegen die Amalekiter. Wasser- und Nahrungswunder hatten die Israeliten hinter sich, die Gesetzgebung war in vollem Gange, aber noch nicht in Stein gemeißelt, das Fiasko mit dem Goldenen Kalb stand noch bevor. Dass die Massenwanderung durch die Wüste kein Picknick sein würde, war klar geworden. Mitten in diesem Dauer-Nervenkrieg erhielten Moses Mitarbeiter eine Einladung. Absender: Gott.

> Dann forderte der Herr Mose auf: »Steig herauf zu mir mit Aaron, Nadab, Abihu und 70 der führenden Männer Israels und betet mich aus einiger Entfernung an.«
>
> *2. Mose 24,1*

Ich hielt beim Lesen inne. Wie würde ich auf diese Einladung reagieren? »Häää? Auch das noch. Was habe ich schon wieder falsch gemacht?« »Was will er jetzt von mir?« »Wofür will er mich strafen?« »Was hat dieses dumme Volk schon wieder verbockt?«

Die Männer müssen bei so einer Einladung Knoten im Bauch gehabt haben. Wer in die Nähe des lebendigen Gottes geriet, hatte keine Garantie, lebendig herauszukommen. Nicht ohne Grund hüllte Gott sich damals in eine Wolke: Panische Angst brach aus, wenn er auftauchte. Ich stellte mir die ermüdeten Elitekämpfer vor, wie sie in der mörderischen Wüstenhitze ihre schweren Füße den steilen Berg hochschleppten. Ich spürte ihre düsteren Vorahnungen, die betretene Stimmung. Endlich umrundeten sie mit zitternden Knien den letzten Felsvorsprung. Ihr Gastgeber stand vor ihnen (2. Mose 24,9f). Sie blieben wie angewurzelt stehen. Eine falsche Bewegung, dann war Schluss. Aber es kam anders: *Und obwohl die führenden Männer Israels Gott sahen, tötete er sie nicht* (2. Mose 24,11).

Was wir gleich danach erfahren, ist erstaunlich: *Ja, sie aßen und tranken sogar in seiner Gegenwart!* (2. Mose 24,11). Bei diesem Satz blieb ich hängen. Tage-, wochenlang. Die Entdeckung war nichts Außergewöhnliches, und dennoch hatte ich das Gefühl, sie zum ersten Mal gemacht zu haben. Es gab eine Festtafel, bevor es eine Steintafel gab. Ein Tisch wurde gedeckt, bevor ein Auftrag erteilt wurde. Diener Gottes wurden zuerst gesättigt, dann ausgesandt. Die Anbetung kam vor der Arbeit. Die Beziehung vor den Befehlen.

Ich wusste, was ich zu tun hatte. Auch ich musste Gott anschauen und essen und trinken. Plötzlich entdeckte ich seinen Tisch überall in der Bibel. Pflichttermine, Arbeitskreise, Gremien, Mitarbeiterbesprechungen und Gottesdienste fand ich dagegen wenig. Ein Engel toastet Fladenbrot für den erschöpften und selbstmordgefährdeten Propheten Elia (1. Könige 19). König David, in existenzieller Bedrängnis, schwärmt vom gedeckten Tisch »vor den

Augen meiner Feinde« (Psalm 23,5). Daniel und seine Freunde sehen nach ihrer von Gott verordneten Gemüsesuppe fitter aus als die königlichen Angestellten, die die Gourmet-Schweinekoteletts am Tisch des Königs gegessen haben (Daniel 1). Das Essen an Gottes Tisch geht nie aus. Zwei Fische und fünf Brote reichen für 5 000 hungrige Gottesdienstbesucher und ihre Familien (Matthäus 14). Eine verzweifelte Mutter erfährt, dass selbst die Krümel, die von diesem Tisch herunterfallen, nahrhaft genug sind, um eine gequälte junge Frau wieder auf die Beine zu stellen (Matthäus 15,27).

An den ungewöhnlichsten Orten fand ich Gottes Tisch. Auf dürren Landstrichen im Niemandsland, in der sozialen Verbannung, auf den Abstellgleisen der Gesellschaft, an Orten der Trauer, wo Menschen sich selber aufgegeben hatten. Jesus erzählt seine besten Anekdoten beim Umtrunk am Stammtisch. Viele dieser Geschichten haben mit Essen und Festlichkeiten zu tun. Das Kernstück des christlichen Miteinanders, von ihm persönlich verordnet, ist nicht ein Lied, eine Liturgie, ein Missionseinsatz, nicht einmal ein Gebet – sondern ein Mahl, begleitet von der Aufforderung: *Dies tut zu meinem Gedächtnis* (Lukas 22,19; ELB). Nicht ohne Grund wird Jesus als »Schlemmer und Säufer« (Lukas 7,34) verunglimpft. Ein Gott, der zu Tisch lädt, passt nicht ins Konzept der religiösen Machthaber seiner Zeit. Ihre Welt ist der Duft von Weihrauch, nicht der Duft einer Backstube. Ihr religiöses System lebt von einem zornigen, richtenden Gott, nicht von einem, der großzügig Einladungen zum Essen verteilt.

Ich machte mir Notizen über das Benehmen der Gäste, die Gottes Festsaal betreten. Ich fragte mich, wie ich mich an ihrer Stelle verhalten hätte. Meine Reise führte mich direkt ans Herz Gottes zurück. Meine Seele lebte auf, mein Leben fing wieder Feuer für Jesus, langsam, aber sicher gingen die Lichter wieder an.

Die Entdeckungen, die ich auf dieser Reise gemacht habe, sind in den Seiten dieses Buches zusammengefasst. Sie sind an Menschen gerichtet, die glaubensmüde geworden sind, und an solche, die rechtzeitig Vorsorge treffen möchten. Sie decken manche Trends des Zeitgeistes – auch des christlichen Zeitgeistes – auf, die uns mehr schlauchen als helfen. Sie begleiten den Leser auf eine Reise zurück in die Arme eines liebenden Vaters, der es sehr wohl vermag, einen »glimmenden Docht« wieder in ein loderndes Feuer zu verwandeln (Jesaja 42,3). Sie führen in ein Reich Gottes hinein, das ein Ort der Erfrischung und der Bevollmächtigung ist und nicht die mühsame Tretmühle, die wir manchmal aus ihm machen. Ein Reich, in dem wir mit Erleichterung die Worte Jesu neu entdecken dürfen: *»Denn mein Joch passt euch genau, und die Last, die ich euch auflege, ist leicht«* (Matthäus 11,30).

Ich lade Sie herzlich ein, mit mir zusammen an Gottes Festtisch zu kommen und einen Stammplatz für sich und Ihre Familie und Ihre Freunde dort einzurichten.

Kapitel 1

# DER DUFT VON KALBSBRATEN

## Wenn der Glaube enttäuscht

»Und schlachtet das Kalb, das wir im Stall gemästet haben …« Und ein Freudenfest begann … Da wurde der ältere Bruder zornig und wollte nicht ins Haus gehen.
*Lukas 15,23-24.28*

Die Reaktion ist nachvollziehbar. Seit seiner Kindheit ist dieser junge Mann der mustergültige Sohn, der sich den Erwartungen seines Vaters mühelos fügt. Als stellvertretender Geschäftsführer verwaltet er den familiären Landwirtschaftsbetrieb. Tagsüber weist er Hilfsarbeiter ein, prüft die Milchmenge pro Kuh, führt die Aufsicht über Wartungsarbeiten an Gebäuden und Fuhrwerken, rechnet den Erlös vom Markttag aus. Abends überprüft er den Kassenstand. Nachts träumt er von Wetterturbulenzen und Heuballen. Er ist mit Herzblut dabei, ein Schufter aus Leidenschaft, der seinem Vater jeden Wunsch von den Augen abliest. An dem Tag, an dem sein kleiner Bruder, von Geburt an der klassische Faulenzer, endgültig ausbüxt und seinen Kapriolen als Partylöwe in der Ferne weiterfrönt, hat der ältere Bruder für seine trauernden Eltern wenig Verständnis. Mit dem Auszug des jungen Tunichtguts ist für ihn Reizfaktor Nummer eins entsorgt. Die Bilderbuch-Karriere kann weiterblühen – bis zu jenem Tag, an dem alles anders wird. Töne, die in diesem von Tüchtigkeit geprägten Alltag selten zu hören sind, erklingen vom Familienhaus. Düfte von Gewürzen und gebratenem Fleisch, Klänge von Musik und Gelächter füllen die Luft. Das halbe Dorf ist mit Luftballons und Wunderkerzen eingetroffen. Der Vater, außer sich vor Freude, rennt aus dem Haus, um seinem älteren Sohn die gute Nachricht zu überbringen: Der abtrünnige Nichtsnutz ist zurück!

Ein Ereignis. Unterschiedliche Reaktionen. Der ältere Bruder ist sprachlos vor Empörung. Im Handumdrehen geraten seine geordneten Strukturen aus den Fugen. Er wird mit etwas konfrontiert, das in seiner zugeknöpften Welt keinen Platz hat: ausgelassene Freude. Jahrelang angestauter Frust, der unter der Oberfläche brodelt, platzt in dem einen Satz heraus: *»All die Jahre habe ich schwer für dich gearbeitet und dir nicht ein einziges Mal widersprochen, wenn du mir etwas aufgetragen hast. Und in dieser ganzen Zeit hast du mir nicht einmal eine junge Ziege gegeben, um mit meinen Freunden ein Fest zu feiern«* (Lukas 15,29). Wer von uns fühlt nicht mit, widerspricht diese Geschichte doch jedem gesunden Menschenverstand. Sie macht eine Lachnummer aus dem primitivsten ABC einer vernünftigen Pädagogik. Immerhin hat der ältere Sohn das Getreide eingesammelt, aus dem das Mehl für die Festtorte entstanden ist. Das Kalb gezüchtet, das jetzt geschlachtet wird. Den Tisch gezimmert, auf dem die Leckereien ausgebreitet sind, mit denen die Rückkehr des Quertreibers gefeiert wird. Seit Menschengedenken erfüllt der ältere Bruder seine Pflicht bis aufs Letzte. Und jetzt wird der belohnt, der es am wenigsten verdient hat. Wie muss er sich an den Rand gedrängt, übersehen, betrogen fühlen!

## … und ich?

Es ist eins der traurigsten Bilder in der Bibel. Ein Bild, das auch heute in christlichen Kreisen häufig vorkommt. Der Mitarbeiter

Gottes, der mit verschränkten Armen an der Tür zum Saal steht und missmutig auf das Treiben der Partygäste blickt. »Und ich? Was hat mir meine Mühe für Gott gebracht?« Meist gibt es, wie beim älteren Bruder in der Geschichte, irgendeinen Auslöser, der das Fass zum Überlaufen bringt.

»Nur weil ich keine Szenen mache und kein Typ für große Emotionen bin, wird der andere bevorzugt.« – »Nur weil ich einmal ordentlich auf den Putz gehauen und meine Meinung gesagt habe, werde ich nicht mehr beachtet.« – »Nur weil ich keine aufreißende Show bieten kann, wollen die Jugendlichen einen anderen Leiter.« – »Nur weil ich an dem Tag keine Zeit hatte, werden die anderen jetzt gefragt.«

In diesem »nur weil« steckt eine Menge Herzblut und Frust, oft jahrelange Mühe und Arbeit. Es gibt kaum ein schmerzvolleres Gefühl als das, von Gott und Menschen zur Seite geschoben zu werden. Oder gar für die Mühe, die man sich gemacht hat, bestraft zu werden. Anklänge daran finden wir auch in der Klage des Psalmisten: *War es denn völlig umsonst, dass ich mein Herz rein hielt und kein Unrecht beging?* (Psalm 73,13). Es ist das nagende Gefühl: »Hab ich nur meine Zeit verschwendet? Bin ich doch auf der falschen Spur gelandet?«

Die verbalen Messerstiche, die mit dieser Geschichte direkt ins Herz der damaligen Gemeindekultur der Pharisäer gehen, sind für Jesu Publikum nicht zu überhören. Das Wertesystem, das Gott im Alten Testament für sein Volk verordnet hat, ist kalt und herzlos geworden. Dabei steht für Jesus nie zur Debatte, dieses System an sich infrage zu stellen. Er respektiert wie kein anderer die Ordnungen Gottes. Er ist nicht gekommen, um das Gesetz abzuschaffen, sondern um es zu erfüllen. Das Problem ist nicht das Gesetz selber. Das Problem ist das Gesetz in den falschen Händen. Das Gesetz als Machtkeule gegen Mitmenschen. Das Gesetz als Liste von Verhaltensnormen, die äußere Anpassung fordern und nicht innere Überzeugung. Das Gesetz als Mittel, Gott günstig zu stimmen.

Mit seiner provokativen Erzählung über die zwei Brüder legt Jesus seinen Finger auf eins der Kernprobleme des gefallenen Menschen, vor allem des religiösen gefallenen Menschen. Der Fehler des älteren Bruders ist nicht der Fleiß, mit dem er bis tief in die Nacht seine Einnahmen und Ausgaben überprüft und sich bemüht, recht zu leben. Die Bibel ist voll von Dingen, die wir richtig machen sollen, um unseretwillen und um unserer Mitmenschen willen. Das Problem ist seine Haltung. Sein zwanghaftes Bemühen, durch seinen Dienst Punkte zu erlangen. Seine Arbeit für den Vater als einen Mechanismus zu verwenden, den er selber bedienen kann, um Gegenleistungen zu bekommen. Kein Wunder, dass seine Welt plötzlich kopfsteht. Er hat die Arbeit geleistet, der Schwänzer wird belohnt.

So wird er zum Getriebenen, der zwischen Überheblichkeit und Minderwertigkeit hin- und herpendelt, zwischen Verachtung für den Unterlegenen und Argwohn dem gegenüber, der scheinbar das bessere Los gezogen hat. Der schnell auf den Gedanken kommt, dass sein Vater ihn auf dem Kieker hat. Der Angst hat, zu kurz zu kommen. Die Rückkehr seines Bruders reicht, um das Fass zum Überlaufen zu bringen.

Nichts dämpft die Stimmung in einem Festsaal mehr als eine grimmige Miene an der Tür. Der, der in der Zwangsjacke einer Leistungsfrömmigkeit lebt, will auch andere einengen. So werden Festgesellschaften zu Stressgehegen, in die sich unterschwellige Punktesysteme so lautlos hineinschleichen, dass wir sie manchmal gar nicht bemerken. Gerne bezeichnen wir diejenigen als geistlich, die unsere Vorlieben und Abneigungen teilen, die gleichen Lieder und Prediger mögen, die gleichen Kongresse besuchen, den gleichen geistlichen Trends nachlaufen, sich über die gleichen Dinge aufregen wie wir. Solche belohnen wir mit unserer Freundschaft, auf die anderen blicken wir herab.

## »Komm zu Jesus, und es geht dir gut!«

Der ältere Bruder ist ein Erfolgschrist. Er würde bei einer Predigt zustimmend nicken, in der vermittelt wird – wenn auch in verschlüsselten Botschaften –, dass der erfolgreiche Christ der ist, der für seinen guten Lebensentwurf belohnt wird und dies freudig bezeugen kann. Der den Stein der Weisen, den Schlüssel zum geistlichen Sieg, gefunden hat. Aber was, wenn der Lohn plötzlich ausbleibt? Wenn er nichts vorzuzeigen hat, was öffentlichkeitswirksam ist? Wenn er trotz aller Arbeit nicht bekommt, was nach seinen Vorstellungen sein vermeintlich gutes Recht wäre?

Demut und Ehrfurcht vor dem Herrn führen zu Reichtum, Ehre und Leben (Sprüche 22,4), verspricht der Schreiber der Weisheitsbücher. Das Verlangen, Menschen Gutes zu tun, ist ein wesentlicher Charakterzug Gottes. Auf ein üppiges Entgelt für ein Leben als Christ darf der Diener Gottes mit Recht hoffen. Überall in der Bibel werden die Segnungen und die »Wohltaten des Herrn« lautstark verkündigt (Psalm 118 und 138; 2. Mose 15,1). Alltagsfreuden wie der Tau auf dem Gras, ein schöner Sonnenuntergang, das Brot auf dem Tisch, Geld, um die Rechnung für die Heizung zu bezahlen. Oder besondere Segnungen wie eine Gehaltserhöhung, eine Hochzeit, ein Baby, eine neue Wohnung. Keine Freude, auch in unserem Leben, ist zu unbedeutend, um überschwänglich gefeiert zu werden. Allerdings nicht eins zu eins als Vergütung für erbrachte Leistungen.

Auch von Tagen, an denen Gottes Güte weder spürbar noch sichtbar ist, berichten unzählige Passagen in der Bibel. Sie sind dem Gebrüll der Verzweifelten, dem Stöhnen der Verzagten, dem Wehklagen der Trauernden gewidmet. Einen ergebnisorientierten

Glauben, der lückenlos funktioniert, bietet die Bibel nicht. Corrie ten Boom schrieb einmal:

> Oft habe ich Leute sagen hören: »Schaut doch, wie gut Gott ist: Wir haben um schönes Wetter für unseren Gemeindeausflug gebetet, und nun seht, welch wundervollen Sonnenschein er uns geschenkt hat!« Ja, Gott ist gut, wenn er uns schönes Wetter schickt. Aber Gott war auch gut, als er zuließ, dass meine Schwester Betsie vor meinen Augen in einem deutschen Konzentrationslager verhungerte. Ich erinnere mich an eine Situation dort, in der ich sehr entmutigt war. Alles um uns herum schien in Finsternis getaucht zu sein. Und dunkel war es auch in meinem Herzen. Ich erwähnte Betsie gegenüber, es schiene mir, als ob Gott uns vergessen hätte. »Nein, Corrie«, sagte Betsie, »das hat er ganz bestimmt nicht! Denk an sein Wort: ›Denn so hoch der Himmel über der Erde ist, so hoch ist seine Huld über denen, die ihn fürchten‹.«
>
> *Psalm 103,11*[1]

Wer sein Lebensglück als unverdientes Geschenk empfängt, wird gesegnet. Wer sein Lebensglück als wohlverdientes Recht betrachtet, wird enttäuscht. Wie der ältere Sohn im Gleichnis. *Weil Gott so gnädig ist,* mahnt der Apostel Paulus in seinem Schreiben an die Gemeinde in Ephesus, *hat er euch durch den Glauben gerettet. Und das ist nicht euer eigenes Verdienst; es ist ein Geschenk Gottes* (Epheser 2,8).

Vielleicht denkt Paulus an den älteren Sohn, während er diese Worte schreibt. An den Mann, der selber bestimmen will, wie der Vater ihn zu segnen hat. Es ist nicht so, dass er prinzipiell gegen Feste wäre. *»All die Jahre habe ich schwer für dich gearbeitet … und in dieser ganzen Zeit hast du mir nicht einmal eine junge Ziege gegeben,* *um mit meinen Freunden ein Fest zu feiern«* (Lukas 15,29), klagt er in seiner Verbitterung. Das Missverständnis liegt in der Definition eines Festes. Stellt er sich vielleicht eine Art Betriebsfeier vor? Sektflaschen und Ehrenreden für fleißige Angestellte, Bonusse als Anreiz für weitere gute Leistungen? Gute Publicity für die Firma? Ein kollektives Sich-auf-die-Schulter-Klopfen? Gelungene Frömmigkeit hochleben lassen?

Das Dumme ist, genau das hätte er haben können. Er ist nicht der Benachteiligte, für den er sich gerne hält, sondern der Bevorzugte. *»Wir stehen uns sehr nahe, und alles, was ich habe, gehört dir«* (Lukas 15,31), redet sein Vater auf ihn ein. Er hat eine Flatrate-Einladung in den Festsaal des Vaters, er hätte seine Freunde zu jeder Zeit zu einem Fest einladen können. Der Vater sehnt sich nach einer innigen Beziehung, auch mit ihm. Der Vater macht sich in gleicher Weise auf, um nach ihm zu schauen, wie er nach seinem jüngeren Sohn Ausschau gehalten hat. Der Missmut ist völlig fehl am Platz. Sein Gefühl »Mir hat das Ganze nichts gebracht« liegt in seiner Wahrnehmung. In dem Vergleich mit dem Bruder. Im unterschwelligen Bewusstsein, dass ihm in seiner wasserdichten Frömmigkeit doch etwas fehlt.

Enttäuschung ohne die Bereitschaft zum Umdenken ist kein guter Ratgeber, sie verzerrt das Bild. Sie hat etwas Unersättliches an sich. Sie sucht instinktiv nach einem Sündenbock und erzeugt ungerechte Feindbilder. Auch die Befriedigung ihrer Wünsche macht sie nicht glücklich. Irgendwann wird sie zu einem Lebensstil, bis hin zur Sucht. Wer die Enttäuschung hegt und pflegt, übersieht wichtige Fakten, um die eigene Sicht der Dinge zu rechtfertigen, um ja nicht sagen zu müssen: »Ich hatte unrecht.«

Der jüngere Sohn hat alles verbockt, und er weiß es. Er hat auf Kosten des Vaters in Saus und Braus gelebt, das hart erwirtschaftete Vermögen verprasst. Das Schicksal hat ihn eingeholt, Endstation

Schweinestall. Tiefer geht es für einen frommen Juden nicht. Alles, was mit Schweinen zu tun hat, ist den Juden ein Gräuel. Schweinefutter essen? Schweinemist auskehren? An jeder Stelle der Geschichte wird ein gutbürgerlicher jüdischer Magen sich umgedreht haben. Jesus hätte auch einen Kuhstall oder Hühnerstall nehmen können. Wenn er absichtlich schockieren wollte, ist es ihm gelungen. Egal, was der Junge bringt, es wird nie genug sein, um sein vermasseltes Leben wieder auf Kurs zu bringen. Geistlich, begabt, gesalbt, kraftvoll, cool, authentisch, theologisch, tüchtig genug zu werden: das kann er jetzt vergessen. Er hat nichts zu verlieren.

Das Verhalten des Vaters, der seinem abtrünnigen, unappetitlich riechenden Jungen entgegenrennt, sich schweißgebadet und leidenschaftlich auf ihn stürzt, ihn abküsst und begeistert ins Haus holt, muss für die Pharisäer schockierend sein. Der Gott des Volkes Israel, der Inbegriff von Heiligkeit, der zwischen den Cherubim thront? Das verzehrende Feuer, das den Anblick von Sünde nicht erdulden kann? So außer Rand und Band? So unprofessionell? Für einen Frevler, der ihm nur Schaden zugefügt hat?

Ja, so ist Gott. Der himmlische Arzt, der für die Kranken und nicht für die Gesunden gekommen ist, stellt sich vor. Der Gott, der seine Mittagspause an staubigen Straßenrändern verbringt, an denen Bettler nach Almosen schreien. Der sich an Spielplätzen aufhält, wo Mütter auf der Bank sitzen und über Kochtöpfe und Geburtswehen plaudern, während ihre Kinder spielen. Er unterbricht seine Reise an einem Brunnen, aus dem eine berüchtigte Frau Wasser holt. Er stochert im Sand an einer Hinrichtungsstätte und spricht eine Sünderin frei, hält an Straßenschranken an, an denen Steuereintreiber ihre krummen Geschäfte treiben, und lädt sie zu einer geselligen Runde in der Kneipe ein. Er taucht ausgerechnet an den Orten auf, an denen die geistliche Elite seiner Zeit ihren Gott am wenigsten erwarten würde.

Und ebendort, wo gebrochene Menschen nach Schweinemist stinken. Er bringt gängige Definitionen von Mühe und Lohn ins Wanken. Er lädt in eine Welt ein, in der die Letzten die Ersten sind, empfiehlt Kinder als Experten in geistlichen Angelegenheiten, bezeichnet Arme, Hungrige, Durstige und Verlierer als Gewinner. Er schenkt Gunst nicht dort, wo Menschen etwas für ihn leisten, sondern dort, wo sie nichts mehr leisten können. Und verkündet jenen Heil, die ihre Versuche, das Heil zu erlangen, an den Nagel hängen und mit einem stöhnenden »Kyrie eleison« (»Herr, erbarme dich«) kapitulieren.

In seinen drei kurzen Dienstjahren kennt Jesus nur zwei Kategorien von Menschen: Sünder, die wissen, dass sie Sünder sind, und sich auf seine Gnade werfen, und Sünder, die meinen, sie seien Gerechte. Diese nageln ihn schließlich ans Kreuz.

## Schweineställe in verschiedenen Varianten

»Manchmal beneide ich die Christen, die so eine dramatische Lebensgeschichte haben«, klagte eines Tages meine Tochter. »Ist deine nicht dramatisch?«, fragte ich sie. »Keine Drogen, keine Bettgeschichten, kein Alkohol, keine Tattoos oder Piercings, keine sensationelle Umkehr aus einem vergammelten Leben zum Glauben an Jesus. Eigentlich habe ich nichts zu erzählen! Keine Vorher-nachher-Dramatik. Ich machte schon immer alles, was ein braver Christ so macht. Sonntagsschule, Bibel lesen, beten, spenden, zum Jugendkreis gehen …« »Sei froh drum«, sagte ich, leicht eingeschnappt. »Man muss nicht in jede Scheiße getreten sein, um zu wissen, dass sie stinkt.« Das war der Standardspruch unseres Jugendleiters. Aus meinem Mund klang er gekünstelt. Über das darauf folgende Gespräch zum Thema »Schweineställe« grübelte ich lange nach.

Es gibt solche und solche Schweineställe. Die, die dramatisch stinken, aus denen der Schlamm von allen Seiten förmlich herausquillt. Dem, der dort seine Zeit abgesessen hat, geht sein Geruch voraus und seine Herkunft sieht man ihm an. Dann gibt es die unsichtbaren Schweineställe, die inneren, verdeckten, überspielten. Laut der Bibel sind sie die gefährlicheren. In so einen hatte sich der ältere Sohn verirrt. Der Schlamm und der Mist haben Namen wie Stolz, Neid, Besserwisserei, Rechthaberei, Ansprüche, Eitelkeit. Sie sind besonders heimtückisch, weil sie nicht auf den ersten Blick erkennbar sind. Erst recht nicht für die, die in ihnen drinhocken. Nach außen hin wirken sie so vornehm.

Muss man also einen Abstecher in den Schweinestall machen, bevor man sich des Kalbsbratenduftes in Gottes Festsaal erfreuen kann? Nein, man muss erkennen, dass man in einem Schweinestall sitzt – schon die ganze Zeit.

Nach einer Serie von selbst gemachten Katastrophen trifft der rebellische jüngere Bruder eine richtige Entscheidung. Er macht sich auf, um nach Hause zu kommen. Er setzt alles auf eine Karte: die Vergebung des Vaters. Alle weiteren Segnungen sind Folgen dieses entscheidenden Schrittes. Er lässt sich beschenken, ankleiden, speisen. Ihm muss man nicht erklären, dass seine Hose, seine Jacke und seine Strümpfe verseucht sind »wie ein beflecktes Kleid« (Jesaja 64,5; ELB).

Eine zweite Sache macht er richtig. In seiner fleißig geprobten Bußrede, die sich in der Begegnung mit dem Vater als überflüssig erweist, sagt er: *»Mache mich zu einem deiner Tagelöhner!«* (Lukas 15,19; LUT). In diesen zwei kleinen Worten – »Mache mich« – steckt eine tief greifende Sinnesänderung. Die Geschichte fing mit zwei anderen kleinen Worten an: »Gib mir.« *»Gib mir den Teil des Vermögens, der mir zufällt!«* (Lukas 15,12; ELB). Eine »Gib mir«-Gesinnung, an der der ältere Bruder nach wie vor festhält. »Gib mir«-Hände sind in Gottes Welt noch nie gut angekommen. »Mach mich«-Hände haben sich dagegen schon immer im festen Griff der warmen Hände Gottes wiedergefunden. Eine Seele, die formbar wie Ton in den Händen eines Töpfers ist, hat bei Gott eine Heimat.

Dieser Vater will keine Mitarbeiter, die ein Betriebszeugnis an der Tür des Festsaals präsentieren. Er will Söhne. Im Gewand gekleidet, das vom Vater geschenkt wird. Nicht Linientreue, sondern Familienähnlichkeit. Nicht ein kollegiales Nebeneinander, sondern ein leidenschaftliches Miteinander. Er will die Wiederherstellung der Zurückgekehrten, nicht die Leistungen der Angepassten.

*»Du solltest aber fröhlich und guten Mutes sein; denn dieser dein Bruder war tot und ist wieder lebendig geworden, er war verloren und ist wiedergefunden«* (Lukas 15,32; LUT). Schwingt hier der Gedanke mit, dass auch der tugendhafte Sohn wieder lebendig werden soll? Der dringende Appell, den Freudentag mitzufeiern, ist eine Einladung auch an ihn, aus dem Tod ins Leben zurückzukehren. Der Ausgang der Geschichte bleibt offen. Kehrt der ältere Sohn zurück nach Hause, oder bleibt er mit hängendem Kopf und geballten Fäusten draußen auf dem Feld? Bekennt er seine Rettungsbedürftigkeit oder hält er stur an seiner Selbstgerechtigkeit fest?

*»All die Jahre habe ich schwer für dich gearbeitet«*, klagt der aufgebrachte Mann. Der Vater kontert nicht mit einer Erklärung zum Verhältnis von Mühe und Lohn, sondern mit einer warmen, besänftigenden Hand auf dem Arm seines Sohnes. Mit einer Einladung zurück in die warme Stube, dorthin, wo Söhne und Töchter feiern, danken, wo der Vater sie aus seinem Überfluss beschenkt und mit Freude überschüttet (Psalm 36,9). Der Sohn wird vom Himmel geküsst. Genauso wie sein jüngerer Bruder. Was er daraus macht, erfahren wir nicht. Was andere biblische Helden daraus gemacht haben, können wir an vielen Stellen in der Bibel nachlesen. Wichtig ist, was wir selber daraus machen.

## Kapitel 2

# DAS GRILLFEST AM UFER

### Jenseits des Scheiterns

»Freunde, habt ihr etwas gefangen?« ...
»Kommt her und frühstückt!«

*Johannes 21,5.12*

Unter den Zuhörern beim Gleichnis der zwei Söhne sitzt Petrus. Vermutlich ganz vorn. Er gehört zum inneren Kreis. Jede Mannschaft braucht einen Visionär, einen, der anpackt, einen Manager und Stürmer aus Leidenschaft. Das ist Petrus. Er lacht vermutlich am lautesten über die Pointen in den Geschichten von Jesus, nickt am heftigsten, wenn Jesus die Pharisäer aufs Korn nimmt, und freut sich am meisten, wenn genau die Leute im Publikum sitzen, die Zielscheibe der Sticheleien von Jesus sind. Petrus ist ein Teammitglied der ersten Stunde (Markus 1,16-18). Er hat nicht einmal mit der Wimper gezuckt, als der Meister rief, hat alles fallen gelassen, seinen Beruf an den Nagel gehängt und ist Jesus nachgefolgt. Ein Mitarbeiter wie aus dem Bilderbuch. Konsequent, radikal.

Langsam dämmert es ihm, dass dieser Schritt ins Ungewisse der Schachzug seines Lebens war. Das, was die Jungs mit Jesus erleben, übertrifft ihre wildesten Vorstellungen. Keine Quasi-Heilungsgottesdienste, in denen die bedingungslose Heilung aller Krankheiten unter großem Beifall in Aussicht gestellt wird, während die Rollstuhlfahrer unverrichteter Dinge nach Hause geschoben werden. Dieser Rabbi liefert echte Ware. Beine, die seit der Kindheit leblos von einer Trage hängen, springen vor den Augen aller auf der Straße herum. Leichen, die sich im Anfangsstadium der Verwesung befinden, zucken zusammen, atmen und setzen sich auf. Im Dunstkreis gewaltiger Geschehnisse stehen alle Zeichen auf die beste Erfolgsstory aller Zeiten. Die Versammlungen sind brechend voll, Menschenmengen kreischen und drängen sich überall zusammen, wo Jesus & Co auftauchen, ganze Ortschaften sind ihretwillen in Aufruhr. Falls Jesus dazu kommt, ein Buch zu schreiben, wird es sofort ein Bestseller. Wenn einer weiß, wie man die Massen in seinen Bann zieht, dann Jesus. Wenn einer es schafft, die Feinde Israels zu vertreiben und ein messianisches Reich nach dem Vorbild des Königs David aufzurichten, dann Jesus. Alte Träume vom siegreichen Retter mit dem Schwert in der Hand machen die Runde. Das Ende der römischen Tyrannei winkt aus der Ferne.

Einer der Männer um Jesus erkennt als Erster, wer sein Herr ist. Petrus natürlich: *»Du bist der Christus, der Sohn des lebendigen Gottes!«* (Matthäus 16,16). Und er erntet von Jesus ein dickes Kompliment dafür: *»Das hat dir mein Vater im Himmel offenbart. Von einem Menschen konntest du das nicht haben«* (Matthäus 16,17). Petrus' Rolle als Galionsfigur der neuen geistlichen Bewegung ist damit besiegelt.

## Der Superstar, der kein Superstar sein will

Bei alledem sind sich Jesu Mitarbeiter sehr wohl bewusst, dass ihr Meister nicht viel auf Starallüren hält. Nur manchmal schimmern nach außen die Themen durch, die sie wirklich bewegen. Die Frage zum Beispiel nach der Besetzung einer zukünftigen Chefetage: *Und sie fingen an zu streiten, wer von ihnen im kommenden Reich Gottes der Größte sein würde* (Lukas 22,24). Jesus macht aus seinem Unmut keinen Hehl, wenn er solche Auseinandersetzungen wittert. Mit seinen gelegentlichen Anspielungen auf den bevorstehenden Kreuzestod löst er ein fassungsloses Kopfschütteln aus. Leid und Versagen passen überhaupt nicht in das Schema seiner Freunde hinein. Und alles, was nicht passt, wird verdrängt. Sogar nach der Auferstehung haken sie zaghaft nach, wie es denn mit dem messianischen Königreich stehen würde: *»Herr, wirst du Israel jetzt befreien und unser Königreich wiederherstellen?«* (Apostelgeschichte 1,6).

Immer wieder versucht Jesus, seine Mitarbeiter von ihrem Größenwahn wegzureißen. Da gibt es das Kind, das als Beispiel für wahre Größe demonstrativ in die Mitte gestellt wird. Dann die gezielte Zuwendung an alles, was gebrochen, ausgestoßen, sozial geächtet ist, was nichts zu melden, nichts zu bieten hat: Frauen, Kinder, Bettler, Opfer von Mobbing, Ausgegrenzte, nicht jüdische Migranten. Da gibt es die Seligpreisungen, in denen klar wird, dass nicht die bewaffneten Armeen, nicht die talentierten Image-Makler, nicht die professionellen Akademiker, Marketingexperten oder unterhaltsamen Bühnendarsteller das letzte Wort in seiner Welt haben werden, sondern die Demütigen, die Gestrandeten, die Verlierer.

Jesu Botschaft will partout nicht greifen. Das Problem der Jünger ist nicht ein niedriger IQ. Das Problem ist, dass sie in einem anderen Narrativ leben. Einige von Jesu Anhängern setzen sich gleich am Anfang seines Dienstes ab, weil seine Predigten ihnen nicht schmecken (Johannes 6,66). Später kommt es zu einem energischen Zusammenstoß: Jesus bringt die Sache mit der Kreuzigung schon wieder zur Sprache, und Petrus ist pikiert. Mit seinem »Nicht doch!« provoziert er die berüchtigte verbale Ohrfeige von Jesus: *»Geh weg von mir, Satan!«* (Matthäus 16,23).

Im Garten Gethsemane greift Petrus zum Schwert. Ein Diener des Verhaftungskomitees wird schwer verletzt, Blut fließt, Jesus greift ein und heilt den verwundeten Mann (Johannes 18,10). Eine Waffe dabei, sogar beim Gebetstreffen? Petrus denkt und handelt immer noch nach den Regeln der menschlichen Machtspiele.

So plötzlich wie der Traum begonnen hatte, so plötzlich ist er vorbei. Drei Jahre rauschvoller Heilungs- und Predigttouren durch die Städte Israels verpuffen innerhalb von Tagen. Träume, die Welt zu verändern, liegen in Scherben. Nicht die erhoffte Chefetage war das Ziel jener schicksalhaften Reise nach Jerusalem, sondern ein Blutbad auf der Mülldeponie außerhalb der Stadt, an dem Ort, an dem Schwerverbrecher qualvoll zu Tode gefoltert werden. Ein rascherer Sinkflug ist kaum vorstellbar. Aus dem »Hosianna« wird ein »Kreuzigt ihn!«, gleich nachdem der Sieg zum Greifen nahe gewesen war, die Straßen voll mit feiernden, Banner schwingenden Königsverehrern. Alles vermochte der Rabbi aus Nazareth, nur das alles entscheidende Wunder nicht. Der, der andere retten konnte, rettete sich selber nicht (Markus 15,31). Für die Freunde von Jesus ist Golgatha ein Verrat ohnegleichen. Um Haaresbreite hätte die brutale Strafe auch sie erwischt. Und da ist noch etwas. Schlimmer als alles andere. Petrus, das Großmaul, der immer am besten weiß, was die anderen falsch machen, streitet jede Verbindung zu seinem Meister öffentlich ab. Ein Scheitern auf der ganzen Linie. Den einen Blick aus den erschöpften, geschwollenen und blutunterlaufenen Augen seines Herrn wird Petrus wohl nie vergessen (Lukas 22,61).

## Ein unverhoffter Gruß

Eines frühen Morgens verkündet Petrus seinen Freunden: *»Ich gehe fischen«* (Johannes 21,3). Bleibt ja nicht viel anderes übrig. Die anderen gehen mit. Eine Gruppe traumatisierter Männer tut das, was Männer tun, wenn sie in Not sind – sie suchen Halt in der Arbeit. Sie werfen ihre Netze im See aus, ziehen an den schweren

Bootsseilen und machen ihre Körbe für den Fang bereit. Gedanken zu verarbeiten gibt es genug. Ja, auferstanden ist er. Sie haben ihn gesehen. Er ist es, der sie nach Galiläa bestellt hat. Aber wozu? Wird er abscheiden, mir nichts, dir nichts, und sie mit ihrem gescheiterten Leben endgültig sitzen lassen? Wird er sie für ihre feige Flucht bei der Verhaftung schelten? Diese oder ähnliche Gedanken schwirren vermutlich in ihren Köpfen herum, während der Schweiß von ihren Stirnen tropft, die Bretter knarren, die Netze in die Tiefe gelassen werden.

Mitten in die Tretmühle stumpfer Emotionen erklingt eine heitere Stimme vom Ufer her: *»Freunde, habt ihr etwas gefangen?«* (Johannes 21,5). Weil sie dies verneinen, werden die Fischer von der gleichen Stimme angewiesen, ihre Netze auf der anderen Seite des Bootes auszuwerfen. Es ist die Wiederholung einer unvergesslichen Episode aus besseren Zeiten (Lukas 5,4). Damals gab es auch eine mühsame Fahrt auf den See. Damals ließ der Fang auch auf sich warten, es kam die gleiche Anweisung, die gleiche Stimme. Auch dieses Mal stöhnen die Netze unter dem Gewicht eines gewaltigen Fangs.

Während sie an den Netzen ziehen, erreicht sie der Duft von brutzelndem Fett und gebratenem Fisch. Noch mal die Stimme: *»Kommt her und frühstückt!«* (Johannes 21,12). Alles an dieser Begebenheit trägt die Handschrift Gottes. Die Kochstelle, die Schürze um die Lenden, der Duft einer Mahlzeit, die Mut machende Stimme, die herzerwärmende Einladung. Petrus stürzt ins Wasser. Typisch Petrus. Er steht ständig unter Dampf, alles, was er tut, geschieht sofort, ohne langes Hin und Her, hundertprozentig, lautstark, überzeugt.

Weitab der religiösen Spannungsfelder, der muffigen Versammlungssäle, der Kirchenbänke, der Kanzeln, der Sitzungsräume, in denen die Fetzen fliegen, der Mitgliedersitzungen, in denen die Kräfte versagen und die Finanzen fehlen, macht Jesus das, was er am liebsten macht: Er kocht Essen für geschlauchte Mitarbeiter. Beim Anblick des Lagerfeuers muss Petrus zunächst zusammengezuckt sein. Wenige Tage zuvor gab es auch ein Lagerfeuer – im Hof des Gerichtssaals, in den Jesus von seinen Feinden geschleppt worden war. Dreimal wurde Petrus gefragt: »Warst du auch mit diesem Typ unterwegs, der gerade verhaftet wurde?« Dreimal antwortete er: »Nein, nie gesehen!« (Johannes 18).

Jetzt fasst Jesus direkt in die offene Wunde. Mit einer dreifachen Frage reduziert er all das Rennen, Schaffen, Schwitzen, Organisieren, Motivieren, Musizieren, Geldzählen eines christlichen Dienstes auf das, worum es eigentlich geht: *»Liebst du mich mehr als die anderen?«* (Johannes 21,15). Es ist die Einladung zurück zu den schlichten Anfängen, in denen die neu berufenen Jünger gefragt hatten: *»Rabbi, wo wohnst du?«* (Johannes 1,38), und nicht: *»Wer ist der Größte im Himmelreich?«* (Matthäus 18,1). Es ist eine Aufforderung, sich wieder mit dem Herrn der Arbeit zu befassen anstatt mit der Arbeit.

Mitten in seinem Tränental lernt Petrus, dass der Tod einer Vision wichtiger sein kann als deren Erfüllung. Die Zeiten, in denen sein geistlicher Dienst wie am Schnürchen gelaufen war, hatten ihre Tücken. Auf Erfolgskurs zu sein, das bedeutendste Missionswerk im Land voranzutreiben, das hat etwas Berauschendes. So weit nicht bedenklich. Schließlich werden die Jünger beauftragt, in Jesu Fußstapfen die Werke dessen zu tun, der ihnen befohlen hat, Frucht zu bringen; in seinem Auftrag Menschen zu Jüngern zu machen und Segen, Salz und Licht in den Orten zu verbreiten, in die er sie gesandt hat (Matthäus 28,19f).

Ohne eine enge Verbindung zu Jesus wird aus geistlichem Erfolg jedoch schnell ein Hamsterrad. Alles muss weiterlaufen, die Rechnungen bezahlt, die Mitarbeiter auf Trab gehalten werden. Die Gratwanderung zwischen Vision und Aktivismus ist schmal, und wir Menschen sind Meister in der Kunst, unsere Untugenden fromm anzustreichen. Wir schielen heimlich zur Seite, um festzustellen, ob wir auch gut ankommen, ob wir auf unsere Kosten kommen, in der richtigen Warteschlange stehen, die richtigen Mechanismen anwenden. Schnell werden wir zum Spielball der Erwartungen anderer, verbiegen uns, sind gereizt, wenn andere uns infrage stellen oder erfolgreicher sind als wir.

So kommt es tatsächlich vor, dass der lang erwartete Messias erscheint und ausgerechnet seine engsten Mitarbeiter den Plan nicht begreifen. Zu beschäftigt sind sie mit ihrer eigenen Erfolgsstory. So schnell wird eine Aufbruchsstimmung zum Verhängnis.

## Mit schleppendem Gang ins Haus des Herrn

In der Geschichte von Petrus entdecke ich Fragmente meiner eigenen Geschichte. Als Ehefrau eines Pastors erlebte ich Zeiten, in denen ich ganz anders empfand als der Psalmdichter in Psalm 122,1: *Ich freute mich, als sie zu mir sagten: »Wir wollen zum Haus des Herrn gehen!«* Mir graute vielmehr, wenn sie zu mir sagten, wir gehen ins Haus des Herrn. War dieses Haus doch täglicher Anlass für Migräne, Streit in der Familie, durchweinte Nächte und einen Dauer-Kloß im Hals. Wo der vermeintliche »Geist des Herrn« war (2. Korinther 3,17), war nicht Freiheit, sondern erdrückende Enge. Das Klingeln des Telefons löste Panikgefühle in mir aus. Oft war es jemand aus der Gemeinde, der sich zu kurz gekommen fühlte. Noch gab es kein Büro und kein getrenntes Telefon für meinen Mann. Alles donnerte ins Haus hinein, in dem ich versuchte, vier Kinder zu erziehen. Immer wieder drängte ich meinen Mann zum Ausstieg, zurück zu den »Fischernetzen«, aus dem Gemeindedienst heraus und in einen sicheren Beruf mit einer klar definierten Jobbeschreibung und familienfreundlichen Arbeitszeiten hinein.

Doch Jesus trat mit der Frage, die er auch Petrus gestellt hatte, dazwischen. Auch später immer wieder. Je älter ich werde, umso häufiger brauche ich diese Begegnungen mit Jesus »am Ufer«, unter vier Augen. Ich stelle mir dabei eine einzige Frage: Liebe ich ihn über alles? Liebe ich ihn mehr als Beliebtheit, Gesundheit, Ruf, Lob, Bequemlichkeit, Freizeit, Geld? Ich muss meine Liebe für Jesus immer wieder neu erkämpfen und von den Ansprüchen freilegen, die ich selber an mich habe oder die die Welt um mich herum stellt. Denn das Joch, das er mir auferlegt, ist nicht schwer, seine Bürde ist leicht. Anders als die Lasten, die mir diese Welt, meine Mitmenschen und ich selber mir auferlegen wollen.

Ein Blick auf die Titel in christlichen Buchhandlungen zeigt, wie sehr der moderne Christ zur Erfolgsliga dazugehören will. Es gibt Ratschläge im Überfluss, wie ich meine Berufung, meine Gaben, meine Gesundheit, meine christliche Traumfamilie, meine missionarischen oder meine Führungskompetenzen entdecken oder fördern kann. Geistliche Leiter geraten unter Druck, Zulieferer für einen vorzeigbaren Glauben zu werden. Wenn der versprochene Erfolg ausbleibt, fühlen sich Kinder Gottes als Versager, weil sie ihre eigenen Ideale nicht erreichen. Mitarbeiter und Finanzen fehlen an allen Ecken und Enden, aus geistlichen Hirten werden gestresste Technokraten. Burn-out ist unvermeidlich.

Eigentlich war das Reich Gottes als Kontrastprogramm zu alldem gedacht. Gottes Leute werden zunächst vom Familientisch aus gespeist, nicht vom Hauptbüro aus verwaltet. Jesus bietet eine Zuflucht vor der Mühsal dieser Welt an – nicht eine neue Variante des Erfolgsdrucks, mit Bibelversen und Lobpreisliedern untermalt. Die Antwort von Petrus *»Ja, Herr… du weißt, dass ich dich lieb habe«* befreit uns vom Drang, aus unserem geistlichen Dienst einen Hürdenlauf zu machen, und rückt alles andere im Leben in die richtige Perspektive.

Ich darf Reich Gottes als Rückkehr in die Wohnstube des Vaters neu entdecken. Ich darf so kommen, wie ich bin. Ich darf klein sein. Ich darf heulen. Ich darf ausprobieren und wieder an den Nagel hängen, wenn es nicht funktioniert. Wenn es einen Ort gibt, wo Scheitern erlaubt ist, dann die Gemeinde Jesu. Sie ist der Ort, wo Schuldige und Suchende die Bude einrennen dürfen. Der Ort, wo es um Beziehungen und nicht um Vorteile geht, wo Menschen wichtiger sind als Meinungen, Liebe mehr wert als Leistungen, biblische Maßstäbe bedeutender als gesellschaftliche Akzeptanz. Da wird die Herde Gottes geweidet, nicht angepredigt. Der Größte ist der, der dient. Die Gäste werden von der Tafel des Herrn hinausgesandt, gesättigt, gestärkt und in Feierlaune, um andere zum Fest einzuladen.

Das ist Gemeinde. Sie muss dem Herrn nicht imponieren. Sie muss ihn lieben, ihn anbeten. Und sie muss Menschen nicht imponieren. Nur dienen, über Jesus schwärmen, sprudeln.

## Das große Aufatmen

Während Petrus von dem Lederbezug eines Chefsessels träumt, entdeckt Jesus seine Vollmacht am Spülbecken in der Küche. Während Petrus auf Schwerter und Throne steht, zieht Jesus ein Geschirrtuch und einen Eimer vor. Auch andere Diener Gottes in der Bibel weisen die Verehrung ihrer Person und ihres Amtes energisch von sich. Paulus und Barnabas geraten in Panik, als die Priester des Zeustempels von Lystra Götter aus ihnen machen wollen: *Als Barnabas und Paulus merkten, was da vor sich ging, zerrissen sie bestürzt ihre Kleider, liefen hinaus unter die Menge und schrien: »Freunde, warum tut ihr das? Wir sind nur Menschen wie ihr!«* (Apostelgeschichte 14,14f).

Als der Hauptmann Cornelius sich vor Petrus auf den Boden wirft, zieht dieser den Hauptmann in einer Blitzaktion wieder auf die Beine mit den Worten: *»Steh auf! Ich bin ein Mensch wie du!«* (Apostelgeschichte 10,25f). Selbst der Engel in der Offenbarung reagiert mit Abscheu, als Johannes ihm zu Füßen fällt: *»Nein, bete nicht mich an! Denn ich bin ein Diener Gottes, genau wie du und alle anderen, die ihr an der Botschaft von Jesus festhaltet. Bete Gott an!«* (Offenbarung 19,10).

Der Prophet Elisa ist wenig beeindruckt, als der syrische Feldherr Naaman ihm eine riesige Spende als Dank für seine Heilungsdienste anbietet (2. Könige 5,15f). Er könnte das Geld bestimmt gut gebrauchen, sieht aber darin nicht die Versorgung des Herrn. Allein der Gedanke, Werke und Wunder Gottes als eine käufliche Ware zu behandeln, ist ihm ein Gräuel. Männer Gottes in der Bibel wenden jede Fixierung auf die eigene Person und den eigenen vermeintlichen Erfolg ab und weisen stattdessen auf den Herrn hin.

Es sind meist die Krisenzeiten, nicht die Höhenflüge, in denen wir zum Lagerfeuer am Ufer zurückstolpern und uns der Frage unseres Herrn ehrlich stellen: *»Liebst du mich mehr als die anderen?«* Unsere Bruchlandungen sind oft ein Zeichen seiner Gunst, nicht seiner Missgunst. Sie entlarven unsere wahren Motive. Wir lernen, uns weniger mit dem zu beschäftigen, was wir für Gott tun können, und uns stattdessen im Staunen über das zu verlieren, was er für uns getan hat. Wir werden zermürbt und ratlos, aber auch demütig, fürbittend, abhängig. Vielleicht sind solche Zeiten die eigentlichen Sternstunden in unserem Leben als Christ.

Eitelkeit, die gestorben ist, kann nicht mehr verletzt werden. Wer sich von vornherein weigert, auf ein Podest gestellt zu werden, fällt nicht hinunter, wenn Rückschläge kommen. Uns über die Rückschläge aufzuregen, macht uns bitter. Aus ihnen zu lernen, macht uns weise und gnädig. Bei dem Meister, der den »Armen im Geist«, den Hungernden, Dürstenden und Trauernden zugesichert hat, einen Stammplatz im Herzen Gottes zu haben, sind wir in bester Gesellschaft.

## »Weide meine Schafe«

18. September 19**. Das Seminar verspricht den Schlüssel zum geistlichen Erfolg. Wir sollen unsere Produktivität für die Arbeit im Reich Gottes optimieren, unsere Vision schärfen. Sauber rasierte Männer in lässigem Jugendlook erklären das Handwerk: Gemeinde, dynamisch, bunt, fürs Auge durchchoreografiert, ein Sonntagsgenuss vom Feinsten. Eine makellos geschminkte Dame stellt sich vor. Mit Dolmetscher. Stellvertretende Sekretärin des stellvertretenden Kinderpastors einer erfolgreichen amerikanischen Gemeinde. Basiswissen über Verwaltung. Schlagwörter wie »Imagemanagement« und »Menschenkapital«. Trendforschung. Wirtschaftsbücher werden zitiert, geistliche und unternehmerische Aufsteiger angeführt, Grafiken mit PowerPoint an die Wand geworfen. Durch eine neue Generation von gestylten *»World Changern«* soll »Church« in ihren modernen »Locations« einen neuen »Look« bekommen. Alle schreiben fleißig mit.

Zurück an meinem Schreibtisch zu Hause. Der Abwasch wartet, es gibt Kopfläuse in der Kinderkirche, Windpocken in der Krabbelgruppe, nicht genug Anmeldungen für den Alpha-Kurs. In der Familie Gritsche herrscht Eiszeit, Marvin ist sauer, weil der Lobpreis am Sonntag in seiner Ecke zu laut war, und Silas will Helmut von den vielen Dingen erzählen, die er in der Gemeinde in Prag besser fand. Pastorenalltag eben.

Vielleicht bin ich auf die Erfolgschristen doch etwas neidisch, bei denen alles glattzulaufen scheint. Nein, ich will es ihnen gönnen. Andere Kulturen, andere Verhältnisse; wenn es für sie funktioniert, ist es mir recht. Ich muss meinen Auftrag erfüllen, nicht ihren, und sei er auch noch so wenig glanzvoll. Aber den Gegensatz darf ich wohl ein bisschen lustig finden. Es hilft, die Dinge zu ertragen.

Putzdienst in der Gemeinde. Das Summen des Staubsaugers hat etwas Beruhigendes. Es übertönt alle anderen Geräusche, und wir zwei – der Staubsauger und ich – sind für ein paar Augenblicke in unserer eigenen Welt eingekapselt. Es ist ein Dienst mit sichtbarer Frucht: einem sauberen Teppich. Helmut saugt zwischen den Stuhlreihen, weil er weiß, wie die Stühle nachher zu stehen haben. Solche Dinge können Pastoren am besten. Ich sauge die Außenflächen und die Gänge.

Wie wäre es, mit Gott zu reden, anstatt zu grübeln? Ein Berg von Krümeln. Hier haben Kinder ein zweites Frühstück genossen. Herr, segne die Familien. Ohrstöpsel mit Blümchenmuster und liegen gelassene Infoblätter – Teenie-Mädchen. Bewahre sie, Herr, vor dem Zwang einer sexsüchtigen Gesellschaft. Ein Infoblatt, das in einen Flieger umfunktioniert wurde. Johannes und Peter aus der Jungschar, sie stecken gerade im Papierflieger-Rausch. Und die Haarspange, auch rosa, bestimmt von der kleinen Emily. Sie macht gerade so eine Rosa-Phase durch. Jesus, lass sie dich alle in jungen Jahren lieben lernen. Die Stelle vor der Säule, an der Mariannes Rollstuhl stand, bevor sie im Sommer starb. Es geht mir ein Stich durch die Seele.

Ich fahre einmal über den Läufer im Windfang. Die Schwaben mögen es ja auch draußen sauber. Morgen werden eine Menge Füße darüberlaufen und viele Räder eines bunten Sortiments von Kinderwagen und Rollstühlen darüberrollen. Einige, die sich am Frühstückstisch angebrüllt haben. Einige, die einen Krankenhausaufenthalt vor sich haben. Andere, die im Betrieb Überstunden hatten und gegen eine schleichende Depression kämpfen. Wieder andere, die ihre Pornosucht nicht in den Griff bekommen. Oder eine neue Arbeitsstelle brauchen. Oder Angst vor der Klausur oder der Fahrprüfung haben.

Danke für kostbare Menschen, die aus irgendeinem Grund dein Angesicht morgen suchen wollen, Herr. Lass es für sie mehr sein als ein Pflichttermin. Tue ihnen Gutes. Lass sie erhobenen Hauptes nach Hause gehen. Mit der gleichen Leichtigkeit wie nach einem Treffen mit guten Freunden. Zuversichtlich, dass sie ihr Leben mit deiner Hilfe wieder in den Griff bekommen. Und sich nächste Woche freuen, wenn der Sonntagswecker sagt: »Lasst uns gehen ins Haus des Herrn.« Nicht weil ihre Probleme sich dadurch in Luft auflösen, sondern weil sie wissen, dass sie nicht allein sind.

Weide deine Schafe, Herr.

## Geweidete Schafe

Das Wort »Erfolg« neu zu definieren heißt nicht, eine Tugend aus Halbherzigkeit und Versagen zu machen. Es heißt nicht, dass die Energie und der Eifer eines Petrus fehl am Platz sind. Im Gegenteil. Geweidete Schafe weiden andere Schafe. Sie sind gesund, motiviert, freigebig mit ihrer Zeit und ihrer Kraft. Die Reihenfolge ist entscheidend. Zuerst die Weide: das gemeinsame Lachen, Plaudern, Weinen, Essen, Loben, Ermahnen, Beten, Planen. Atmosphäre, nicht Abläufe. Leichtigkeit, nicht Leistung. Ob die Musik fehlerlos war, ist nicht mehr so wichtig. Wenn der Beamer Streiche spielt, kann man darüber lachen und es noch mal probieren. Fromme Besserwisserei ist verpönt. Es gibt keine unterschwellige Einteilung mehr, wer wichtig und wer weniger wichtig ist. Jeder dient Gott auf seine Weise. Die rheumakranke Dame, die gelegentlich einen Kuchen mitbringt, wenn ihre Gesundheit es erlaubt, und der Arbeitslose, der den Hof kehrt und Blumengestecke macht, sind genauso im Auftrag des Herrn unterwegs wie der vollzeitliche

Prediger oder der Lobpreisleiter. Sie werden genauso geehrt wie der millionenschwere Geschäftsmann oder das führende Mitglied der Gemeindeleitung.

Jesus empfiehlt seinen Mitarbeitern, nach getaner Arbeit zu sagen: *»Wir haben keine besondere Anerkennung verdient. Wir sind Diener und haben nur unsere Pflicht getan«* (Lukas 17,10). Mitarbeiter mit einer solchen Einstellung sind klug. Sie machen ihren Dienst nicht zum Mittelpunkt ihrer Identität. Das Richtige getan zu haben reicht, um zufrieden auf den Tag zurückzublicken. Nicht die vielen *Likes* unter den Facebook-Posts, sondern der Herr selber ist die einzige Belohnung, die sie brauchen. Sie ruhen in dem, was sie getan haben, aber auch in dem, was sie nicht tun konnten. Sie müssen nicht die Lösung für alle Probleme sein. Die gleiche Erkenntnis klingt in der Antwort von Petrus am Ufer des Sees Genezareth durch: *»Du weißt, dass ich dich lieb habe«* (Johannes 21,17). Petrus hat angefangen zu begreifen. Beziehung, nicht Leistung, ist die Triebkraft dieses Reiches. Seine Lebensgeschichte wird neu geschrieben, und das Zeitalter der christlichen Kirche kann beginnen.

Über Nacht hat sich Petrus nicht verwandelt. Zum Glück. Dann gibt es auch für mich Hoffnung. Kaum ist sein Liebesbekenntnis zu Jesus über seine Lippen gekommen, da ist er schon wieder am Vergleichen: *»Herr, was soll aber dieser?«* (Johannes 21,21; ELB). Er meint damit seinen Erzrivalen Johannes. Jesus gibt keine Antwort, er ändert nur das Thema.

Mitten in den Geburtswehen der Urgemeinde finden wir Petrus wieder am Diskutieren mit Gott. Dieses Mal geht es um die Frage, ob das Heil auch wirklich für die Heiden gilt. Petrus scheut sich nicht, dem römischen Hauptmann Cornelius ins Gesicht zu sagen: *»Ihr wisst, dass es mir nach jüdischem Gesetz verboten ist, mit einem Angehörigen eines fremden Volkes zusammenzukommen oder ein nicht jüdisches Haus wie dieses zu betreten«* (Apostelgeschichte

10,28). Später holt ihn sein jüdisches Elitedenken schon wieder in einer Auseinandersetzung mit dem Apostel Paulus ein (Galater 2,11-21). Petrus bringt es tatsächlich fertig, sich von einem heidnischen Tisch wegzusetzen, weil er Juden im Anmarsch erblickt und seinen guten Ruf nicht aufs Spiel setzen will.

Wir spulen ein paar Jahre vor, zu den letzten Kapiteln der Bibel. Petrus schreibt zwei Briefe an Gemeindemitarbeiter. Spätestens hier bekommen wir die Verwandlung eines außergewöhnlichen Mannes zu spüren.

> Schließlich sollt ihr alle einig sein, voller Mitgefühl und gegenseitiger Liebe. Seid barmherzig zueinander und demütig. Vergeltet Böses nicht mit Bösem. Werdet nicht zornig, wenn die Leute unfreundlich über euch reden, sondern wünscht ihnen Gutes und segnet sie. Denn genau das verlangt Gott von euch, und er wird euch dafür segnen!
>
> *1. Petrus 3,8f*

> Sorgt gut für die Herde Gottes, die euch anvertraut ist. Hütet sie gern und nicht widerwillig, sondern wie Gott es will. Kümmert euch nicht um sie, um euch Vorteile zu verschaffen, sondern weil ihr Gott gerne dienen wollt. Dabei sollt ihr die Menschen, die eurer Leitung unterstellt sind, nicht bevormunden, sondern sie durch euer gutes Beispiel leiten. Und wenn der oberste Hirte wiederkommt, werdet ihr mit seiner unbegrenzten Herrlichkeit belohnt werden.
>
> *1. Petrus 5,2-4*

Diese Worte sind nicht die Anweisungen eines Bürokraten, der seine geistliche Firma in Schuss halten will. Dies ist die Sprache eines Mannes, der irgendwo im Abseits, fern vom Lärm dieser Welt, mit dem Schöpfer des Universums gefrühstückt hat. Er hat begriffen, dass nicht ein König mit dem Schwert das letzte Wort in der Weltgeschichte sprechen wird, sondern ein Vater mit dem Taschentuch in der Hand, der Tränen abwischt. Der Hirte eben. Nicht der Politiker oder der Millionär oder der Herrscher. Auch nicht der professionelle Theologe.

Petrus hat die wichtigste Frage des Lebens dreimal mit »Ja« beantwortet: *»Liebst du mich mehr als die anderen?«* Und er bleibt dabei.

Kapitel 3

# DAS UNTERBROCHENE MAHL

## Wenn alles zerbricht

Eines Tages, als Hiobs Söhne und Töchter im Haus ihres ältesten Bruders miteinander aßen und Wein tranken, traf ein Bote bei Hiob ein und überbrachte ihm folgende Nachricht: »Deine Ochsen waren beim Pflügen, und die Esel weideten daneben, als die Sabäer uns plötzlich überfielen. Sie raubten uns die Tiere und töteten die Knechte. Ich bin als Einziger entkommen, um es dir zu sagen.«

*Hiob 1,13f*

Wenn ich von den Bruchlandungen eines Petrus oder des älteren Bruders im Gleichnis vom verlorenen Sohn lese, schleicht sich hin und wieder ein selbstgefälliges »Selber schuld!« in meine Gedanken: Die Jungs wussten, dass Gott von selbstgerechten Typen nicht viel hält. Hochmut kommt vor dem Fall. Sie hätten bei der Predigt besser zuhören sollen. Bei anderen biblischen Helden denke ich das nicht. Bei einem Mann namens Hiob schon gar nicht.

Die erwachsenen Kinder des wohlhabenden Unternehmers sind lebensfrohe Gesellen – Partylöwen, die in vollen Zügen von der Kohle ihres wohlhabenden Vaters profitieren und einen Hang zu hochwertigem Essen und Alkoholkonsum haben. Eines Tages setzt ein heftiger Orkan ihren geselligen Stammtischrunden ein abruptes Ende: eine ganze Festgesellschaft auf einen Schlag ausgelöscht. Das ist erst der Anfang. Danach kommt es für Hiob Schlag auf Schlag. Zwei Terroranschläge von feindlichen Militanten und ein weiterer Sturm mit einem tödlichen Blitzeinschlag zerstören innerhalb kurzer Zeit sein gesamtes Betriebskapital. Die Katastrophen fordern auch unter seinen Mitarbeitern viele Opfer.

Danach – wen wundert es? – büßt er noch seine Gesundheit ein. Ein einziger Posten aus der Reihe seiner Schicksalsschläge würde reichen, um einen normalen Menschen ins Bodenlose zu stürzen. Hiob erlebt nicht nur eine, sondern mehrere existenzielle Erschütterungen. Die Reaktionen seines unmittelbaren Umfelds setzen noch eins drauf. Seine Frau erleidet einen Nervenzusammenbruch und kann den Anblick ihres Mannes nicht mehr ertragen. Sie fordert ihn auf, seinen Glauben an den Nagel zu hängen und sich auf sein vorzeitiges Ende einzustellen. Seine Freunde starten einen langatmigen Exkurs über die vermeintlichen Fehltritte, die zu dieser Unglücksserie geführt haben.

## Ein gebrochener Becher

Als mein Blick einmal auf ein Zeitungsblatt fiel, auf dem das Trümmerfeld nach einem Busunglück abgebildet war, musste ich an Hiob denken. Von einem Detail konnte ich meine Augen nicht abwenden: einem gebrochenen Becher. Das Logo eines bekannten Fußballvereins war auf den Scherben gerade noch sichtbar. Daneben eine blutverschmierte Chipstüte. Schüler hatten sich auf der Rückfahrt von einer Klassenfahrt befunden, als der Bus aus unerklärlichen Gründen ins Schleudern geraten war und sich überschlagen hatte.

Wer hatte aus dem Becher getrunken? Wie war die Stimmung gewesen, als das Unglück passierte? So wie ich Klassenfahrten kenne, ausgelassen, laut, überdreht. Und plötzlich drückt irgendeine unsichtbare Macht auf einen Knopf, Metall knirscht auf Metall,

Menschen schreien und stöhnen, Sirenen kreischen, und für einige ist es mit dem Leben aus. Einfach so. Eine Reihe von Familien für immer gezeichnet, von einer Minute auf die nächste. Eltern, die sich auf eine Heimkehr freuten, verabreden sich stattdessen mit dem Bestattungsunternehmer. Diese willkürlichen Zufälle, diese absurden, unerbittlichen »Wenn nur«-Fragen drehen in zerschmetterten Herzen ihre Runden: »Wenn sie das Haus nur zwei Sekunden später verlassen hätte!«, »Wenn ich nur früher zum Arzt gegangen wäre!«, »Wenn wir die Kinder nur zu Hause behalten hätten!«

Dass die Vögel draußen zwitschern, die Autos fahren, die Erde ihre Kreise um die Sonne zieht, dass das Leben draußen überhaupt weitergeht – dies alles ist plötzlich eine grausame Zumutung. Kinder sind tot. Und trotzdem machen Geschäfte auf, gehen Menschen zur Arbeit, werden Zeitungen ausgetragen, fahren Müllwagen die gelben Säcke weg, als ob nichts gewesen sei?

Der gebrochene Becher blieb in meinem Gedächtnis hängen, ein Symbol für unbeschwerte Familienmahlzeiten, die durch einen Schicksalsschlag grausam unterbrochen werden.

## Conny

Ich denke an die Familie von Conny. Conny ist eine der lebenslustigsten Frauen, die ich kenne, fast zu jeder Zeit singend, tanzend oder quirlig erzählend anzutreffen. Ihre Leidenschaft ist ihr christlicher Glaube, das Thema, über das sie am liebsten redet, die Güte Gottes. Vor einigen Wochen tauchte sie in eine Welt voller Infusionen, Röntgengeräte und Spritzen ab und musste sich von einem Augenblick zum anderen an einen Glatzkopf gewöhnen. Ein Tumor am Gebärmutterhals im fortgeschrittenen Stadium. Seitdem pendelt sie hin und her zwischen dem Grauen vor der nächsten Chemotherapie und der Erleichterung, wenn sie wieder eine geschafft hat. Höhepunkte sind kleine Freuden des Alltags wie Einkaufen oder Besuche bei Freunden. Sie glaubt an Wunder und traut Gott ein übernatürliches Eingreifen zu. Ihre Freunde beten dafür – bisher wirkungslos.

Als Freundin schaut man ratlos zu, wie ein lieb gewonnener Mensch in den besten Jahren mitten aus einem ausgefüllten Leben herausgerissen wird und immer mehr von Krankheit gezeichnet ist. Umsonst stochert man nach einem Sinn in dieser Tragödie. Die alten, vertrauten »Warums« kommen mit ihrem krächzenden Gestöhne in Bewegung. Flotte Sprüche gut meinender Christen nerven. Meine eigenen auch. »Gott wird sich dadurch verherrlichen.« Soll er sich doch woanders verherrlichen. Nicht ausgerechnet bei Conny.

Und dass er seine Kinder leiden lässt, damit sie wiederum anderen helfen können? Wie grotesk. Welcher liebevolle Vater prügelt sein Kind mit den Worten: »So, jetzt kannst du mit anderen besser mitfühlen«? Wenn Gott schon zuschlagen muss, warum dann nicht bei einem der biestigen Tyrannen der Drittweltländer, die Millionen von Menschen das Leben schwer machen? Und sich mit ihren über 90 Jahren noch in bester Gesundheit befinden? Warum ausgerechnet bei Conny?

Manchmal wäre es einfacher zu glauben, dass es Gott nicht gibt, als mit dem Verdacht zu leben, dass er etwas Schreckliches zulässt, obwohl er es verhindern könnte. Ein einziger göttlicher Blick in Connys Richtung, und der Tumor wäre weg. Aber Gott steht da mit verschränkten Armen und schweigt. Oder hat gerade Wichtigeres zu tun. Oder er tut es für andere, aber nicht für sie.

Gerade das wird wiederum Teil der elenden Spirale des Leides: der Drang nach Erklärungen, um die Welt wieder berechenbar zu machen, um den Anspruch auf eine geordnete Existenz abzusichern in der Hoffnung, dass uns nicht das Gleiche geschieht. »Alles,

Herr, nur das bitte nicht! Nicht mit uns!« Das sind doch die Dinge, die immer einem anderen, nicht mir oder meinen Freunden, passieren, so denken wir. Aber wenn jeder so denkt …

## Hiob hadert mit Gott

In nicht weniger als vierzig Kapiteln ringt Hiob mit solchen »Warum«-Fragen. »Diene Gott und es geht dir gut« ist der Leitspruch der frommen Kreise, in denen er verkehrt. Sende die Ergebnisse deiner geistlichen Errungenschaften an die göttliche Mailadresse, und Gesundheit und Wohlergehen werden postwendend geliefert. Hiob ist »rechtschaffen, aufrichtig und gottesfürchtig« und sein Lebenswandel »untadelig« (Hiob 1,1f). Bis jetzt ist die Gleichung aufgegangen. Aber das ist nicht die Botschaft, die wir mit seinem Namen verbinden. Seine eigentliche Geschichte fängt in dem Augenblick an, in dem die bisherige Rendite aus seiner Frömmigkeit ausbleibt. In zermürbender Ausführlichkeit protokolliert er seine gebrochene Existenz.

Das Beunruhigende ist, dass Gott selber die Unglücksserie initiiert hat. Satan behauptet hartnäckig, dass Hiob nur deswegen so gottesfürchtig ist, weil er satte Gegenleistungen dafür erntet. »Nimm ihm seine Vorteile weg, und schau, ob er weiter betet«, lautet die Wette. Gott lässt sich darauf ein, während sein ahnungsloser Diener auf einer Mülldeponie hockt und seine eitrigen Wunden kratzt. Wie Josef K. in Franz Kafkas *Prozess* starrt Hiob in den dunklen Nebel hinein und fragt sich, warum auf einen Schlag alle Lichter ausgegangen sind. Irgendjemand hat ihn angeklagt, und er weiß nicht, wer und wofür.

Seine Freunde eilen ihm zur Hilfe. *Laut klagend zerrissen sie ihre Kleider und warfen sich Staub über den Kopf. Dann saßen sie sieben Tage und Nächte lang bei Hiob auf dem Boden. Keiner sagte ein Wort zu ihm, denn sie sahen, dass sein Leid zu groß war für Worte* (Hiob 2,12f). So weit, so gut. Die Geschichte wäre leichter zu verdauen, wären seine Freunde bei dieser beeindruckenden Schau von Solidarität geblieben. Stattdessen schaukeln sie sich gegenseitig hoch in einen Rausch von theologischen Exegesen zum Thema »Leid«. Im Nu ist Hiob nicht mehr der Freund, der Ermutigung braucht, sondern der Fall, der behandelt wird. *»Du zerstörst… die Gottesfurcht«* (Hiob 15,4), schimpft Elifas, Leitwolf der selbst ernannten Therapeuten. Und später noch dreister: *»Ist der Grund dafür nicht eher in deiner schlimmen Bosheit und dem großen Ausmaß deiner Sünde zu finden?«* (Hiob 22,5). An Gott kann es nicht liegen. Hiobs Elend ist selbst verschuldet. Er ist nicht geistlich genug, hat nicht genug gebetet, nicht genug geglaubt, nicht genug Geld gespendet, seine Kinder nicht gut genug erzogen. Ein schmerzfreies Leben muss doch machbar sein. Hiob passt nicht ins geistliche Schema. Er ist peinlich geworden.

Die Predigten von Hiobs Freunden irritieren. Sie enthalten wahre Einsichten, wirken aber eiskalt. Angesichts des brutalen Jammers, der Hiob überwältigt, klingen Kommentare aus den Zuschauerrängen fade. Worte sind zu blutleer, um den Empfindungen gerecht zu werden, die in schweren Stürmen aufgewühlt werden. Geistreiche Beobachter sind keine guten Helfer, wenn das Herz blutet. Das ist vermutlich der Grund, warum Gott darauf verzichtet, uns im Buch Hiob mit einem Vortrag über Sinn und Ziel des Leids abzuspeisen. Er lässt seinen gebeutelten Knecht selber reden.

Genau das macht Hiob. *»Ich wollte, meine Worte könnten aufgeschrieben und in einem Buch festgehalten werden… damit sie für immer zu lesen wären«*, stöhnt er, während der Juckreiz an seiner Haut und die durchwachten Stunden in der Nacht ihn in den Wahnsinn treiben (Hiob 19,23f). Sein Wunsch wird erfüllt. Die Geschichte wird in der Tat für immer festgehalten. Gott sei Dank.

Und was für eine Geschichte. Hiob klagt um die Wette über die Entzündungen an seinem Körper, über die Schmähungen seiner Freunde und seiner Frau. Am heftigsten klagt er jedoch über Gott. Nicht mit Satan legt er sich an, sondern mit Gott. Seine Bitte klingt seltsam im Licht des existenziellen Überlebenskampfes, in den er verstrickt ist: *»O gäbe es doch einen Schiedsrichter, der zwischen uns vermitteln könnte! Ich wollte, Gott würde mich nicht mehr mit Schicksalsschlägen verfolgen, denn ich möchte mich nicht ständig vor weiteren Katastrophen fürchten müssen«* (Hiob 9,33f). Jenseits der Schläge, die ihn treffen, blickt er mit Entsetzen in den Abgrund, der ein verirrtes Geschöpf von seinem Schöpfer trennt.

Es ist jedoch nicht die gefühlte Abwesenheit Gottes, die ihn belastet, sondern die Anwesenheit Gottes, das zornige Auge eines heiligen Schöpfers, unter dessen Blick ein sündiger Mensch nicht bestehen kann. Es ist die geistliche Kluft, die Hiob quält. *»Lass mich in Ruhe«*, brüllt sein geplagtes Herz (Hiob 10,20). Erstaunlich ist die Ehrlichkeit, mit der er seinem Schmerz Ausdruck verleiht. Offensichtlich hat er keine Angst vor diesem Gott, dessen Unnahbarkeit ihm so zu schaffen macht. Offensichtlich vertraut er ihm genug, oder er ist verzweifelt oder dreist genug, um ihn hemmungslos anzuklagen. Er traut Gott zu, seine Beschimpfungen zu ertragen, begegnet ihm, zur Empörung seiner Freunde, auf Augenhöhe. Mitten in den Trümmern seines Lebens bekommt das Wort »Glaube« eine neue Bedeutung.

## Stationen einer Reise: Was Hiob in der Finsternis sieht

Die Bilder, die folgen, sind ergreifend. Während Hiob in das Chaos seiner dunklen Fantasien hineinstarrt, entfaltet sich vor seinem inneren Auge ein geistliches Panorama, das ihn nach und nach in

Besitz nimmt. Es ist ein phänomenaler Blick hinter die himmlischen Kulissen. Er wird Zeuge einer gewaltigen Rettungsaktion, die die Menschheitsgeschichte überspannen und ihre Erfüllung erst Jahrhunderte später in Jesus Christus finden wird.

Es fängt mit einem Traum an. Hiob sieht die Gestalt eines Kindes, das auf seinen suchenden, rufenden Vater zurennt. Die Trennung zwischen Schöpfer und Geschöpf hat sich aufgelöst. *»Du würdest rufen und ich würde antworten, und du hättest Sehnsucht nach mir, denn du hast mich geschaffen. Dann würdest du meine Schritte zählen, ohne dabei auf eine Sünde zu lauern. Mein Vergehen wäre in einem Sack versiegelt und du würdest meine Schuld zudecken«* (Hiob 14,15-17). Die urzeitliche Sehnsucht eines Kindes nach jemandem, der nach ihm schaut, der nach ihm sucht, wenn es nicht nach Hause kommt, der ihm im Schmelztiegel des Leids zuspricht: »Es wird alles wieder gut!«, der es trotz aller Ecken und Kanten in seine Arme schließt: Diese Sehnsucht klingt in jedem Wort durch, das Hiob schreibt.

Seine Sprache wird immer entschlossener. Wunschdenken verwandelt sich in Überzeugung. *»Siehe, im Himmel ist mein Zeuge und mein Fürsprecher in der Höhe«* (Hiob 16,19; ELB). Das klingt nicht mehr wie: »Es wäre schön, wenn er käme«, sondern eher wie: »Er kommt!« Hiob hofft nicht nur. Er fängt an zu glauben. Wenige Kapitel später erreicht der Traum einen grandiosen Höhepunkt: *»Und doch weiß ich, dass mein Erlöser lebt und auf dieser Erde das letzte Wort haben wird. Mag meine Haut noch so zerfetzt und von meinem Fleisch wenig übrig sein, werde ich Gott doch sehen«* (Hiob 19,25f). Hiob *glaubt* nicht mehr nur, sondern er *weiß* jetzt.

Es gibt eine weitere Steigerung. Er werde Gott sehen, verkündet Hiob mit Zuversicht. Am Ende des Buches finden wir nicht mehr die sehnsüchtige Poesie eines Traumes, sondern die Fakten eines Zeugenberichts: *»Bisher kannte ich dich nur vom Hörensagen,* *doch jetzt habe ich dich mit eigenen Augen gesehen«* (Hiob 42,5). Aus Hiobs Hoffen ist ein Wünschen geworden. Aus dem Wünschen ein Glauben. Aus dem Glauben schließlich ein Schauen. Überwältigt stellt er fest, dass die fürsorgliche, mitfühlende Person, die sich neben ihn auf die Anklagebank gesetzt hat, keine geringere ist als die, die er aus heiligen Schriften und Überlieferungen bisher nur »vom Hörensagen« gekannt hat, die er gefürchtet, die er als unnahbar und gleichgültig wahrgenommen hat.

So mündet das gequälte »Warum?« in eine Vision der Herrlichkeit Gottes. Das Bemerkenswerte dabei: Gott liefert an keiner Stelle eine Erklärung für Hiobs Leid, noch erleichtert er auf Anhieb Hiobs Qualen. Er lenkt seinen Blick lediglich in eine andere Richtung. Er öffnet über ihm den Himmel. Die Willkür dieses kurzen, irdischen Lebens verblasst. Die Ergriffenheit von Gott, nicht mehr die Befreiung aus dem Elend, rückt in den Mittelpunkt seines Denkens und Fühlens. Er verkündet mit leuchtenden Augen: *»Nun weiß ich, dass du alles kannst, kein Vorhaben ist für dich undurchführbar«* (Hiob 42,2).

Ein Rettungsplan, der in seiner Fülle der Menschheit noch bevorsteht, wird mit prophetischem Nachdruck in Hiobs Biografie hineingewoben und regt zu Aussagen an, die in die Literatur- und Musikgeschichte eingegangen sind.

## Hiobs Traum wird wahr

Hunderte von Jahren später wird Hiobs Traum vom »Fürsprecher in der Höhe« Realität. Einer leidet mehr als alle unter der tiefen Kluft zwischen Schöpfer und Geschöpfen, und das ist der Schöpfer selber. Er wechselt die Adresse, stürzt sich mitten in die Misere und zieht bei den Menschen ein. Bethlehem im Jahr null. Für das geschädigte System, dessen Gebrauchsanleitung in Vergessenheit geraten ist, wird der Hersteller auf den Plan gerufen. So wird Gott Teil eines Alltags, in dem guten Menschen böse Dinge widerfahren, unabhängig davon, wie anständig sie gelebt haben; er wird Teil eines Alltags, in dem es immer die Falschen erwischt. Gott bekommt ein menschliches Gesicht, spricht eine Sprache, die jedes Kind verstehen kann, stellt sich mit seinem Vornamen vor und bietet das Du an. Mitten in tränenreichen Nächten wie denen eines Hiob. Mitten in der verzweifelten Welt des Schülers, der gemobbt wird, der Ehefrau, die nach 30 Jahren Ehe betrogen wird, des Elternpaares, das ihr Kind bei einem Busunglück verloren hat, der Freundin, die mit einer Krebsdiagnose vom Arzt zurückgekehrt ist, des jungen Sportlers, der ALS hat. In der Welt der Hungernden, Gefolterten, Missbrauchten, Kriegsgeschädigten, Armen, Kranken, Ausgebeuteten.

Nicht die Tatsache, dass er kommt, sondern die Art, wie er kommt, ist verblüffend. Passt aber zum Gesamtprojekt dazu. Kein Mensch, der sich selber einen Gott ausdenkt, wäre auf diese Idee gekommen. Die Mutter eine Bäuerin aus dem Dorf, nicht etwa ein Mädchen aus gutbürgerlichem Hause oder aus der priesterlichen Elite. Seine erste Adresse eine unhygienische Scheune irgendwo zwischen Jerusalem und Bethlehem. Um ihn herum das Schimpfen eines überstrapazierten Hotelmanagers, der Gestank der Kuhfladen und die eiskalte Luft bei Nacht. Seine erste Botschaft an die Welt: der Schrei eines hilflosen Säuglings. Der Auftritt ist alles andere, nur nicht öffentlichkeitswirksam.

Warum nicht der Tempel in Jerusalem als Bühne für den wichtigsten Auftritt aller Zeiten? Ist dieses Bauwerk doch die Verkörperung von Gottes jahrhundertelangem Wirken unter seinem Volk. Die Erscheinung des Messias an diesem Ort hätte die Dramaturgie der Ankunft Gottes auf dieser Erde mit einem spektakulären Höhepunkt gekrönt, triefend von goldumrandeter Symbolik. Zielpublikum: die Politiker, die Oberen der Gesellschaft, die Reichen. Wenn schon Engelsgesang, dann doch in der Machtzentrale, auf dem roten Teppich. Sponsoren sichern, die Zielgruppe suchen, maximale Zuschauerzahlen erreichen – Gott hätte es seinem Volk in der Tat leichter machen können, an ihn zu glauben. Die Marketingexperten und Eventmanager hätte er sofort auf seine Seite ziehen können. Er tat es aber nicht.

Stattdessen ein Skandal, der im Glitzer eines jahrhundertelangen Rummels völlig untergegangen ist. Wir haben aus Maria und Josef ein Traumpaar gemacht, aus der Reise nach Bethlehem Flitterwochen zu den Klängen der Panflöte, aus der Futterkrippe eine Kuschelecke. Kein Wunder, dass Menschen sich fragen: »Was hat das mit mir zu tun?« Eine keimfreie, desinfizierte Heilsgeschichte hat ihre Kraft verloren. Ist entmannt worden. Auf ein Märchen reduziert.

Der Mittler, nach dem Hiob geschrien hat, landet mitten im Leben: im Leben, wie es ist, nicht, wie es sein soll. Es sind schwere Zeiten in Israel. Eine Besatzungsmacht treibt üppige Steuern vom gebeutelten Fußvolk ein. Hart verdientes Geld wird an der nächsten Straßensperre abgenommen, um prunkvolle Pavillons in den Luxusanwesen zu finanzieren, in denen die Reichen ihren Champagner trinken. Und wie es so ist in Zeiten der Not: Es gibt immer solche Leute, die sich mit dem System arrangieren, um maximalen Gewinn für sich und ihre Familien herauszuschlagen. Ungerechtigkeit, wohin man blickt.

Der normale Bürger schaut, wie er durchkommt. Lernt, Schweres zu tragen, hofft, dass es heute noch mal gut geht. So auch in der Nacht, in der Jesus geboren wird. Diese Handvoll hartgesottener Landwirte, die auf den Hügeln zelten, hat anderes im Kopf, als eine Kerze für die Ankunft Gottes anzuzünden. Durch noch eine Nacht hindurchkommen. Wache wechseln. Ein Quäntchen

Schlaf auf dem harten Boden. Hoffen, dass die Kopfschmerzen nachlassen, dass das kranke Kind zu Hause nicht gerade in dieser Nacht stirbt, dass die Löwen und Bären fernbleiben, dass das hinkende Lämmchen morgen mithalten kann. Kein Gebetstreffen, keine Bibelarbeit, keine andächtige Stimmung mit Gottesdienst und anschließendem Sonntagsbraten. Überleben pur.

Die Geschichte ist mit ihren Ecken, Kanten, Peinlichkeiten und Banalitäten kein Stoff für einen religiösen Knigge. Genauso wenig wie Hiobs, wie meine, wie Connys, wie deine Geschichte. Die Öffentlichkeit bekommt das Geschehen erst gar nicht mit. Die wenigen, die es mitbekommen, reagieren mit Unverständnis, andere mit einem milden Lächeln. *Er kam in die Welt, die ihm gehört, und sein eigenes Volk nahm ihn nicht auf* (Johannes 1,11). Die Menschen, die sich nach einem handelnden, vorzeigbaren Gott gesehnt haben, sind schon wieder enttäuscht worden.

Wer mit den Schriften des Alten Testaments vertraut ist, erkennt jedoch überall in diesem Geschehen die Fingerabdrücke Gottes. Die Ankunft mitten im Abseits, der Alltag im Handwerkerviertel Nazareths. Ein Gott, der eine staubige Werkstatt zu seinem Thronsaal macht, eine Holzsäge zu seinem Zepter, nörgelnde Kunden, arme Fischerfamilien und motzende Familienmitglieder zu seinen ersten Anhängern. Der Gott, der Abfuhren erteilt, wenn es darum geht, sich selber bestmöglich in Szene zu setzen und eine globale Größe zu werden. Sein Leben ist eine einzige Provokation in einer Welt, die ganz auf Außenwirkung ausgerichtet ist.

Gleichzeitig schimmert der Messias durch, von dem alle geträumt haben. Überall, wo er auftaucht, werden die Folgen der Sünde rückgängig gemacht. Er spricht reumütige Sünder von ihren Lasten frei, heilt Kranke, ruft Tote aus dem Grab zurück, speist Hungrige. Er spendet Trost mitten in der Trostlosigkeit einer gebeutelten Gesellschaft. Es ist eine Einladung zurück nach Hause, an den Familientisch. Maria, die Mutter von Jesus, ahnt etwas davon seit dem Tag, an dem sie vor der Geburt ihres Sohnes verkündet hat: *»Er hat Fürsten vom Thron gestürzt und niedrig Stehende erhöht. Die Hungrigen hat er mit Gutem gesättigt und die Reichen mit leeren Händen fortgeschickt«* (Lukas 1,52f). Vielleicht ein Echo aus dem 22. Psalm, in dem ein berühmter Vorfahre von Jesus eine wunderbare neue Zeit voraussah: *Die Armen sollen essen und satt werden und alle, die den Herrn suchen, werden ihn loben. Euer Herz soll für immer leben* (Psalm 22,27). Ein Paradies auf Erden verspricht Jesus nicht. Noch nicht. Aber Ausbrüche von Freude, Festtische mitten in den Ungewissheiten dieses Lebens – diese gibt es für alle, die danach suchen.

## Begegnungen mit dem Messias

Nach ihrem Abstecher nach Bethlehem sind die Hirten wie ausgewechselt. Sie machen sich auf, um die Nachricht zu verbreiten, von der sie die wahre Tragweite selber noch nicht begriffen haben. Es ist, als ob sie den größten Jackpot aller Zeiten geknackt hätten: eine Kombination aus Kindergeburtstag, bestandener Klausur, Entdeckung der großen Liebe, bestandener Fahrprüfung, Fußballpokal, Heilung von einer tödlichen Krankheit, alles in einem einzigen, riesigen Freudentaumel zusammengeballt. Keine Spur mehr von Müdigkeit. Die Männer sind durchgeknallt, außer sich vor Freude. Sie erzählen allen, was geschehen ist »und was der Engel ihnen über dieses Kind gesagt« hat (Lukas 2,17). Später kehren sie in ihren Alltag zurück, und wir erfahren: *Sie priesen und lobten Gott für das, was der Engel ihnen gesagt hatte und was sie gesehen hatten. Alles war so, wie es ihnen angekündigt worden war* (Lukas 2,20).

Die Hirten sind nicht die Einzigen, die nach einer Begegnung mit Gott springend, hüpfend und erzählend ihres Weges gehen.

Eine berüchtigte Frau aus Samaria lässt ihren Wasserkrug am Brunnen stehen und eilt davon, um eine Dorfbevölkerung zu holen, die nicht gut auf sie zu sprechen ist (Johannes 4,28). Zwei Freunde von Jesus, von der Kreuzigung traumatisiert, brechen sofort auf und kehren nach der Begegnung mit Jesus nach Jerusalem zurück. Ihre Herzen brennen (Lukas 24,33). Es scheint üblich zu sein, dass müde Menschen irgendwohin zurückkehren – mit einer Lobeshymne auf der Zunge –, nachdem sie Gott in die Arme gelaufen sind.

Ob Menschen grundlegende Änderungen in ihren Umständen erleben oder nicht, ist offensichtlich nicht von großer Bedeutung. Hiob erlebt nach seiner Begegnung mit Gott eine dramatische Wende wie aus dem Bilderbuch. Er versöhnt sich mit seinen Freunden, wird gesund, gründet eine neue Familie. Sein Betrieb findet zum alten Glanz zurück und macht satte Umsätze. Aber das scheint eher beiläufig zu sein. Bis das Glück ihn wiederfindet, ist der Hauptteil der Geschichte schon vorbei.

Die meisten biblischen Helden kommen nicht in den Genuss von Hiobs Happy End. Bei manchen erfahren wir nicht, was aus ihnen wird. Die Hirten haben nach ihrem Besuch im Stall immer noch mit den gleichen Härten eines Landlebens zu kämpfen. Von der Frau am Brunnen von Samaria lesen wir nicht, dass sie nach dem Gespräch mit Jesus endlich die ersehnte große Liebe findet. Die Emmaus-Jünger haben nach ihrem unvergesslichen Mahl mit dem Herrn vermutlich die gleichen Lebensbedingungen wie vorher.

Manch ein biblischer Lebenslauf nimmt sogar eine negative Wende nach der Begegnung mit Gott. Stephanus, Diakon der Urgemeinde, wird vor ein jüdisches Todeskommando geschleppt und kommt unter einem Hagel von Steinen ums Leben. Er schaut jedoch nicht auf die Steine, die auf ihn herniederprasseln, sondern sieht »den Himmel offen und den Menschensohn auf dem Ehrenplatz zur Rechten Gottes stehen!« (Apostelgeschichte 7,56). Als der betagte

Simeon ins Gesicht des Jesuskindes blickt, spekuliert er nicht auf ein besseres Leben, sondern seufzt mit Erleichterung: *»Herr, nun kann ich in Frieden sterben! Wie du es mir versprochen hast, habe ich den Retter gesehen, den du allen Menschen geschenkt hast«* (Lukas 2,29-31). Die Offenbarung des Christus schenkt ihm die Gelassenheit, mit seinem bevorstehenden Tod Frieden zu schließen.

*Ich aber darf dir immer nahe sein, mein Herr und Gott; das ist mein ganzes Glück!*, schreibt König David (Psalm 73,28; HFA). Ein flüchtiger Blick ins Allerheiligste reicht, um das Wort »Glück« von Grund auf neu zu definieren. Die Frage lautet nicht mehr »Warum?«, sondern »Wohin jetzt?« oder »Mit wem zusammen?«. Wer nach dem Himmel greift, geht auf etwas Wunderbares zu: auf eine unermessliche Freude, die nur dort entstehen kann, wo etwas Höheres als irdisches Glück gesucht wird. Die Frage, was mir meine Frömmigkeit bringt, wird nicht mehr gestellt. Man steigt aus der eigenen Geschichte heraus und in Gottes Geschichte hinein. Die innere Blickrichtung wird geändert, der Himmel nimmt uns in Besitz.

Nicht immer wird die Wüste in einen Garten verwandelt, aber immer wieder wird ein Stück Garten in die Wüste hineingetragen, um eine gebeugte Seele wieder aufzurichten. Es gibt Theologen und Philosophen, die der Meinung sind, dass Leid manchmal der einzige Weg ist, wie Gott unsere Aufmerksamkeit bekommt: *Gott flüstert in unseren Freuden, er spricht in unserem Gewissen; in unseren Schmerzen aber ruft er laut. Sie sind Sein Megafon, eine taube Welt aufzuwecken*, schreibt C. S. Lewis in seinem Klassiker *Über den Schmerz.*[2] Jakobus, der Bruder von Jesus, ermutigt seine Leser, nicht überrascht zu sein, wenn sie leiden – eher wenn sie nicht leiden. Er sieht Leid sogar als Kompliment Gottes: *Liebe Brüder, wenn in schwierigen Situationen euer Glaube geprüft wird, dann freut euch darüber* (Jakobus 1,2).

## Im Schatten der Ewigkeit

Gerade als ich dieses Kapitel zu Ende schreiben wollte, erhielt ich die Nachricht, dass Conny gestorben war. Gestern. Dienstag, 18.00 Uhr abends. Eine Metastase aus der Lunge war zu ihrem Kopf hochgewandert und hatte sich dort eingenistet. Das war es dann. Ich hatte sie vormittags in einer Nachricht gefragt, ob ich ihre Geschichte in diesen Teil des Buches einbauen dürfte, und hatte mich gewundert, dass ich keine Antwort bekommen hatte.

Schon wieder ein wertgeschätztes Leben ausgelöscht, einfach so. Wie kann eine junge Frau, die so gerne tanzt, lacht und singt, einfach weg sein, für immer, mir nichts, dir nichts? Mein Gott, die Welt braucht mehr und nicht weniger von dieser Sorte Mensch.

So viel Lebensfreude, so viele Lachmomente und Lieder – für immer in einer muffigen Holzkiste unter die Erde verbannt und den Maden ausgeliefert. Auch nach Jahrzehnten als Christ fehlen mir die emotionalen Ressourcen, um solche Momente zu verkraften. Meine Seele geht auf die Barrikaden, schreit auf vor Empörung, brüllt Gott an und zweifelt an seiner Güte.

Und doch – wenn es eine Person gibt, die das »Warum?« in ein energisches »Wohin damit?« zu verwandeln wusste, dann war es Conny. Sie fragte nicht: »Warum ich?«, sondern: »Warum nicht ich?« Starker Tobak. Das war ihre Variante von Hiobs trotziger Aussage: *Sollen wir das Gute aus Gottes Hand nehmen, das Schlechte aber ablehnen?* (Hiob 2,10). Sie feierte ihren Glatzkopf mit diversen Fotoshootings und ließ sich für eine Reihe von Perückenportraits für Krebskranke stylen. Ihren Humor verlor sie nie. Mit einer Freundin zusammen, die auch krebskrank war, nahm sie im Studio ein Lied auf und stellte es auf YouTube.[3]

Conny lehrte mich, dass man Gott auch ohne Belohnung dienen kann. Wie Hiob dokumentierte sie ihren Schmerz. Nach Bekanntwerden ihrer Diagnose postete sie fast jeden Abend traurige oder Mut machende Sprüche auf ihrer Facebook-Seite und tauschte mit anderen Betroffenen Gedanken im Internet aus. Unter der Überschrift »Am Ende des Tages« gab es Lebensweisheiten, die zum Schmunzeln oder Nachdenken anregten. Ihre letzten Sprüche lauten: »Drei Dinge helfen, die Mühseligkeit des Lebens zu tragen: die Hoffnung, der Schlaf und das Lachen.« Oder: »Wir müssen ja sowieso denken, warum dann nicht gleich positiv?« Und dann drei vielsagende, kleine Worte kurz vor ihrem Tod: »Liebe hat gesiegt!« Sie hatte ihr Herz als Anzahlung schon vorausgeschickt.

Ich bewundere Christen, die für Leid in ihrem Leben danken, weil sie Gott darin auf besondere Weise begegnet sind. Eigentlich müsste ich, wenn ich ehrlich bin, das Gleiche sagen. Zu beten, Gott zu lieben und zu ehren, ihn an die erste Stelle in meinem Leben zu setzen: Das alles habe ich in stürmischen, nicht in sonnigen Zeiten gelernt. Trotzdem fängt beim Gedanken an weiteres Leid mein Herz zu rasen an. Es gibt Dinge, die ich auf keinen Fall noch einmal erleben will.

Mir bleibt aber in einem Leben ohne Garantien nichts übrig, als meinen Glauben vorauszuschicken und darauf zu setzen, dass auch mir die nötige Kraft geschenkt wird, wenn es darauf ankommt. Dass ich irgendein großes Bild ahnen werde, das ich jetzt noch nicht wahrnehme. Dass Leid ein anderes Gesicht bekommen wird, nachdem sich die Trennwand zwischen Zeit und Ewigkeit aufgelöst hat. Und bis es so weit ist, darf ich klagen, Gott anbrüllen, ihn anzweifeln. Er hält es aus. Traut es uns zu, ohne Antworten zu leben, Welten aufeinanderprallen zu sehen, die partout nicht zusammenpassen, Verstand und Herz im Zwiespalt zu lassen. Er erspart uns nicht die Mühe des Nachdenkens, des Grübelns, des Haderns, des Vertrauens.

Dass Connys lustige Facebook-Sprüche nun ein Ende haben, ist unvorstellbar. Wenn die Bibel aber recht hat, würde sie selber auf keinen Fall zurückkommen wollen. Es wäre, als zerrte man ein Kind von einem fröhlichen, sorgenfreien Nachmittag in einem Freizeitpark weg und schickte es zurück zur Klassenarbeit oder ins Krankenhaus. Das wäre gemein. Wir haben sie dem Herrn zurückgegeben. Auch wenn unser Herz schreit und klagt um den Verlust – besseren Händen hätten wir sie nicht anvertrauen können.

> März 2015. Nein, mein Leben ist nicht einfacher geworden, seitdem ich dir erlaubte, dich einzumischen. Wenn Christen mir sagen, du hättest ihre Probleme gelöst, beneide ich sie. Oder glaube es ihnen einfach nicht. Man leidet nicht weniger als Christ, man leidet mehr. Warum tue ich mir das an? Weil ich nicht mehr zurückkann. Ich trage lieber Schmerz mit dir zusammen, als ohne dich zurück in einen hohlen Alltag zu gehen. Es mir egal sein zu lassen. Kalt, gleichgültig und hart zu werden. Ein Tag in deinen Vorhöfen – seien diese von den Tieropfern noch so blutgetränkt – ist mir immer noch lieber, als die Schatten dieser Welt in den Festsälen der Gottlosen zu verdrängen. Schmerzfrei? Nein. Sinnvoller und erfüllter? Auch durch Tränen hindurch? Auf jeden Fall.

Bis die andere Seite der Trennwand offenbar wird, darf ich meine Seele am Vorbild von Conny, von Hiob und von vielen anderen ernähren. Von Menschen, die dem Tod ins Gesicht geschaut und die Fassung dabei nicht verloren haben. Deren Familienmahl grausam unterbrochen wurde, die aber irgendwo in der Dunkelheit die ausgestreckte Hand Gottes erfasst – und nie zurückgeblickt haben.

## Kapitel 4

# RASTSTÄTTE IN DER WÜSTE

### Vom Umgang mit Enttäuschungen

»Ich habe genug, Herr«, sagte er. »Nimm mein Leben, denn ich bin nicht besser als meine Vorfahren.« Dann legte er sich hin und schlief unter dem Strauch ein. Doch plötzlich berührte ihn ein Engel und sagte zu ihm: »Steh auf und iss!« Er blickte um sich und sah ein Stück auf heißen Steinen gebackenes Brot und einen Krug Wasser bei seinem Kopf stehen. Also aß und trank er und legte sich wieder hin. Da kam der Engel des Herrn ein zweites Mal, berührte ihn und sagte: »Steh auf und iss, denn vor dir liegt eine lange Reise!« Er erhob sich, aß und trank, und das Essen gab ihm genug Kraft, um 40 Tage und Nächte bis zum Berg Gottes, dem Horeb, zu wandern.

*1. Könige 19,4-8*

Wer die Vorgeschichte kennt, kann Elias Zusammenbruch in der Wüste nachvollziehen. Die fanatischen Demagogen des Götzen Baal inszenieren auf die Aufforderung des Propheten hin einen spektakulären Aufmarsch, um die Macht ihres Götzen unter Beweis zu stellen. Elia fordert den Gott Israels zu einer ultimativen Kraftprobe mit dem Erzfeind Baal auf. Sein Wunsch wird erfüllt, an Ort und Stelle. Öffentlich. Eine Gebetserhörung mit Seltenheitswert. Gott soll endlich Beweise liefern, und siehe da, er tut es. Taucht auf dem Berg Karmel auf, verschlingt das Wasser auf Elias Altar mit einem dramatischen Feuerball aus dem Himmel und schaltet mit einem Schlag den Terror der Opposition aus. Endlich ist er aus seinem Versteck gekommen und hat gezeigt, wer hier das Sagen hat: genau das, was die Atheisten immer von ihm fordern, die Christen sich von ihm ersehnen. Nebenher zeigt er, dass er keine aufgeheizte Stimmung braucht, um zum Handeln bewegt zu werden. Keinen Massenauflauf von Priestern, die wild um einen Altar tanzen, sich die Haut ritzen, am Mund schäumen, um ihren Gott zum Handeln zu bewegen. Ein einsamer Prophet ruft seinen Gott an, und dieser Gott erscheint. Hunderte von Schaulustigen sehen das Spektakel mit eigenen Augen. Die Zeichen für einen flächendeckenden geistlichen Aufbruch könnten nicht deutlicher sein.

Fehlanzeige. Wenige Stunden später finden wir einen gebrochenen Mann auf der Flucht, zwischen Todesängsten und Todessehnsüchten hin- und hergerissen, in panischer Angst um seine Zukunft. Niederschmetternde Enttäuschung, Einsamkeit, bohrende Selbstzweifel: der perfekte Mix für eine akute Suizidgefährdung. Er fällt in eine tiefe Depression. Ein Mann, der mutterseelenallein eine ganze Tagesreise in die Wüste macht (1. Könige 19,4), hat nicht vor, wieder zurückzukehren. Vorbei die deftigen Sprüche, mit denen er die Baalspropheten in einen ekstatischen Blutrausch peitschte. Nachdem er endlich seine Stimme wiedergefunden hat, platzt die geballte Verzweiflung aus ihm heraus. Er wirft Gott vor, ihn ordentlich übers Ohr gehauen zu haben: *»Ich habe dem Herrn, Gott, dem Allmächtigen, von ganzem Herzen gedient … Ich allein bin übrig geblieben, und jetzt wollen sie auch mich umbringen«* (1. Könige 19,10).

## »Gerade jetzt hätte ich dich gebraucht …«

*»Ich habe dem Herrn, Gott, dem Allmächtigen, von ganzem Herzen gedient«*, klagt der Prophet in seiner Ratlosigkeit. Was helfen ihm jetzt der Regen, der auf sein Geheiß hin heruntergeströmt ist, oder

der Sohn der Witwe, den er ins Leben zurückgeholt hat? Was sollen die vielen Gebetserhörungen, die Erinnerungen an Zeiten, in denen Gott ihn beschützt hat, wenn die hasserfüllte Königin, die ein Vermögen für seinen Kopf bietet, ihr Mordkommando auf ihn angesetzt hat? Für Elias Prophetenkollegen, die hingerichtet worden sind, hat die Kraft Gottes auch nicht gereicht. Der Widersacher hat doch das letzte Wort. Gott schweigt. Oder hat mal gute und mal schlechte Tage – so scheint es.

Auch in unserem Leben. Der Schnupfen ist auf das Gebet hin verschwunden, aber beim Schlaganfall der Nachbarin hat Gott nicht eingegriffen. Er schenkt das Geld für das begehrte Haus, aber die Krebs-Metastasen scheinen eine Nummer zu groß für ihn zu sein. Das Auto, für das ich gebetet habe, gibt es, wie durch ein Wunder, im Sonderangebot, aber die Verfolgung der Christen in Nordkorea scheint ihn kaltzulassen. Kolossale Ungerechtigkeiten verhindert er nicht. Die Diskrepanz ist grotesk. Willkürliche Gebetserhörungen hier und da, aber den entscheidenden Starauftritt, der wirklich etwas bringen könnte, der menschliches Leid aufheben und für Gesprächsstoff sorgen würde, verweigert er.

Oder liegt es eher an der Banalität unserer Alltagsgebete? War es doch Zufall, dass es das Auto zum Sonderpreis gab? Bilden wir uns in unseren kindischen Gebeten nur ein, dass Gott sich um die Rechnung für die Reparatur der Waschmaschine kümmern könnte, während die Mehrheit der Weltbevölkerung ganz andere Probleme hat als eine defekte Waschmaschine?

## Der leise Auftritt

Oder taucht er vielleicht in einer anderen Aufmachung auf als in der, die wir von ihm wollten? Mit einem anderen Programm im Gepäck?

Auf Elias Flucht in die Wüste folgt eine der zärtlichsten Szenen der Bibel. Der niedergeschlagene Prediger spürt eine sanfte Hand auf seiner Schulter, die ihn aus seinem bleiernen Schlaf holt. Er hört die Worte eines Boten Gottes im Ohr: »Steh auf und iss!« Der Brotfladen, der auf einem Stein gebacken wird, und das Wasser, das der Engel ihm darreicht, geben Stärkung für mehr als einen angeschlagenen Körper. Sie beleben auch Seele und Willenskraft – genug für eine Vierzig-Tage-Reise zu einer weiteren Verabredung mit Gott am Berg Horeb. Dem Ort, an dem Gott sich seinem Volk zum ersten Mal offenbart hat, dem Ort, der im Bewusstsein der Hebräer mit Dramatik, mit Donner, Rauch und dicken Wolken verbunden ist. Doch dieses Mal zeigt sich Gott auf eine andere Weise. Er kommt nicht mit Lautstärke und Naturgewalten.

> Doch der Herr war nicht im Sturm ... nicht im Erdbeben ... nicht im Feuer.
>
> *1. Könige 19,11f*

Seine Bühne ist nicht immer die Bühne der Großereignisse, auf der durchschlagende Argumente vor den Augen der Welt gewonnen werden. Seine Stimme ist auch »ein leises Säuseln« (1. Könige 19,13). Gott bekundet damit, dass es ihm nicht darum geht, sich möglichst gut in Szene zu setzen, um etwas zu beweisen. Das hat er nicht nötig. Stil- und Strategie-Berater braucht er nicht. Das Ereignis auf dem Karmel zeigt, dass dramatische göttliche Auftritte ohnehin nicht immer die erwünschten Folgen haben. Die Israeliten, die Mose aus Ägypten herausführte, waren nach der Teilung des Roten Meeres auch nicht gehorsamer als davor. Gott alleine entscheidet, wo und in welcher Form er auf das Gebet seiner Kinder antwortet. Wenn wir nach ihm rufen, kommt er zu seinen, nicht zu unseren Bedingungen. Aber er kommt.

Eine entscheidende Szene in der Narnia-Geschichte *Prinz Kaspian* erinnert mich an Elia in der Wüste. Eine verzagte Mannschaft von müden Kriegern – vier Kinder und ein Zwerg – hat sich auf den Weg gemacht, um dem rechtmäßigen König Kaspian zu helfen, seinen Thron zurückzuerobern. Sie sind schwer in Verzug, weil sie keinen Übergang über die Schlucht finden, die sie von der belagerten Armee des Königs trennt. Der Löwenkönig Aslan, in dessen Auftrag sie unterwegs sind, erscheint plötzlich und weist auf einen Geheimweg durch die Schlucht hin. Aber er ist nur für Lucy sichtbar. Sie soll die anderen nun aus ihrem tiefen Schlaf reißen und sie auffordern, ihr zu folgen. Lucys Reaktion ist verständlich.

> »Werden die anderen dich auch sehen?«, fragte Lucy.
> »Keinesfalls sofort«, antwortete Aslan. »Vielleicht später, das mag sein.«
> »Aber sie werden mir nicht glauben«, meinte Lucy.
> »Das ist einerlei«, entgegnete Aslan.
> »Oje, oje«, klagte Lucy. »Und ich war so froh, dich wiederzusehen. Und ich glaubte, ich dürfte bei dir bleiben. Und ich dachte, du kommst brüllend an und schlägst alle Feinde in die Flucht – wie damals. Und jetzt wird alles so schrecklich.«
> »Es ist schwer für dich, Kleines«, sagte Aslan. »Aber nichts wiederholt sich […]«
> Lucy verbarg ihren Kopf in seiner Mähne, um sich vor seinem Blick zu verstecken […] Sie fühlte, wie Löwenstärke in sie hineinströmte. Ganz plötzlich setzte sie sich auf.[4]

Aslan bietet Lucy keine Lösung für ihr Dilemma. Er nimmt ihr die Arbeit des bedingungslosen Vertrauens nicht ab, macht ihr ihren Glaubensschritt nicht leicht. Der öffentliche Beweis der königlichen Macht, den sie sich wünscht, bleibt aus. Dieses Mal kommt der König mit dem »leisen Säuseln«. Sie darf sich für einen Moment in seine Mähne schmiegen. Manchmal reicht ein Löwenkuss für die nächste Etappe.

Für Elia reicht zunächst ein gebratener Brotfladen in der Wüste – göttliche Speise vom Feinsten – für das, was kommt.

Und doch bekommt er auch die erwünschte Antwort auf seine Klage. Nicht direkt, nicht an Ort und Stelle, eher verzögert und durch eine Hintertür. Auf die leise Stimme an der Höhle beim Horeb folgt ein genauer Fahrplan für seine nächsten Schritte. Er soll zwei Könige küren und einen Jungpropheten als Nachfolger ausbilden und anstellen. Namen werden genannt, Wegbeschreibungen angeboten, nüchtern und sachlich. Das Leben geht weiter, Gottes Geschichte der Wiederherstellung seines Volkes nimmt ihren Lauf. Praktischer geht es nicht (1. Könige 19,15-17). Nebenher erinnert Gott Elia an ein paar Fakten. Zum Beispiel, dass er nicht so alleine ist, wie er glaubt: *»7 000 Menschen in Israel will ich verschonen: alle, die sich nie vor Baal niedergeworfen und ihn geküsst haben«* (1. Könige 19,18). Die Psychologie dieser Begegnung ist faszinierend. Gott holt Elia aus seiner verzweifelten Panikstimmung mit Nahrung, Ruhe, frischer Luft und einer langen Wanderung heraus. Erst danach fängt er an, neue Informationen ins Gespräch einfließen zu lassen, Elias finstere Sicht der Lage liebevoll zu korrigieren und mit handfesten Tatsachen ins rechte Licht zu rücken.

Der junge Nachwuchsprediger Elisa wird ihm als Diener, Begleiter und Freund zur Seite gestellt. Nun reicht die Kraft sogar noch für eine weitere geschichtsträchtige Auseinandersetzung mit König Ahab, als dieser den Weinberg des gottesfürchtigen Nabot rechtswidrig zu eigenen Zwecken beschlagnahmt und den Besitzer verleumdet und hinrichten lässt.

Bei alledem ist Elias Klage *»Ich habe genug, Herr … Nimm mein Leben«* (1. Könige 19,4) ernst gemeint. Gott nimmt sie zu Herzen.

Aber als ausgemergeltes Häufchen Elend unter einem Ginsterbusch in der Wüste soll der Diener Gottes dieses Leben nicht verlassen. Gott hat einen standesgemäßen Abschied für ihn vorbereitet (2. Könige 2), der eher der Heimkehr eines gefeierten Siegers ähnelt als dem Ableben eines ausgepowerten Dieners. Elia geht in den Fußstapfen Henochs als einer der Bevorzugten in die Geschichte ein, die ohne die Mühsal eines biologischen Todes in den Himmel auffahren (1. Mose 5,24).

## Teepause mitten im Nirgendwo

Während meiner Kindheit in Nigeria fuhren wir als Familie immer wieder lange Strecken durch den afrikanischen Busch, um Freunde auf abgelegenen Missionsstationen zu besuchen oder etwas vom Land zu sehen. Ein sonderbares kleines Ritual gehörte zu diesen Fahrten dazu. Mitten auf irgendeiner staubigen Straße im Niemandsland lenkte mein Vater das Auto plötzlich an den Straßenrand, hielt an und stieg aus. Er holte aus dem Kofferraum einen kleinen Gaskocher, einen Wasserkanister und eine Teetasse aus feinem Porzellan mit Untertasse und Silberlöffel. Nicht zu vergessen, eine Milchdose und Zuckerwürfel. Danach kochte er seinen Fünfuhrtee. Ein Muss für jeden Engländer, ganz gleich, auf welchem fernen Kontinent er gerade im Auftrag Ihrer Majestät unterwegs ist. English Teatime, ein Stück Heimat, ein kleiner Rastplatz in einer fernen Wüstenlandschaft.

Ähnlich sind auch Gottes Raststätten. Sein Eingreifen in der Weltgeschichte ist noch nie das Angebot eines problemfreien Lebens gewesen. Es ist eher ein Stück Heimat mitten im feindlichen Revier. Es ist die Porzellantasse aus Mutters Schrank am Rand der staubigen Straße irgendwo im fremden Land. Es ist die Aufforderung, den Sinn unseres Lebens vom Himmel her zu definieren. Gottes Willen, der im

Himmel geschieht, hier auf die Erde herunterzuziehen. Um es mit C. S. Lewis auszudrücken: *Unser Vater erfreut uns auf der Reise mit manchem angenehmen Gasthaus, aber er will uns nicht ermutigen, es fälschlicherweise für unser »Zuhause« zu halten.*[5]

Immer wieder gibt es Tage, an denen ich froh bin, dass diese Welt nicht mein Zuhause ist. Wenn die Tageszeitung nichts als Gräueltaten, Krankheitsausbrüche, Naturkatastrophen, Flüchtlingstragödien zu bieten hat. Wenn Vergewaltiger, Pädophile, Terroristen, Menschenhändler ungehindert ihr Unwesen treiben. Wenn ich nur gebrochene Herzen und gebrochene Leben sehe, wohin ich auch schaue. An solchen Tagen denke ich an Elia unter dem Ginsterbusch. Oder an die Porzellantasse und die Milchdose meines Vaters mitten im Nirgendwo. Ich denke daran, mit welch einer Ruhe und Selbstverständlichkeit er sie bei jeder langen, anstrengenden Reise nach einem inneren Wecker exakt um fünf Uhr nachmittags aus dem Kofferraum holte, um die Härten der Reise mit einer Tasse englischen Tees zu versüßen. Ich erinnere mich daran, dass diese Welt ihre Versprechen nicht einhalten kann. Ich muss meine Hoffnung auf eine andere setzen.

Manchmal richte ich in anstrengenden Zeiten meinen eigenen kleinen Ruheplatz zum Auftanken ein. Ich brauche nur eine Wolldecke, meine Bibel, die uralte Teekanne, die meinem englischen Großvater gehört hat, meinen Teebecher mit dem Shakespeare-Bild auf der einen und der britischen Flagge auf der anderen Seite, den Platz in der Ecke unseres Sofas im Wohnzimmer, an kalten Wintertagen eine Kerze dazu – und schon fühle ich mich wie am Kamin Gottes, zu seinen Füßen, nahe an seinem Herzen. Manchmal suche ich diesen Platz mitten in der Nacht auf, wenn ich vor Sorge nicht schlafen kann. Wenn ein Kind in einer Krise steckt, ein Gemeindemitglied einen Schicksalsschlag erlebt und gefragt hat, ob wir beten könnten.

An warmen Frühlings- oder Herbsttagen oder wenn der erste Schnee gefallen ist, suche ich die Weite der Natur. Dann spitze ich meine Ohren und lausche auf das Flüstern Gottes im Geplätscher eines Baches oder im Gezwitscher eines Vogels, im Rascheln der bunten Herbstpracht, durchleuchtet von himmlischem Gold, oder im Knirschen meiner Stiefel im frischen Schnee in der strahlenden Winteridylle. Überall nehme ich den Schöpfer dieser Wunderwelt wahr. Es ist wie der Kuss des Löwen in der Narnia-Geschichte. Er zeigt mir seine Herrlichkeit, lässt mich seine Wärme spüren, lenkt meinen Blick auf andere Themen. Einmal rannte ich durch die Wiesen, außer mir vor Angst um meinen geliebten Vater, der vor Trauer über den Tod meiner Mutter fast verrückt wurde. Gott flüsterte mir seinen Frieden in mein Herz und erinnerte mich daran, dass das Wohlergehen meines Vaters seine und nicht meine Sache sei. Er wechselte das Thema. Ich kam nach Hause und verkündete meinem Mann strahlend, dass ich jetzt bereit sei für ein viertes Kind und mir sicher sei, dass es ein Mädchen werden würde. Bis dahin hatte ich darauf bestanden, drei seien genug. Helmut wollte mindestens vier. Der Herr hatte während des Spaziergangs meine Meinung geändert. Das Mädchen, das uns geschenkt wurde, brachte unendliches Glück in unsere Familie hinein und hatte auf Anhieb eine innige Beziehung zu meinem trauernden Vater. Gott hatte mich abgelenkt, auf neue Gedanken gebracht – aber durch die Hintertür mein Gebet für meinen Vater erhört.

*»Kann uns Gott etwa in der Wüste Essen geben?«*, schimpfen die missmutigen Israeliten (Psalm 78,19), als sie nach den Fleischtöpfen Ägyptens trachten. Biblische Helden, die mitten in trostlosen Lebensumständen die Speise Gottes genossen haben, würden eindeutig mit Ja antworten. Gottes Speise strotzt vor Kraft. Genug zumindest für das nächste Ziel der Reise. Für die nächste Aufgabe. Und das reicht.

## Kapitel 5

# DAS MAHL, DAS AUSFIEL

## Der Kampf mit der Finsternis

Nachdem er vierzig Tage und vierzig Nächte keine Nahrung zu sich genommen hatte, war er sehr hungrig ... und Engel kamen und sorgten für Jesus.

*Matthäus 4,2.11*

Etwa neunhundert Jahre nach Elias Zusammenstoß mit dem gottlosen König Ahab wandert wieder eine einsame Figur durch die Judäische Wüste. Wieder gibt es ein Kräftemessen, wieder eine feindliche Zerstörungswut, die eine menschliche Seele zugrunde richten will. Dieses Mal ohne Raststätte. Ohne provisorische Feuerstelle. Ohne Fladenbrot.

Meine alte Kinderbibel zeigt ein verklärtes Bild von Jesus, wie er in der Wüste von Satan versucht wird. Makellos angezogen und mit einem Heiligenschein, der auf den gekämmten Haaren leuchtet, kniet Jesus auf dem Sand, die Hände gefaltet, den Blick auf einen wolkenlosen Himmel gerichtet. Ein schwarzes Teufelchen mit Hörnern und einem gegabelten Schwanz tobt um ihn herum und spuckt Feuer.

Man muss nicht viel über die Anatomie des menschlichen Körpers oder über die Temperaturen der nahöstlichen Wüsten wissen, um zu ahnen, dass diese Szene eine andere gewesen sein muss: lähmende Erschöpfung unter der erbarmungslosen Mittagssonne, Schaum um den Mund, hohle Wangen, verschwitzte Haare,

Migräne, Schlaflosigkeit, Panikgefühle, die jedes klare Denken im Ansatz schon ersticken. Weder zu Elias noch zu Jesu Zeiten reiste man leichtfertig in diesen Teil der Welt. Und schon gar nicht allein. Wilde Tiere, Wüstenpiraten, Hunger, Durst, unberechenbare Sturzfluten, verlorene Orientierung: Es gab viele Möglichkeiten, wie ein Mensch hier sein Ende finden konnte.

Natürlich ist dies die ideale Gelegenheit für einen Feind, zuzuschlagen. Ein geschwächter Mann, ganz allein, der ausgelaugt und halb verdurstet gegen einen Hitzschlag kämpft: ein Leckerbissen für jeden Angreifer. Ob Satan sichtbar erscheint oder ob es ein geistiger Kampf ist, wird nicht berichtet. Auch wissen wir nicht, ob Jesus den Sinn und Zweck dieser Reise kennt oder nicht. Der Geist führt ihn dorthin. Für Jesus ist das Sinn und Zweck genug.

Klar ist, dass Satan eine volle Breitseite auf die tiefsten Bedürfnisse abfeuert, die im Kern eines Menschen sitzen: die Bedürfnisse nach Nahrung für Leib, Seele und Geist. Dem leeren Magen stellt er Brot in Aussicht. Der Seele eine Freikarte für Ruhm und Ehre an Ort und Stelle. Dem Geist Beifall für übernatürliche Fähigkeiten und für einen besonderen Draht zu Gott. Mit anderen Worten: »Nur zu, Jesus, gönne es dir, die Welt liegt dir zu Füßen!«

## Ein alter Bekannter meldet sich wieder

Die Strategie kennen wir vom Garten Eden. Auch dort gibt es eine verlockende Einladung zur Selbstbedienung. Nach dem Motto: »Was? Gerade die schönste Frucht dürft ihr nicht nehmen? So gemein ist der Typ? Nehmt sie euch doch einfach!« Es ist ein Frontalangriff auf den Charakter Gottes: *»Sollte Gott gesagt haben …?«* (1. Mose 3,1; LUT). Adam fällt auf die Versuchung herein und nimmt die verbotene Frucht. Prüfung vermasselt. Der dreiste Verrat an Gott hat seine Folgen. Adam und Eva fliehen vor der sättigenden und fürsorglichen Nähe ihres Schöpfers. Eine Gier nach Lustbefriedigung nistet sich tief in den Erbanlagen der Menschen ein und setzt sich in der nächsten Generation noch verstärkt fort.

Kain ist verärgert, weil er Gott mit seinem geistlichen Programm nicht imponieren kann. Er lässt seine Wut an seinem Bruder Abel aus (1. Mose 4). Der erste Mord in der Geschichte der Menschheit wird aufgezeichnet. Abrahams Frau Sara bedient sich einer Leihmutter, um ohne Gottes Hilfe zum lang ersehnten Sohn zu kommen, weil ihr die Wartezeit zu lang wird (1. Mose 16). Ihr Enkelsohn Esau greift lieber nach einem Linsentopf als nach den Verheißungen Gottes (1. Mose 25). Zwischen den Zeilen dieser biblischen Berichte drängt sich einem überall das Flüstern aus dem Garten Eden auf: »Hilf dir selber, bevor es zu spät ist. Auf Gott ist kein Verlass!« Seither lauert ein Adam, eine Sara, ein Esau in jedem Leben, getrieben von der Angst, dass ihm etwas vorenthalten wird. Die Sorge, zu kurz zu kommen, weil Gott es nicht gut meinen könnte, steht letztlich hinter jedem Ehebruch, jeder Steuersünde, jeder Lüge, Intrige, Schmeichelei, Anerkennungssucht und jedem Leistungswahn.

## Rettungsplan aus dem Himmel

Nach Adams Ausbruch macht Gott Anspielungen auf eine Gegenoffensive, mit der er seine Schöpfung aus feindlicher Hand zurückerobern will (1. Mose 3,15). Der Gegner ahnt, dass er sich zu früh gefreut hat. Es dauert nicht lang, bis sein Blick auf den Stamm Juda fällt, der ihm schon früh in der Geschichte Israels Kopfschmerzen bereitet. Von einem Zepter und von einem Führungsauftrag ist die Rede (1. Mose 49,1.8-10; Psalm 60,9). Juda gerät immer wieder ins feindliche Kreuzfeuer. Der Fortbestand der Linie kommt ins Wanken, nachdem der Stammvater sein Familienleben ordentlich gegen die Wand gefahren hat (1. Mose 38). Doch das Geschlecht rappelt sich immer wieder auf. Namhafte biblische Figuren wie die Moabiterin Rut reihen sich in ihm ein, danach David und Salomo, die im Vater-Sohn-Doppelpack ein goldenes Zeitalter in der Geschichte Israels einleiten. In den Niederschriften Davids wird das Geflüster über einen kommenden Messias besonders laut. Jahrhunderte, viele Niederlagen und zwei Exile später wird diese königliche Linie in einer bescheidenen Schreinerwerkstatt in der Ortschaft Nazareth fortgesetzt. Gott greift den Faden wieder auf. Himmel und Hölle spitzen die Ohren.

Der Sohn des Dorfschreiners macht von sich reden. Er sticht aus der Menge heraus. Mit einem Charakter, der Seltenheitswert hat. Und das in jungen Jahren schon, in denen die meisten Teenager mit Pickeln, Hormonschwankungen und Selbstfindungsqualen beschäftigt sind. Er ist aufrichtig, aber nicht spießig. Unbestechlich, aber kein Spielverderber. Beliebt bei den Frauen, aber er flirtet nie. Er redet Klartext, aber kein gemeines Wort kommt aus seinem Mund. Schon mit zwölf Jahren zeigt er einen geistlichen Tiefgang, der Theologen und Akademiker in Staunen versetzt. Seltsam, munkeln die Tratschtanten vom Dorf. Das ist doch der, bei dem nicht klar ist, wer der Vater war. Da war doch ein Skandal. Die Mutter soll vor der Heirat fremdgegangen sein. Dass ausgerechnet aus dem so ein frommer Typ wird?

Schon gleich nach der Geburt sorgte er für Unruhe. Irgendwer wollte das Kind ausschalten. Für den barbarischen Terrorangriff, der auf Jesus abzielte, bezahlten die Krabbelgruppen eines ganzen Landkreises einen blutigen Preis (Matthäus 2,16). Für Bethlehem gab es beim ersten Weihnachten keinen »Frieden auf Erden«. Dank der Habachtstellung des gottesfürchtigen Josef kam Jesus davon – gerade noch.

Erst nach und nach offenbart sich die Tragweite dieser Geschehnisse. Der Schöpfer des Universums – derjenige, der ein Gänseblümchen entwerfen, eine Raupe in einen Schmetterling verwandeln, einen Regenbogen über den Himmel spannen, ein Baby im Mutterleib formen kann –, der macht sich verwundbar. Wird als Säugling gestillt. Lacht, heult, macht eine Ausbildung als Handwerker, schreibt Rechnungen, plaudert und erzählt Geschichten, geht auf Hochzeiten. Man kann ihn berühren, ihn reden hören, erfahren, wie er tickt. Der bisher Unsichtbare, dessen Stimme aus dem Feuer eines Berggipfels Angst und Schrecken verbreitet hat, streckt seine Hand aus und bietet das Du an. Öffnet die Tür zu seinem Wohnzimmer.

Seine Bekanntschaft spaltet sich in zwei Lager. Die einen stürzen sich euphorisch auf ihn, ohne eigentlich zu wissen, wer er wirklich ist. Andere brausen auf. »Was, der vom Allerheiligsten? Der, der zwischen den Cherubim und Serafim thront? Er nimmt Kinder auf den Schoß? Redet mit Frauen, rührt Aussätzige an? Das darf nicht wahr sein!« Es darf nicht wahr sein, weil die fromme Elite satte Umsätze an dem Aufwand macht, den das gemeine Volk aufbringen muss, um einen unnahbaren Gott zu besänftigen. Dass Gott in Person auftaucht, ist das Letzte, womit sie gerechnet haben. Hochgradig peinlich. Dass er es wagt, mit einem ländlichen Dialekt und einem Werkzeugkasten unter dem Arm aufzutauchen, können sie ihm nicht verzeihen.

Jesus ist unangenehm, provoziert, fordert heraus. Ununterbrochen. Bekräftigt die Verbindlichkeit des jüdischen Gesetzes, zieht die Gesetzeshüter aber zur Rechenschaft, die sich selber bereichern, anstatt den Menschen zu dienen, die ihnen anvertraut sind. Er führt das Leben, das Adam nicht geführt hat. Fürsorglich, verantwortungsbewusst, auf das Wohl seiner Mitmenschen bedacht. Er baut und bewahrt, im Bild gesprochen, den ihm anvertrauten Garten (1. Mose 2,15), anstatt sich an dessen Früchten zu bereichern.

Da ist es klar, warum Paulus Jesus als »den letzten Adam« bezeichnet (1. Korinther 15,45). Klar, dass dieser Adam zu dem Test antreten darf, bei dem der erste Adam gescheitert ist. Gleicher Gegner, gleiches Angebot (Matthäus 4,1-11). Satan folgt Jesus aus der Ferne mit einem gierigen, argwöhnischen Blick. Er sieht, wie er in die Wüste wandert. Er kann sein Glück kaum fassen und schlägt zu, drangsaliert den letzten Adam auf die gleiche Tour wie den ersten: Zweifel säen. Gottes Zusagen mit einem spöttischen Fragezeichen versehen. Schlagfertige, einstudierte Parolen. *»Wenn du der Sohn Gottes bist…«* – eine andere Formulierung für: *»Hat Gott wirklich gesagt?«* Doch Jesus ist gerüstet. Wie aus der Pistole geschossen kommt die Antwort: Ja, Gott hat wirklich gesagt. Denn »die Schrift sagt«. Das wiederholt er dreimal. Viele Stunden in der Gegenwart Gottes, betend und nachdenkend über sein Wort, machen sich bezahlt. Eine Mutter, die 30 Jahre zuvor betete: *»Es geschehe mir nach deinem Wort«* (Lukas 1,38; ELB), hat einen Sohn, der feindliche Angriffe mit den Worten *»Es steht geschrieben«* (Lukas 4,4; ELB) abwehrt.

Nicht dass die Abkürzungen, die der Feind anbietet, nicht verlockend wären. Den schreienden Magen mit deftigen, frischen Backwaren füllen. Mit einer einzigen, öffentlichkeitswirksamen Sensation beweisen, dass er tatsächlich der verheißene Messias ist. Autogrammstunden für Scharen von Anhängern, die ihn anhimmeln. Den Kelch von Golgatha von ihm wegnehmen. Nichts hätte Satan lieber getan als das. Das Ziel ist in Reichweite: ein messianischer Fürst unter seinen Fittichen, ferngesteuert und bezahlt von der Hölle. Es ist die alte Taktik. Die Befriedigung aller Wünsche als Köder. Darin ist Satan der Spezialist. Generationen von konsumbesessenen Menschen fallen auf seine Schliche herein, ohne das Kleingedruckte zu lesen oder über die Konsequenzen nachzudenken.

Der Glaube, der Jesus durch die traumatischen Tage in der Wüste hindurchträgt, hat nichts mit schönen Gefühlen und erbaulichen geistlichen Erlebnissen zu tun. Es ist der Glaube eines Mannes, der gelernt hat, dem Diktat menschlicher Triebe zu widerstehen, während er sich Tag für Tag über den brennenden Wüstensand von einer Wasserquelle zur nächsten schleppt. Es ist ein existenzieller Kampf um die Kontrolle über seine Seele. Gott gehorchen, auch wenn es Mühe kostet. Den Glamour dieser Welt vor Augen haben und aus freien Stücken »Nein, danke« sagen. Dem Vater bedingungslos vertrauen, auch wenn er dessen Nähe bestimmt nicht wahrnimmt, wenn seine Zunge vor Durst anschwillt und Sandkörner blutige Spuren in seinem Hals hinterlassen – was Jesus hier ausübt, ist nackte Willenskraft. Doch er kann nicht gebrochen werden. Satan muss für eine Weile weichen (Lukas 4,13).

Die Ironie dabei: Mit einer schamlosen Selbstverständlichkeit feilscht Satan mit einem Lohn, der Jesus schon rechtmäßig gehört. Die Reiche der Welt sind Jesus, nicht Satan, zugesprochen. Aber selbst dieser Gedanke wird Jesus im Augenblick der Konfrontation nicht geholfen haben. Erst nach Ende des kräftezehrenden Kampfes kommen die Engel, um ihm die Tränen vom Gesicht abzuwischen, den zitternden Körper in ihre Arme zu nehmen, den ausgedörrten Mund mit kühlem Wasser zu benetzen, das hartnäckige Husten zu beruhigen, die gerissene Haut zu salben. Danach verlässt Jesus die Wüste, erfüllt von der Kraft des Heiligen Geistes.

Ein Mann, der das alles durchstanden hat, läuft wenig Gefahr, sich vor den Karren einer der zahlreichen Lobbygruppen spannen zu lassen, die die Dienste eines Publikumslieblings wie Jesus mehr als begrüßen und belohnen würden.

## Der eigentliche Test

Jesus bleibt ein provokantes Rätsel. Seine Feinde belauern ihn, drehen ihm jedes Wort im Mund um, stellen Fallen. Nichts bleibt unversucht. Mordversuche folgen auf heftige Wortgefechte. Langsam, aber sicher wird er von seinen Feinden umzingelt. Sie versuchen, seinen Ruf zu schädigen, heizen die Römer gegen ihn auf und schauen vergnügt zu, wie er endlich dort landet, wo sie ihn die ganze Zeit sehen wollten: auf dem Weg zu seiner Hinrichtung. Seine Anhänger sind traumatisiert und ergreifen die Flucht. Jetzt erst kommt die eigentliche Prüfung.

*Er war bereit, den Tod der Schande am Kreuz zu sterben* (Hebräer 12,2). Auf welche »Schande« er sich eingelassen hat, weiß Jesus im Vorfeld. Ein Jude, der zur Zeit Jesu das Wort »Kreuz« hört, denkt nicht an eine silberne Halskette oder einen Wandschmuck in einem Gebetsraum. Er hört in seiner Fantasie das markerschütternde Gebrüll der Schwerverbrecher, die an zwei Balken lebendig aufgespießt werden und in aller Öffentlichkeit ein grauenvolles und langsames Ende finden. Der Abschreckungseffekt für alle Möchtegernunruhestifter ist unter der eisernen Faust der Römer auf die Spitze getrieben worden. Ein Kreuzestod ist an Qualen nicht zu überbieten.

Jedem natürlichen menschlichen Instinkt zum Trotz schlägt Jesus einen Weg ein, den kein Mensch, der bei Sinnen ist, freiwillig gehen würde. Auch als die elende Maschinerie des römischen Strafverfahrens schon in vollem Gange ist, könnte er jederzeit auf den Knopf drücken. Die Engel stehen auf Zehenspitzen, um ihn auf Kommando aus dem Blutbad herauszuholen, sollten die Worte »Jetzt reicht es!« auch nur ansatzweise über seine wunden, geschwollenen Lippen kommen. Aber er hält durch. Auch, als seine Glaubensbrüder ihn mit frei erfundenen Unterstellungen überschütten und lieber den Terroristen Barabbas befreien lassen als den Fürst des Friedens.

Die römische Peitsche mit ihren messerscharfen Pfeilen zerfetzt das Fleisch auf seinen Schultern bis zu den Knochen. Ein ungeschliffener Holzbalken wird seinem blutigen, zerschundenen Oberkörper aufgeladen. Er schleppt sich auf allen vieren den Hang hoch, stolpert nach vorne und bricht zusammen. Ein Passant wird dazu angehalten, das Holz für ihn zu tragen. Wie das Vieh zu den Schlachtbänken im Tempel wird er zur Opferstätte getrieben. Die Menschenmengen johlen. Noch ist der Kelch nicht ausgetrunken. Er brüllt vor Schmerz, während die Nägel in seine Handgelenke und Knöchel getrieben werden. Unvorstellbare Qualen zerreißen seinen bis zur Unkenntlichkeit gemarterten Körper. Er beißt sich immer noch durch. *Er war so entstellt, dass sein Aussehen kaum mehr dem eines Menschen glich, und viele waren entsetzt, als sie ihn sahen* (Jesaja 52,14), beschreibt ihn der Prophet Jesaja, der den von Schmerzen geplagten Gottessohn Jahrhunderte vorher in einem Albtraum sieht. In einem Gedicht, das mit bemerkenswerter Genauigkeit eine römische Kreuzigung darstellt, lange bevor es diese gegeben hat, schildert König David die innere Gefühlslage des leidenden Messias: *»Mein Leben ist ausgeschüttet wie Wasser und meine Knochen haben sich voneinander gelöst. Mein Herz ist in meinem Inneren wie zerschmolzenes Wachs. Mein Körper ist ausgetrocknet wie eine Scherbe aus Ton. Meine Zunge klebt mir am Gaumen«* (Psalm 22,15f).

Die göttliche Stimme, die einmal gebietend vom Berggipfel donnerte, japst nach Luft und schluchzt: *»Vater, vergib diesen Menschen, denn sie wissen nicht, was sie tun«* (Lukas 23,34). Und schon wieder hört man im Hintergrund die höhnenden Worte: *»Wenn du der Sohn Gottes bist…«* (Matthäus 27,40). Es ist kurz vor zwölf, aber immer noch nicht zu spät für eine dramatische Wendung. Jesus soll doch vom Kreuz herabsteigen. Könnte er ja auch. Aber er verzichtet. In einem unfassbaren Akt von Selbstaufgabe schluckt der Sohn Gottes die endlosen Beleidigungen und die blutigen Hiebe, die auf ihn einprasseln, während die gesamte Hölle ihren angestauten Hass über ihm ausschüttet. Der Stamm Juda, der seine Feinde besiegen wird (1. Mose 49,8), ist endlich, nach Jahrhunderten, in die Knie gezwungen worden, das Zepter gebrochen. Der grausame Zerstörer lässt die Korken knallen.

## Die eine Waffe, die der Feind nicht kennt

Plötzlich wird der hämische Siegestaumel durch das Rollen eines gewaltigen Steines unterbrochen. Der Schock muss verheerend sein. Selbst auf die brutale Endgültigkeit einer Kreuzigung hat Gott eine Antwort gefunden. Der Erfinder der Narnia-Chroniken, C. S. Lewis, beschreibt die Kraft der Auferstehung in den Worten seines Löwen-Königs Aslan: *Wenn sich einer, der nichts verbrochen hat, freiwillig für einen Schuldigen opfert, dann bricht der Steintisch entzwei, und der Tod weicht zurück.*[6] Gott hat zugeschlagen mit einer Waffe, der sich der Fürst der Finsternis nicht bedienen kann, weil er sie nicht kennt. Opferbereitschaft. Selbstlose Hingabe. Liebe. Jesus bringt seinen Widersacher zu Fall und spaltet die Weltgeschichte in zwei Teile: vor Christus und nach Christus.

Die Freude, von der Jesus geträumt hat (Hebräer 12,2), platzt in die Welt hinein mit der Nachricht, dass selbst der Tod sein Grauen verloren hat. Einer hat es geschafft, der Unwiderruflichkeit des Grabes zu entkommen und davon Bericht zu erstatten. Es gibt eine Welt jenseits der Vergänglichkeit, eine Versöhnung mit dem Garten Eden, die Einladung in ein Leben hinein, in dem Leid und Trauer nicht mehr das letzte Wort haben, Jesus hat die Auswirkungen von Adams Fehltritt rückgängig gemacht. Die Verbannung aus Eden ist aufgehoben.

All das war es Jesus wert, dafür die Grausamkeiten einer römischen Folter zu durchstehen. *Denn Gott hat die Welt so sehr geliebt, dass er seinen einzigen Sohn hingab, damit jeder, der an ihn glaubt, nicht verloren geht, sondern das ewige Leben hat* (Johannes 3,16). Jesu Motiv, ans Kreuz zu gehen, war die Aussicht, mich und dich an seinem Familientisch zu haben. Den Blick auf die leeren Plätze hielt er nicht aus. Unser Wohlergehen, die panische Angst um das, was aus uns wird, wenn wir unserem Schicksal überlassen bleiben – das lastete schwerer auf seiner Seele als seine eigene Unversehrtheit. Ihm war es lieber, selber vor die Hunde zu gehen, als zusehen zu müssen, wie wir vor die Hunde gehen.

## Was es mit mir zu tun hat

Gott hat mich buchstäblich gekauft. Mich in meinen Ketten auf dem Markt gesehen, wo die Sklavenhändler mich beäugt und um meinen Preis gehandelt haben. War ich tatsächlich so hoffnungslos verloren? Nach der Bibel, ja. Von Gott her gesehen, war ich ein Verbrecher. Trotz meiner frommen Kindheit. Auch ohne jemanden umgebracht zu haben. Ich kann es verharmlosen, wie ich will, die Diktatur des Egoismus, auch in meinem braven Leben, hätte unter anderen Umständen katastrophale Folgen haben können. Ich kann nicht garantieren, dass ich mich bei den Lebensbedingungen, in denen manch ein Krimineller groß geworden ist, anders verhalten hätte. Ich hatte das große Glück, als Kind fürsorglicher Eltern auf die Welt zu kommen, in einem der winzigen Zeitfenster der Weltgeschichte, in dem eine ganze Zivilisation in Wohlstand und Frieden lebt. Wozu wäre ich ohne diese Vorzüge fähig gewesen? Wozu war ich mit diesen Vorzügen schon fähig?

Ein Gott, der gut ist, kann meiner, kann unserer Sünde nicht tatenlos zuschauen. Das wäre kein guter, sondern ein gleichgültiger Gott. Ein Gott, den die Grausamkeiten der Inquisition, die Gräueltaten einer Nazidiktatur oder eines Islamischen Staats kaltlassen, wäre kein gnädiger Gott. Gott ist gut genug, um uns über alles leidenschaftlich zu lieben, aber auch gut genug, um unsere Bosheit leidenschaftlich zu hassen. Das ist kein Widerspruch, sondern zeigt das Dilemma: ein gerechter Gott, in dessen Nähe keine Sünde bestehen kann, und ein liebender Gott, dessen Herz vor Sehnsucht nach seinen Kindern bricht. Golgatha ist der Ort, an dem er das Spannungsfeld auflöst.

Ich sitze auf der Anklagebank. Er wird verurteilt. Er nimmt das Urteil auf sich. Erklärt sich selber als schuldig, mich als schuldenfrei. Er stellt sich nicht die Frage, ob es pädagogisch sinnvoll ist. Ist es vermutlich nicht. Denn eine Menschheit, deren Hauptschuld darin besteht, an sich selber keine Schuld zu erkennen, kann mit einem Schuldenerlass wenig anfangen.

Früher sprach ich treu und brav das Gebet: »Danke, dass du für mich gestorben bist« – und dachte dabei an neue Spielsachen, die nächste Klausur oder nötige Einkäufe. Jetzt nicht mehr. Dieses Gebet wühlt mich auf. Ich hole tief Luft, wenn ich in meiner Bibellektüre zu den Passionsberichten komme. Ich besitze nicht genug Gehirnzellen, um sie in meinem Kopf unterzubringen. Hirnrissig, irrsinnig, verrückt ist diese Liebe. Sie sprengt meine Vorstellungskraft. Soll sie auch. Wenn ich über das Kreuz nachdenke, wird meine Seele ernährt. Es befriedigt eine Ursehnsucht in mir – die Sehnsucht, irgendjemandem nicht egal zu sein. Diese Erkenntnis reißt das Geschehen auf Golgatha aus der abstrakten Theologie heraus und pflanzt es dorthin, wo es hingehört: in das täglich staunende Herz eines Christen. Es ist ein Angebot, das uns immer wieder aufs Neue ergreifen und mit überschäumenden Glücksgefühlen füllen darf. Nach einem Blick auf das Kreuz gehen wir als Begnadigte, Getröstete und Beschenkte ins Leben zurück.

Wer sich nur als Opfer der Bosheit anderer sieht, findet im Kreuzesgeschehen wenig Hilfe. Das Kreuz behandelt mich als Täter. Ich muss nicht therapiert, ich muss erlöst werden. Gott schickt keinen Abgesandten, keinen Mitarbeiter oder Vertreter, keine Sekretärin oder Assistentin, macht keine Geldüberweisung, um mich freizukaufen. Er kommt persönlich, um mich abzuholen, bezahlt die Rechnung bis auf den letzten Tropfen Blut, bis zum letzten Schrei: »Es ist vollbracht!« So einen Gott hat keine andere Ideologie, keine Religion dieser Welt zu bieten.

Wenn es einen gibt, der das Recht hätte, Forderungen zu stellen, dann Gott. Stattdessen verschenkt er sich bedingungslos. *Er verzichtete auf alles; er nahm die niedrige Stellung eines Dieners an ... Er erniedrigte sich selbst und war gehorsam bis zum Tod, indem er wie ein Verbrecher am Kreuz starb* (Philipper 2,7f). Als Dank dürfen wir uns ihm zurückschenken. Ihn unwiderstehlich finden, an ihm hängen, mit ihm zusammen durch dick und dünn gehen.

## Wiedersehen mit Eden

Das ist die Kraft des Evangeliums, bei dem das Kreuz im Mittelpunkt steht. Wer sich in diesem Maße geliebt weiß, kann es sich leisten, eine ruchlose Abrechnung mit dem eigenen Egoismus zu machen. Das Gebet *»O Gott, sei mir gnädig, denn ich bin ein Sünder«* (Lukas 18,13) ist kein flüchtiges Bekehrungserlebnis, sondern eine tägliche Abhängigkeit von Gottes Gnade, die Entschlossenheit, in den Fußstapfen des Meisters zu gehen und nach seinem Vorbild zu leben. Die Auswirkungen lassen nicht lange auf sich warten.

Das Kreuz ist nicht ein Thema, das man einmal begriffen hat, und danach geht alles seinen gewohnten Gang. Das Kreuz wartet darauf, jeden Tag neu entdeckt, auf jede Lebenssituation neu angewandt zu werden. Wenn ein abschätziger Kommentar fällt, wenn die Erwartungen, die ich erfüllen soll, mir zu hoch erscheinen, wenn das neue Medikament keine Besserung bringt, wenn ich mich an Gott oder an einem Mitmenschen verschuldet habe. Das Kreuz erinnert mich daran, wie wertvoll ich dem Schöpfer bin, der mich geschaffen, verloren und durch seinen Tod zurückgekauft hat.

Es geht noch weiter. Das Kreuz macht aus eiskalten Rechnern brennende Evangelisten. Es macht bindungsfähig und belastbar, in Familien und in Gemeinden. Es tauscht Ichbezogenheit in ein Miteinander, das Ausstrahlung hat, wo Menschen wichtiger sind als Meinungen, wo Liebe vor Leistung kommt und biblische Leitlinien vor gesellschaftlicher Akzeptanz. Das Kreuz zieht einen Strich durch die Vorstellung, Gott einen selbstsüchtigen Wunschkatalog unter die Nase halten zu können. An die Stelle von Forderungen tritt Verantwortungsbewusstsein. Und da, wo Menschen wirklich Unrecht erlitten haben, ermöglicht das Kreuz Vergebung, Heilung und einen Neuanfang. In Christus finden wir ein Glück, das alle Freuden dieser Welt verblassen lässt. Je länger wir uns mit ihm beschäftigen, desto mehr flicht sich die Grundlage des Kreuzes in unser gesamtes Denken, Fühlen und Handeln hinein: *Ich lebe, aber nicht mehr ich selbst, sondern Christus lebt in mir,* schreibt Paulus dazu in Galater 2,20.

Der Kreuzestod Jesu und seine Folgen für die Kirche, die seinen Namen trägt, sind für den Apostel Paulus von so zentraler Bedeutung, dass er seine Freunde in Galatien kräftig zurechtweist, als sie anfangen, Gott durch Programme wieder beeindrucken zu wollen. *O ihr unverständigen Galater! Wer hat euch so durcheinandergebracht? Ihr habt doch so klar erkannt, was der Tod von Christus für uns bedeutet, als ich euch Jesus Christus, den Gekreuzigten, vor Augen malte!* (Galater 3,1). Es ist nicht so, dass die Galater etwas gegen das Kreuz haben. Nur das Kreuz reicht ihnen nicht mehr, es ist zu einfach, zu unappetitlich. Es muss noch etwas dazukommen – Leistung, höhere, tiefere, breitere, neuere Erkenntnisse, Schwerpunkte und Zusatzdogmen, durch die wir uns doch selber wieder rühmen und unsere theologische Überlegenheit sichern wollen. Sobald ein Zusatz obendrauf gesetzt wird, ist das Kreuz aber wirkungslos.

Der Liederdichter Isaac Watts (1674–1748) rang um Worte, um die Tiefe seiner Begegnung mit dem Kreuz zu beschreiben:

> Schau ich zu jenem Kreuze hin,
> wo einst der Friedensfürst verblich,
> Für Schaden acht ich, was Gewinn, was einst mein Stolz,
> beschämet mich. Wär' mein die Welt mit ihrem Glanz,
> wär's doch als Opfer viel zu klein; für solche Liebe nimm
> mich ganz, ich selbst will, Herr, das Opfer sein.[7]

Kein Wunder, dass das Kreuz auch dort Hoffnung gibt, wo das Leben selber keine Hoffnung mehr gibt. Es wirkt bis in die ärmsten Slums von Kalkutta und in die Gefängnisse von Nordkorea und Saudi Arabien hinein. Es sandte einst einen Lichtstrahl in die dunklen Laderäume der Sklavenschiffe, in denen Menschen wie billige Ware grausam zusammengepfercht, misshandelt und später an gewissenlose Zuchtmeister verkauft wurden. Aus dem Mund gerade dieser Menschen flossen die Gospelsongs, die Musikgeschichte schrieben, und Texte, die bis heute den Himmel für diejenigen öffnen, die sich auf der Schattenseite des Lebens befinden. Nicht ohne Grund ist die Kirche Jesu Christi dort am stärksten, wo sie am meisten verfolgt wird.

Hin und wieder, ohne offensichtlichen Auslöser, überkommt mich ein überwältigender Schmerz, und ich weiß nicht, wohin damit. Trauer um meine Mutter, deren Verlust ich auch nach vielen Jahren noch nicht verkraftet habe? Sehnsucht nach geliebten Menschen, die mich geprägt haben und nicht mehr da sind? Nostalgische Träume von einer glücklichen Kindheit, ein allgemeines Gefühl der Entwurzelung und der Heimatlosigkeit? In solch einem Moment schrieb ich einmal in meinem Tagebuch:

> Wohin damit? Zu ihm natürlich. Denn nur er hat Worte des ewigen Lebens. Ich folge ihm mit suchenden inneren Augen, lass ihn nicht aus meinem Blickfeld. Ich bin von ihm ergriffen, kann meinen Blick von der vernarbten Haut an seinen Schultern nicht mehr wenden, wo die Peitsche damals sein Fleisch zertrümmerte, von den Mulden in seinen Händen und Füßen, wo die Nägel hineingehauen wurden. Um mich herum bleibt alles unverändert. Eisige Blicke, grimmige Mienen. Aber wenn ich weiß, dass er da ist, dann regt mich das alles nicht mehr auf. Ich sitze an seinem Tisch. Ich bin nach Hause gekommen. Habe kein Ticket gekauft, nichts vorgewiesen, niemanden beeindruckt. Nur geschrien. Nach Hilfe. Wieder und immer wieder. Und er kam. Er machte Umwege, unterbrach Verabredungen, hielt unter dem Baum an, in dem ich mich wie einst Zachäus versteckt hatte, kam in mein Haus, stieg in ein Schiff und fuhr über einen See, um mich aufzusuchen. Schleppte sich blutig und geschlagen einen Berg hoch und ließ sich hinrichten, um mich zu kaufen und zu seinem Eigentum zu machen. Er sprach nur ein Wort, und ich konnte den Kopf wieder heben – genug, um in seine Augen zu blicken und innerlich zu zerschmelzen. Die Tränen waren nicht weg, sie flossen umso mehr – aber Tränen der Erleichterung, nicht mehr Tränen der Trauer. Diese Momente muss ich immer wieder festhalten, wie kleine Ewigkeiten mitten in meiner Zerbrechlichkeit. Ich kann dem Tag wieder ins Gesicht schauen.

Kapitel 6

# DAS ERINNERUNGSMAHL

## Die Vergebung nicht vergessen

»Nehmt und esst, denn das ist mein Leib ... Jeder von euch soll davon trinken, denn das ist mein Blut, das den Bund zwischen Gott und den Menschen besiegelt. Es wird vergossen, um die Sünden vieler Menschen zu vergeben.«

*Matthäus 26,26-28*

Das Opfer, das dir gefällt, ist ein zerbrochener Geist. Ein zerknirschtes, reumütiges Herz wirst du, Gott, nicht ablehnen.

*Psalm 51,19*

»Gottesdienst mit anschließendem Abendmahl« – das klang früher für mich wie eine Bedrohung. Düstere Vorahnungen von dunklen Anzügen, gesenkten Blicken, Schweigeminuten und grauer Haarpracht auf muffigen Kirchenbänken flogen durch meinen Kopf. Ich lief auf Zehenspitzen in die Kirche und konnte nur hoffen, dass es nicht zu lange dauert. Geschmeckt hat es schon gar nicht. Weder mit dem überzuckerten Traubensaft in den Kreisen, in denen ich groß geworden bin, noch mit dem billigen Rotwein und den Mazzen, die ich später kennenlernte und die wie Pappe schmeckten. Aus irgendeinem Grund hatte ich das Abendmahl nötig, wusste aber nicht so recht, warum. Es war wie ein bitteres Medikament, das man nach dem Arztbesuch einnehmen muss. Das Abendmahl schien seinem Ruf alle Ehre zu machen.

Als an einem Sonntag in meiner Jugendzeit beim Abendmahl der Psalm 51 von König David vorgelesen wurde, fand ich das gesamte Treiben auf einmal geschmacklos, auch inhaltlich. Beichte, Sündenvergebung, ein zerknirschtes, reumütiges Herz. Und damit will man moderne Menschen in die Kirche locken? Mitreißende Titel für eine Bestsellerliste gehören wirklich nicht zu Gottes größten Begabungen. Der Text passt zum billigen Wein und den trockenen Mazzen. Kein Wunder, dass eine Reihe von Austritten auf die Predigt von Jesus folgte, in der er zum ersten Mal dazu aufforderte, sein Fleisch zu essen (Johannes 6,53ff).

Die Worte des alten Psalms unterbrachen meine Grübeleien.

> Gott, sei mir gnädig um deiner Gnade willen und vergib mir meine Sünden nach deiner großen Barmherzigkeit. Wasche mich rein von meiner Schuld und reinige mich von meiner Sünde. Denn ich bekenne meine Sünde, die mich Tag und Nacht verfolgt. Gegen dich allein habe ich gesündigt und getan, was in deinen Augen böse ist. Darum wirst du recht behalten mit dem, was du sagst, und dein Urteil über mich ist gerecht.
>
> *Psalm 51,3-6*

Nur in einer Kirche kann so ein emotionsgeladener Text in einem dermaßen trockenen und gefühllosen Ton vorgelesen werden, dachte ich nebenher. Die herzzerreißende Beichte von David geht jedoch unter die Haut, selbst wenn sie in keinem ergreifenden Tonfall gelesen wird. Auf einmal bewegte mich die Tiefe der Verzweiflung, die sich hinter den leidenschaftlichen Worten verbirgt. Ein gestandener Mann im besten Alter, der alles im Leben erreicht hat, fleht unter Tränen um Gnade. Wie kam es bloß dazu? Mein Kopfkino schaltete sich ein. Ich versuchte, die Umstände und die Gefühlswelt hinter den bewegenden Strophen dieses Psalms nachzuempfinden. Auf einmal waren der bittere Geschmack des Weins und die trockenen Mazzen doch nicht so unpassend. Auch nicht unangenehm.

## Anschauungsunterricht am Beispiel Davids

Davids Aufstieg ist hart erkämpft und wohlverdient. Jahrelang pendelt er als Jugendlicher zwischen Zeltlagern in der Judäischen Wüste und Gala-Abenden beim Hochadel von Jerusalem hin und her. Zu seinen Arbeitseinsätzen gehören ein Zweikampf gegen Goliath mit anschließender militärischer Top-Auszeichnung und ein Ferienjob als Gute-Laune-Musiker am Hof eines Königs, der auf dem bestem Weg ist, ein Psychopath zu werden. Danach wird er durch die Missgunst des Königs gezwungen, Auszeiten als Asylant im Nachbarland zu nehmen und dort im Nebenjob als Lakai des heidnischen Königs zu dienen. In den schweren Zeiten seiner Jugend ist David in geistlicher Hochform – er betet um die Wette, sucht göttlichen Beistand, schreibt grandiose Lobpreislieder. Der Aufstieg des Hirtenjungen zum König ist nun perfekt. Wenn irgendjemandem, dann gönnt man es David: einmal zu Hause bleiben, Ferien genießen und den Nachwuchsgenerälen eine Chance geben, ihr Können zu zeigen.

Seltsam, dieser Selbstzerstörungsmechanismus, der sich einschaltet, sobald das Leben gut läuft. Nicht die schweren Zeiten sind, geistlich gesehen, die gefährlichen, sondern eher die guten. David hat alles. Paläste, die seine Feinde vor Neid gelb werden lassen. Schöne, verfügbare Frauen, die vor seiner Schlafzimmertür Schlange stehen. Genug prächtige Thronfolger, um ein Fußballstadion zu füllen. Er hat politischen Frieden mit den kriegslüsternen Nachbarn geschlossen – nur noch kleine Plänkeleien hier und da an den Grenzen. So viel Glück in einem einzigen Leben.

So viel Glück, dass das geistliche Feuer nicht mehr brennt. Dafür ein anderes Feuer. Es beginnt mit einem unschuldigen Spaziergang an einem warmen Nachmittag auf dem Dach seines Palastes. Muße, Langeweile, eine Nachbarin, die ihr Sex-Appeal gerne zur Schau stellt, ein König in den besten Jahren, der sich daran gewöhnt hat, alles zu bekommen, was sein Herz begehrt, und schon ist die Geschichte gelaufen. Der Mann, den Gott persönlich mit dem Ehrentitel »Mann nach meinem Herzen« auszeichnet (Apostelgeschichte 13,22), ist nicht nur ein Genießer, er ist ein Nimmersatt geworden. Er spannt einem seiner tapfersten Generäle die Frau aus und leitet einen Auftragsmord in die Wege, um den Skandal einer Schwangerschaft zu vertuschen. Er lügt und mordet seinen Weg aus der Krise heraus und heiratet die hübsche Nachbarin.

Das Schlimme ist, er scheint sich dabei nichts zu denken und geht zur Tagesordnung über. Es ist eine Sache, Mitmenschen als Mittel zur eigenen Wunscherfüllung zu missbrauchen. Eine andere, viel schlimmere Sache ist es, dieses Verhalten normal zu finden. Wer in der Finsternis herumstochert und nicht wissen will, dass er ein Licht braucht, der hat wirklich ein Problem.

Aber etwas ist David aus seinen guten geistlichen Zeiten noch geblieben: ein guter Freund, der sich nicht scheut, die Wahrheit zu sagen. Die Freundschaft ist vielleicht nicht so herzlich, wie sie einmal war, aber immerhin wird Nathan hineingelassen. Der Besucher hat vermutlich vor diesem unangemeldeten Abstecher in den Palast mehr als eine schlaflose Nacht verbracht. Er ist aber gut vorbereitet. Er erzählt die packende Geschichte eines reichen Genießers, der seinen armen Nachbarn beraubt. David schießen die Tränen in die Augen. Er verlangt nach Vergeltung. So viel Mitgefühl hat der König noch. Darauf hat Nathan gehofft. Er schließt mit dem vernichtenden Urteil: *»Du bist dieser Mann«* (2. Samuel 12,7). Ein aufregender Moment, Ausgang ungewiss. Es sind Worte, die den

Propheten Kopf und Kragen kosten können, und er ist sich dessen sicher bewusst.

Die Worte treffen. Davids träge gewordenes Gewissen wird wachgerüttelt, die Grundfesten seiner Seele sind erschüttert. Wohl dem Diener Gottes, der einen Nathan in seinem Leben hat, der die Erlaubnis hat, eine Ampel auf Rot zu stellen. Nicht der Christ, der sündigt, ist gefährdet, sondern der, der im Sololauf durchs Leben rennt und keinen hat, der ihn überführt, wenn er sündigt. Psalm 51 ist die Antwort auf Nathans Besuch. Hier finden wir kein »Was ist da so schlimm dran« oder »Das machen doch alle«, was für die meisten Leute typisch wäre. David dreht auch nicht den Spieß um, nach dem scheinheiligen Motto: »Nathan, ich vergebe dir, dass du mich mit deinen Vorhaltungen verletzt hast.« Stattdessen die schlichten Worte: *»Ich bekenne meine Sünde«* (Vers 5). Er sucht nach Worten, um das Gewitter zu beschreiben, das in seinem Inneren ausbricht. Es wird ihm bewusst, dass die Entgleisungen, die er sich in der schändlichen Affäre erlaubt hat, ihn ins geistliche Abseits manövriert haben. Er bereut nicht nur die persönlichen Folgen eines Skandals, der aufgeflogen ist. Was am meisten wehtut, ist sein Verrat an den Gott, der ihm bis dahin alles bedeutet hat und dem er alles verdankt, was sein Leben ausmacht. Wer Menschen wehtut, tut auch dem weh, der diese Menschen geschaffen hat: *»Gegen dich allein habe ich gesündigt«* (Vers 6). Er hat seine Lebensquelle mit den eigenen Händen zugeschüttet. Gott hat sich zurückgezogen. Seine einzige Hoffnung: *»Ein zerknirschtes, reumütiges Herz wirst du, Gott, nicht ablehnen«* (Vers 19). Er erinnert sich daran: Für zerbrochene Menschen hatte der Gott Israels schon immer etwas übrig. Die Folgen von Davids Vergehen sind zwar unabänderlich, und für diese nimmt er die volle Verantwortung auf sich. Aber die Beziehung zu Gott bleibt intakt. Demjenigen, der weiß, dass er Rettung braucht, wird immer ein Rettungsring zugeworfen.

Erschreckend an dieser Geschichte ist die Art, wie Sünde ins Leben eines gottesfürchtigen Menschen fast unbemerkt hineinschleicht. Sie klopft nicht an die Tür. Sie stellt sich nicht mit Namen vor, noch bittet sie um Zutritt. Sie fällt nur dann auf, wenn sie anfängt Früchte zu treiben. Wenn andere sie bemerken. Sie versteckt sich hinter den Themen, über die wir nicht reden wollen, in den Gesprächen, bei denen wir schnell das Thema wechseln oder eingeschnappt reagieren, weil jemand uns zu nahe tritt. Sie wird erst dann sichtbar, wenn sie ihr Unwesen schon so weit getrieben hat, dass es nicht mehr zu übersehen ist.

## »Deshalb solltet ihr euch prüfen«

Bis Davids unrühmliche Affäre mit Batseba wie ein Filmstreifen durch meinen Kopf gelaufen ist, sind wir fast am Ende der Abendmahlsfeier. Paulus' mahnende Worte *»Deshalb solltet ihr euch prüfen, bevor ihr das Brot esst und aus dem Kelch trinkt«* (1. Korinther 11,28) werden vorgelesen. Sie klingen auf einmal dringlich, energisch. Von wegen peinlich und langweilig. Diese Augenblicke vor dem Altar könnten die wichtigsten in meiner ganzen Woche sein. Sogar lebensrettend. Wann sonst komme ich dazu, einen Blick in die tiefsten Winkel meiner Seele zu wagen? Den unfreundlichen Gedanken über die Nachbarin, die spöttische Bemerkung am Mittagstisch über den Gottesdienst, den Neid über den Erfolg der Kollegin aufzuspüren, in mich zu gehen, innere Beweggründe und Haltungen kritisch zu hinterfragen. Dunkle Stellen ans Licht zu bringen, umzukehren, um Kraft zur Veränderung zu bitten. Und danach das Brot und den Wein voller Ehrfurcht an meinen Mund zu führen, während ich mir Christus noch einmal vor Augen male und über den Preis nachdenke, den er für mein Fehlverhalten bezahlen musste.

Das Thema »Umkehr« lässt David für den Rest seines Lebens nicht mehr los. Es läuft wie ein roter Faden durch seine Schriften. *»Erforsche mich, Gott«*, bittet er in Psalm 139,23, *»und erkenne mein Herz, prüfe mich und erkenne meine Gedanken.«* Hier spricht der Mann, der aus eigener Erfahrung weiß, mit welch raffinierten Schlichen der Mensch sein eigenes Fehlverhalten zudeckt und herunterspielt. Das ist das, was er am besten kann. *»Nichts auf dieser Welt ist so hinterhältig und verschlagen wie das Herz des Menschen. Wer kann es durchschauen?«*, klagt ein späterer Prophet (Jeremia 17,9).

Kein Kind muss lernen, hinterhältig zu sein oder Schuld und Verantwortung von sich zu weisen. »Mein Johnny hat sein Schreibmäppchen nur aus Versehen fallen lassen, und Sie machen ihn gleich fertig«, klagte die erzürnte Mutter am Telefon.

»Er meint, Sie hätten ihn schon immer auf dem Kieker gehabt!« Ich habe gelernt, in solchen Momenten Ruhe zu bewahren. »Frau Meyer, ich habe weder Ihren Johnny noch irgendeinen Schüler auf dem Kieker. Fragen Sie Ihren Sohn, was passiert war, bevor er sein Schreibmäppchen ›aus Versehen‹ fallen ließ, und rufen Sie mich danach noch mal an. Falls es nötig sein sollte.«

Offensichtlich hatte Johnny »vergessen« zu erwähnen, dass er seinen Nebensitzer angespuckt, die Praktikantin wüst beschimpft, einen Papierflieger abgeschossen und die Mitschülerin an den Zöpfen gezogen hatte. Und dass er schließlich sein Schreibmäppchen mit voller Absicht auf den Boden geknallt hatte. Genauso wie mein Sohn, der einmal nachsitzen und mit einem Putzlappen antreten sollte. Er hatte keine Ahnung, warum, und fand es völlig ungerecht. Erst ein Gespräch mit dem Geschichtslehrer ergab, dass er zerdrückte Kreide überall auf den Boden des Klassenzimmers geschmiert und dann höhnisch darauf hingewiesen hatte, dass die Putzfrau ja Arbeit brauche.

So funktioniert das betrügerische Herz. Wir alle sind Spezialisten darin, nur ausgewählte Informationen preiszugeben. Oder gar keine. Oder nur die, die uns in ein gutes und andere in ein schlechtes Licht stellen. Keiner von uns musste lernen, wie das geht. Die Verharmlosung der eigenen Schuld geschieht millionenfach und täglich bei jedem Menschen. Sie kommt von ganz allein. Gottes Gegenmittel lautet: *Bekennt einander eure Schuld und betet füreinander, damit ihr geheilt werdet* (Jakobus 5,16). Sünde zu bekennen heißt, die ganze Geschichte zu erzählen. Sünde zu bekennen heißt, mit mir selber ehrlich zu sein, egal wie sehr die Wahrheit schmerzt. Es heißt, mich selber rechtzeitig zu überlisten, bevor ich dubiose Ausweichtaktiken anwende, um mein Verhalten zu rechtfertigen. Weil ich, wie Johnny, gern »vergesse«, die Vorgeschichte zu erzählen.

Über die eigene Schwäche zu reden, kann gelernt werden. Ich kann es einüben, einen Wortschatz zu finden für meinen Anteil an einem Problem, Tarnungen zu vermeiden. Von meiner Wehleidigkeit zu sprechen anstatt von meiner harmoniebedürftigen oder übersensiblen Art. Von meiner Geldgier statt von meiner Sparsamkeit. Meine Lieblosigkeit nicht als Ehrlichkeit zu erklären oder meine herumkommandierende Art als gute Organisation. Oder nur dann von Sünde zu reden, wenn der andere der Täter ist und ich das Opfer bin.

## Das geprüfte und das hörende Herz

In einem Buch voller markiger Sprüche werden Davids Erkenntnisse zum Thema »Prüfe dein Herz« von seinem Sohn Salomo aufgegriffen und fortgesetzt. Ausgerechnet der Sohn, dessen Geburt ein Ergebnis kostspieliger Fehltritte seiner Eltern war, schreibt einen Bestseller darüber, wie man klug und erfolgreich lebt. Die Dialoge zwischen Vater und Sohn, die darin aufgezeichnet sind, deuten auf ein enges Verhältnis hin. Man könnte die Sammlung der Weisheiten als Davids Vermächtnis sehen. Kleine sprachliche Mahnmale der Verhaltensetikette werden aneinandergereiht und versetzen den Leser in Staunen, weil er sich in einem fort ertappt fühlt. Die Sprüche sind ein Streifzug durch alle erdenklichen Fettnäpfchen, in die ein Mensch tappen kann. Auf peinliche Weise praktisch. Die Hauptthese des Buchs: Es ist möglich, zur Besinnung zu kommen, bevor man etwas Dummes anstellt. Bevor sich Sünde durch eine unbewachte Hintertür einschleicht.

Wird wieder einmal über Dinge gestritten, die es nicht wert sind? Salomo fordert dazu auf, die aufgeregten Gemüter herunterzufahren, und tadelt den törichten Mann, der »stets Böses im Sinn hat« und »Streit und Unruhe« stiftet (Sprüche 6,14). Wiederholt stellt er Charakter über Leistung: *Es ist besser, geduldig zu sein, als mächtig; es ist besser, Selbstbeherrschung zu besitzen, als eine Stadt zu erobern* (16,32). Hier finden wir wenig Nachsehen für diejenigen, die hartherzig und ungeduldig mit Andersdenkenden umgehen, die schnell ausrasten, wenn sie ihren Willen nicht durchsetzen können.

Die Blamagen und Fehltritte anderer sollen wir nicht mit Schadenfreude herumposaunen, um uns selber überlegen zu fühlen (10,12), denn »wer sich über das Unglück anderer freut, erhält seine Strafe« (17,5). Vielmehr sollen wir »hilfreiche« Worte weitergeben, gütig und freundlich in unserer Art (10,32). Klatsch zu verbreiten und zu lästern, lassen wir besser bleiben, denn: *Wer … zuverlässig ist, behält ein Geheimnis für sich* (11,13). Wir sollen nicht bemüht sein, selber gut dazustehen, sondern stattdessen andere mit guten Ratschlägen aufbauen (10,21). Mit den eigenen geistlichen Hochleistungen anzugeben, ist bei Salomo nicht angesagt (20,6). Wer prahlt, Erfolgsstorys übertreibt und Probleme dafür unter den Teppich kehrt, läuft Gefahr, ein »falscher Zeuge« zu sein, »der Lügen verbreitet« (6,19). Viel besser: *Lobe dich nicht selbst, lass das andere tun* (27,2). Imagepflege ade.

Rechthaberei und Stolz führen in den Abgrund: *Eifer ohne Wissen ist nicht gut* (19,2) und *Stolz wird in Schande enden* (11,2). Wer Ziele im Leben erreichen will, soll es auf Ausdauer anlegen, nicht auf raschen Erfolg, denn: *Schnell erworbener Reichtum ist auch schnell wieder dahin; Reichtum, der hart erarbeitet wurde, wird noch größer* (13,11). Lieber nicht so ehrgeizig sein und stattdessen auf den Rat von Weggefährten achten: *Wer aber aus der Zurechtweisung lernt, ist klug* (15,5). Jesu Aufforderung *Gebt, und ihr werdet bekommen* (Lukas 6,38) wird von seinem königlichen Vorfahren schon Jahrhunderte davor vorweggenommen: *Wer anderen hilft, dem wird selbst geholfen werden* (11,25). Zwischen all diesen Ermahnungen sind auch Hinweise eingestreut, wie man eine erfüllte Ehe lebt, anständige Kinder erzieht, sorgenfrei lebt und fleißig arbeitet.

Die Sprüche haben einen Wortschatz, der belehrt: Horche auf, vergiss nicht, bewahre, suche, verwirf nicht, beachte, erwirb dir, halte hoch, gehorche. Sie geben praktische Anweisungen für das weiche, formbare Herz, das an anderen Stellen in der Bibel als Frucht des Wirkens Gottes in einem Menschen dargestellt wird (Hesekiel 36,26f; Hebräer 3,7). Für Paulus ist das hörende Herz eine Voraussetzung für das Abendmahl: *Deshalb solltet ihr euch prüfen, bevor ihr das Brot esst und aus dem Kelch trinkt. Denn wenn ihr unwürdig das Brot esst und aus dem Kelch trinkt und damit den Leib Christi entehrt, dann esst und trinkt ihr euch zum Gericht Gottes* (1. Korinther 11,28f). Mit dem Geschmack von Brot und Wein im Mund haben wir die Möglichkeit und auch die Kraft, uns selber unserer Fehltritte zu überführen, bevor andere es tun.

Der verlorene Sohn im Gleichnis von Jesus hat sich in der Kunst des Hörens geübt. In seiner Beichtrede bekennt er klipp und klar:

*»Vater, ich habe gesündigt, gegen den Himmel und auch gegen dich, und ich bin es nicht mehr wert, dein Sohn zu heißen«* (Lukas 15,18f). Kein Nachsatz mit »Aber wenn du ... dann hätte ich nicht ...«. Kein Anfang mit »Falls ich dich verletzt habe ...«. Kein schnell hingeworfenes »'tschuldigung!«, in der Hoffnung, einer Strafe dadurch zu entkommen. Er probt vorher seine Bitte um Verzeihung. Die eigene Schuld abzuwiegeln, ist eine Gewohnheit, die tief sitzt. Sie abzuschütteln, muss trainiert werden. Schuld, die auf den Tisch gebracht wird, verliert ihre Macht. Also am besten gleich raus damit.

*»Als ich mich weigerte, meine Schuld zu bekennen, war ich schwach und elend, dass ich den ganzen Tag nur noch stöhnte und jammerte«* (Psalm 32,3), klagt David. Salomo greift das gleiche Thema auf: *Wer seine Sünden verheimlicht, dem wird es nicht gut gehen. Aber wenn er sie bekennt und davon lässt, wird er Barmherzigkeit finden* (Sprüche 28,13). Nichts ist für die Gesundheit schädlicher als krampfhaft praktizierte Eigenliebe und zugedeckte Schuld. Es ist anstrengend, immer recht haben zu müssen und anderen mit meiner Sicht der Dinge imponieren zu wollen. Abgesehen davon: Das wahre Bild kommt irgendwann ganz von selbst heraus. Deshalb ist es gut, wenn wir die Worte »Herr, erbarme dich« immer wieder sprechen. Am besten täglich.

Die Sprüche sind viel mehr als eine Fülle von Anweisungen darüber, wie ein Hitzkopf seine Zunge zügelt, ein Frauenheld zum treu sorgenden Ehemann wird, ein Faulenzer lernt zu arbeiten. In ihren bildhaften und humorvollen Seitenhieben gegen die Alltagsblamagen, die uns alle plagen, entfaltet sich eine Lebensvision, die in dem einen Spruch zusammengefasst ist, der häufig auf Kalendern und Geburtstagskarten erscheint: *Vertraue von ganzem Herzen auf den Herrn und verlass dich nicht auf deinen Verstand* (Sprüche 3,5). Mitten in den kleinen Beschlüssen am Frühstückstisch, im Straßenverkehr, am Schreibtisch, in der Klausur, in der Warteschlange vor der Kasse verzichten wir auf ein besorgtes Kämpfen um das eigene Wohl und setzen stattdessen unser Vertrauen auf den Herrn. So nimmt der Charakter Christi in uns Gestalt an. Das gezähmte Herz streut Segen und Ruhe aus und bringt etwas vom Himmel auf die Erde.

## Zurück zur Realität

Ein wunderbarer Traum, denke ich schmunzelnd, während ich diese Gedanken aufschreibe. Mir kommt in den Sinn, dass ich diese Woche einen Schüler schon wieder mit einer sarkastischen Bemerkung abgefertigt habe, weil er sein Buch, sein Heft und seine Hausaufgaben vergessen hatte. Und dass ich meinen Mann beschimpft habe, weil er vergessen hatte, mir zu sagen, dass er eine Stunde später kommt. Das Ziel, immer und in allen Umständen angemessen zu reagieren oder gar zu handeln wie Jesus, ist noch in weiter Ferne. Und vermutlich ist es unerreichbar, solange ich in diesem Leib auf dieser Erde bin. Wie wird es erst, wenn ich alt und gebrechlich bin, frage ich mich besorgt. Wenn es jetzt schon mit meiner Geduld nicht weit her ist, wie wird es erst sein, wenn ich mich auch noch mit Arthrose und Rückenschmerzen herumplagen muss? Oder nicht mehr laufen kann? Lieber denke ich nicht zu viel darüber nach.

Gott sei Dank. Es gibt eine Hilfestellung für uns, die wir es mit dem gezähmten Herzen nicht so ganz hinbekommen. Vorbeugen ist immer der beste Weg, weil Sünde, trotz aller Vergebung, manchmal Folgen hat, die wir nicht ungeschehen machen können. Wie bei David. Trotzdem können wir unser Bestes geben, Fehltritte, die wir begehen, wiedergutzumachen. Im Alten Testament muss Gestohlenes wieder zurückerstattet werden, im Zweifelsfall das Doppelte (2. Mose 22,3-6). Der Steuereintreiber Zachäus gibt das geklaute Geld, Zinsen inklusive, an seine Opfer zurück. Es ist ihm ein inneres Bedürfnis, das während seiner Begegnung mit Jesus entstanden ist. Bei uns können es andere Dinge sein. Wir können uns für den Kummer entschuldigen, den wir verursacht haben. Um Vergebung bitten, wenn wir übertriebene Forderungen an Familienmitglieder gestellt oder lautstark über andere gelästert haben. Wir können Anklagen zurücknehmen, zugeben, dass sie einseitig und nicht durchdacht waren. Segensworte stattdessen sprechen und verbreiten. Feindbilder ablegen und erkennen, dass ein Mensch nicht deswegen böse ist, weil er meine Wünsche nicht erfüllt hat. Eingestehen, dass nicht das Versäumnis des anderen, sondern mein Wunsch nach Anerkennung das eigentliche Problem war.

Die Bereitschaft, umzudenken, ist ein Kennzeichen eines ernsthaften Nachfolgers Jesu Christi. Wer sein Schicksal Gott anvertraut hat, kann es sich leisten, sich der eigenen Niedertracht zu stellen und ohne Gesichtsverlust zu sagen: »Es war meine Schuld.« Er hat die innere Größe, seine Gefühle und Gründe zu überprüfen, bevor verletzende Worte aus ihm herausplatzen. Das ist das, was die Bibel »Weisheit« nennt. Es gibt keinen Tag in meinem Leben, an dem ich das hinbekomme. Schon beim Aufwachen morgens wollen Ängste, Sorgen oder negative Gedanken über andere sich in meiner Seele einnisten. Aber ich bleibe getrost. Denn allein mein Versuch, so zu leben, wie Salomos Sprüche es mir empfehlen, macht mich um einiges genießbarer für meine Umgebung. Ich bleibe eine Lernende.

## Im Zweifelsfall beichten

Vor vielen Jahren machten zwei Jungs aus unserer Gemeinde einen Krankenbesuch. Der Patient war ein junger Mann aus einer anderen Gemeinde. Er war schwer krank und lag im Sterben. Der Besuch ging ordentlich daneben. Wenn der Kranke mehr Glauben hätte, meinten die Besucher, würde er geheilt werden. Der junge Mann starb einige Wochen später. Für die von Leid gebeutelten Angehörigen kam die Last dazu, die fehlende Sensibilität von Mitchristen auch noch verkraften zu müssen.

Erst fünfzehn Jahre später erfuhren wir von der Tragweite des Vorfalls und wunderten uns nicht, dass die Gemeinde des jungen Mannes auf uns nicht gut zu sprechen war. Ein zermürbendes Gefühl erwuchs in uns und wich nicht, vor allem nicht bei mir. Ich hatte damals von dem geplanten Besuch gewusst, aber die Frage schnell von mir gewiesen, ob das wirklich eine gute Idee sei, da ich mich bei den Jungs nicht unbeliebt machen wollte. Auf mich hätten sie sowieso nicht gehört. So war es ein Leichtes, mir selber einzureden, dass es mich nichts anging. Das hätten die Jungs klären müssen. Theoretisch hatte ich recht. Sie waren nicht in unserem Auftrag hingegangen und fünfzehn Jahre später waren sie sowieso längst aus unserem Leben verschwunden.

Ich hatte Angst davor, etwas zu unternehmen und alte Wunden aufzureißen. Noch mehr Angst davor, nichts zu unternehmen und Schuld unbereinigt zu lassen. Ich klagte Gott an, dass er keine klaren, anständigen Anweisungen gibt, dass er kein Verständnis für solche blöden Situationen hat, in denen man erst, wenn es zu spät ist, weiß, was man hätte tun sollen. Die Sache ließ mich nicht los. Am schlimmsten war der Gedanke an das, was die betroffene Familie durchgemacht hatte, die Vorstellung der negativen Empfindungen, die jede Berührung mit unserer Gemeinde in ihnen wachrufen musste.

Mitten in meinen Grübeleien klingelte irgendwann das Telefon. Es war der Leiter der Gemeinde, zu der die Familie des verstorbenen Mannes gehörte. Er wollte mit meinem Mann in seinem Büro sprechen, hatte aber aus Versehen meine Nummer gewählt. »Jetzt oder nie«, stöhnte ich innerlich, holte tief Luft und schüttete die ganze Geschichte aus. Er kannte sie natürlich. Beruhigte mich, nahm mich ernst, sicherte mir seine Rückendeckung zu für mein Vorhaben, einen Brief zu schreiben. Kann man sich für etwas entschuldigen, was man nicht selber getan hat, aber verhindern hätte können? Auf jeden Fall. Im Zweifelsfall immer.

So baten wir eine unendlich sympathische Familie um Vergebung, eine Familie, der wir, ohne es zu wissen, fünfzehn Jahre zuvor Leid zugefügt hatten. Uns wurde vergeben. Nicht nur das. Sie versicherten uns, dass der junge Mann den Vorfall vor seinem Tod gut verarbeitet und den Besuchern vergeben hätte. Die Gnade Gottes hatte die Familie durch die Trauer hindurchgetragen. Selten habe ich so eine Freude und Erleichterung gefühlt. Es war gelebte Einheit, die wehtut, die demütigt, die etwas kostet. Schuld einzugestehen bedeutet jedes Mal aufs Neue Kampf. Warum nur? Wie erleichtert, bewegt und froh bin ich, wenn andere Menschen sich bei mir entschuldigen und eine Freundschaft dadurch retten. Wird es nicht den anderen auch so gehen, die von mir eine Entschuldigung bekommen?

Noch etwas habe ich gelernt. Biblische Buße hat nichts mit guten Gefühlen zu tun. Lust hat man nie dazu. Man fühlt sich eher als Versager, ist zerknirscht und unsicher, traut der Sache nicht, ob sie womöglich doch zu peinlich oder riskant ist. Und dennoch ist Buße das Gesündeste, was wir tun können. Biblisch gesehen, sind Zeiten, in denen wir Gott und Menschen um Vergebung bitten, Sternstunden. Ein »zerbrochener Geist« und ein »zerknirschtes, reumütiges Herz« sind bei Gott an der richtigen Stelle (Psalm 51,19). Positive Gefühle sind nicht unbedingt Kennzeichen für Gottes Wirken. Oft ist das Gegenteil der Fall. Buße bedeutet, die Gefühle der anderen sind mir wichtiger als meine eigenen. Buße ist die Fähigkeit, Trauer über mich selber zu empfinden und Freude, wenn Versöhnung mit anderen geschieht. Die Wahrheit, die uns frei machen wird (Johannes 8,32), ist die Wahrheit über uns selber. Nicht in erster Linie die über die anderen. Gute Ehen und glückliche Familien leben von diesem Prinzip. Auch erfolgreiche Firmen und dynamische Gemeinschaften.

Dies ist kein Freibrief an unsere Mitmenschen, uns zum Spielball für ihre Forderungen zu machen, weil wir bußfertig sind und die Schuld immer bei uns selber sehen. Es gibt Menschen, deren Hobby es ist, von anderen Schuldeingeständnisse einzufordern, die aber selber nie Fehler eingestehen. Das ist Mobbing, nicht Versöhnung. Versöhnte Beziehungen sind keine Einbahnstraße.

## Sünde: ein Geschäft mit Gesundheitsrisiko

Es kann allerdings beim Thema »Buße« zu Missverständnissen mit Gott kommen. Wir wollen die Lösung für ein unmittelbares Problem; er bietet Befreiung vom Egoismus an. Als ein Krüppel mit einem mehr als offensichtlichen Mangel von seinen Freunden zu Jesus gebracht wurde, begrüßte dieser den kranken Mann mit den Worten: *»Nur Mut, mein Sohn! Deine Sünden sind dir vergeben«* (Matthäus 9,2). Das klingt zunächst wie ein geschmackloser Witz. Wie wenn man einem ertrinkenden Kind verspricht, dass es Muffins mit Eis zum Abendessen geben wird. Voll am Thema vorbei. Aber es war natürlich Absicht. Anstatt auf die gefühlte Not zu antworten, legte Jesus seinen Finger auf die eigentliche Not: die Trennung von Gott.

Bevor andere Hilfen greifen können, braucht die Seele eine gründliche Kursänderung. Vergebung, nicht Mitleid. Rettung, nicht nur ein besseres Selbstwertgefühl. Einen Wechsel auf dem Chefsessel, nicht eine größere Wohnung. Christus in mir, nicht ich in besseren Lebensumständen. Es gibt keinen Weichspüler, der die schockierende biblische Wahrheit geschmeidiger machen kann. Sie bleibt ernüchternd und schwer verdaulich, aber wahr. *Ich aber bin mit Christus gekreuzigt*, schreibt Paulus an die Galater als Antwort auf die theologischen Grabenkämpfe, die die Gemeinde zu zerstören drohen. *Ich lebe, aber nicht mehr ich selbst, sondern Christus lebt in mir* (Galater 2,19f). Mit Sünde ist nicht zu spaßen. In der rauen Sprache von Jesus müssen wir das Auge, das uns zur Sünde verführt, ausreißen (Matthäus 5,29). Jakobus wiederholt die Warnung: *Wer seinen Begierden nachgibt, sündigt, und die vollzogene Sünde führt zum Tod* (Jakobus 1,15). Es geht in der Tat um Leben und Tod. Wir töten unsere Sünde oder sie tötet uns. Eine so brutale Auseinandersetzung mit uns selber muss uns einen Gewinn bringen. Davids Bußpsalm endet in Feststimmung. Er ist eine Dichtung, bei der man weint, stöhnt und lacht – alles in ein paar knappen Versen. Der Verfasser ist durch die Hölle gegangen und hat eine undurchdringliche Finsternis hautnah erlebt. Umso mehr kann er sich deshalb über die Herrlichkeit der Sonne freuen: *Dann werde ich singen und jubeln über deine Vergebung* (Psalm 51,16).

Alles in der Bibel, was mit Sündenvergebung zu tun hat, ruft Festlaune hervor. Selbst die Engel schwingen die Fahnen, »wenn auch nur ein einziger Sünder bereut und auf seinem Weg umkehrt«, so sagt Jesus in Lukas 15,10. Diesen Jubel finden wir, lange bevor die ersten Christen sich in der Zeit der Apostelgeschichte bei Brot und Wein versammeln. Nach der Rückkehr des verlorenen Sohnes im Gleichnis von Jesus wird ein Kalbsbraten auf den Grill geschmissen (Lukas 15,23f). Nach Jesu Besuch bei Zachäus steht die Nachbarschaft kopf, weil der verhasste Geschäftsmann mit großer Freude Geldsummen um sich wirft, um seine Schulden zu begleichen (Lukas 19,8f). Nach der Begegnung mit Jesus holt eine berüchtigte Frau aus Samaria ihre ganzen Nachbarn auf den Dorfmarkt, um ihnen den Mann vorzustellen, der ihr »alles ins Gesicht gesagt hat«, was sie jemals getan hat (Johannes 4,29). Keine Spur von Scham oder Verlegenheit. Jesu Worte an die Ehebrecherin – *»Geh und sündige nicht mehr«* (Johannes 8,11) – klangen in ihren Ohren nicht wie einengender Zwang. Sie waren ein Befreiungsschlag. Eine Einladung in eine Welt, in der Gnade stärker ist als Gericht, in der wir jetzt schon der Finsternis einer endgültigen Gottesferne entfliehen, in der wir schon in diesem Leben mit all seinen Ungewissheiten einen Fuß in den Himmel setzen können, wenn wir das Gnadenangebot Gottes annehmen.

Für suchende Menschen im damaligen Israel löste die Nachricht, dass es einen Freispruch für die gibt, die Sünde bekennen und bereuen, eine tiefe Erleichterung aus. Es war wie nach einer bestandenen Klausur, wenn man Ordner, Hefte, Notizen und Übungsbögen für immer wegpacken kann und die Seele wieder frei ist zu atmen. Das Abendmahl wurde von den ersten Christen mit Freude eingenommen: *Gemeinsam beteten sie täglich im Tempel zu Gott, trafen sich zum Abendmahl in den Häusern und nahmen gemeinsam die Mahlzeiten ein, bei denen es fröhlich zuging und großzügig geteilt wurde* (Apostelgeschichte 2,46). Eine Gemeinde trieb es mit der Fröhlichkeit gar so weit, dass Paulus sie vor Ausschweifungen und Schlemmereien warnen und zum nötigen Ernst ermahnen musste (1. Korinther 11,22).

## Die Frucht, die nach Gott schmeckt

Jesus hat uns nicht dazu angehalten, in eigener Anstrengung ein Pflichtprogramm zu erfüllen. Er hat uns beauftragt, Frucht zu bringen. Das Abendmahl ist die Einladung, das zu tun, was David in seinem Psalm gemacht hat: unser Herz unter der liebenden Hand Gottes zähmen zu lassen. Es erinnert uns an die Grundfrage, die wir uns täglich stellen dürfen: Was ist die Endstation unseres Verhaltens? Welche Frucht kommt dabei heraus? Wenn wir die kleinen

Beschlüsse, die wir heute treffen, in Gedanken hochrechnen – passen sie zu den Früchten des Geistes, die der Apostel Paulus in seinem Brief an die Galater auflistet? *Liebe, Freude, Frieden, Geduld, Freundlichkeit, Güte, Treue, Sanftmut und Selbstbeherrschung* (Galater 5,22f). Schmeckt das, was in unserem Leben herauskommt, nach Gott? Sind wir nahe genug an Jesus dran, um kurzen Prozess mit Haltungen zu machen, die nicht den Vorstellungen Gottes entsprechen? So praktisch kann Buße sein!

*»Wer in mir bleibt und ich in ihm«*, hat Jesus versprochen, *»wird viel Frucht bringen«* (Johannes 15,5). Ein Herz, das an Jesus hängt, findet im gebrochenen Brot und im geteilten Kelch die tiefste Befriedigung, die eine Seele finden kann: die Sättigung, die nur am Herzen des Vaters zu finden ist. Da findet Sünde keinen bleibenden Landeplatz. Stattdessen entsteht Frucht, die den Stempel des Heiligen Geistes trägt und den Duft des Reiches Gottes verströmt.

## Kapitel 7

# GEFÜLLTE SPEISEKAMMERN

### Vorräte für die Seele

Sie sollen alles Getreide der sieben guten Jahre in den königlichen Vorratshäusern in den Städten sammeln und aufbewahren. Auf diese Weise wird es genug Vorrat für die sieben Hungerjahre geben und das Volk wird nicht verhungern.

*1. Mose 41,35f*

Das Thema »Brot« gibt es nicht nur beim Abendmahl. Es taucht überall in der Bibel auf. Mal symbolisch, mal gegenständlich; Brot als Mahl für den Leib, Brot als Speise für die Seele, Brot als Bild für das Wort Gottes und als Bild für Jesus selbst. Keinen bildhaften Ausdruck finden wir so allgegenwärtig wie den vom Brot. In einer Zeit, in der wir unsere Grundnahrungsmittel im Supermarkt und nicht auf dem Feld holen, ist die Aussagekraft der Brot-Vergleiche für das moderne Ohr um einiges abgeschwächt. Zu biblischen Zeiten hing das Leben einer ganzen Zivilisation davon ab, dass die Scheunen und Speicher voll mit Getreide waren. So wundert es nicht, dass der König von Ägypten einmal in Panik geriet, als seltsame Wahnvorstellungen, in denen Getreide eine Rolle spielte, seinen Schlaf plagten.

Die Träume haben es in sich. Ein paar ausgemergelte, klapprige Kühe, die auf wackeligen Beinen am Ufer des Nils entlangstolpern, stürzen sich auf eine Herde dicker, fetter Kühe, die nichts ahnend ihren Abendimbiss wiederkäuen, und fressen sie auf. Hinterher sind sie genauso dünn wie vorher. Das makabre Geschehen wiederholt sich in einem Getreidefeld. Eine Reihe saftiger, reifer Ähren wird von einer Handvoll mickriger, dürrer Ähren aufgegessen. Der ägyptische König erwacht schweißgebadet und ruft am nächsten Tag einen Krisenstab politischer und theologischer Experten zusammen. Er ahnt, dass die Bilder, die seine Seele an die Oberfläche hochgewirbelt hat, mehr als wirre Ergüsse einer strapazierten Seele sind.

Würde er die biblischen Schriften kennen, wäre er schneller darauf gekommen, woher der Traum stammt. Ist der Gott der Hebräer doch für seine deftige Bildersprache berüchtigt – oft mit einem charakteristischen Schuss Humor dabei. Typisch Gott, verschlüsselte Botschaften über das Überleben der Menschheit im Bauernhofjargon von Kuh- und Getreidegeschichten zu vermitteln anstatt in der akademischen Fachsprache der Gelehrten. Unberechenbar und launisch wie alle Despoten der Antike verfügt der Pharao dennoch über einen tief sitzenden Überlebensinstinkt und ein geschicktes Auge für gute Personalentscheidungen. Die Bilder entpuppen sich als Wirtschaftsprognose. Harte Zeiten stehen bevor, so die Kernbotschaft. Aber zunächst ein paar gute Jahre. Der Rest ist Geschichte. Der junge Hebräer, der die Träume deutet, hat sich während seiner Haft im königlichen Kerker als Organisationstalent und Kenner der Zeichen der Zeit bewährt. Als Gegenleistung für seine Beratungsdienste wird er zum stellvertretenden Führer Ägyptens ernannt und darf eine der begehrtesten Junggesellinnen der dortigen High Society zur Frau nehmen. Ohne zu zögern, fängt er an, Vorsorge für die angekündigte globale Hungersnot zu treffen. Der Plan ist einfach. Scheunen werden gebaut, und ein Teil der üppigen Ernte, die sieben Jahre lang eingefahren wird, muss abgegeben werden und wird für die dürren Jahre aufbewahrt.

## Haus des Brots

Die Geschichte trieft vor Symbolik. Getreide ist das Bild für Gottes Versorgung schlechthin. Dass eine Ortschaft im Stammgebiet Juda sogar »Haus des Brotes« oder »Scheune voller Getreide« genannt wurde, war ein Qualitätsmerkmal.

Gerade dieser Ort – Bethlehem, Haus des Brotes – wird viele Jahre nach Josefs dramatischer Rettungsaktion in Ägypten zum Schauplatz zweier weiterer himmlischer Rettungsaktionen. Das Thema Getreide taucht wieder auf. Eine junge, einsame Witwe – eine Migrantin, frisch aus dem Nachbarland Moab eingereist – schleppt sich in der brütenden Hitze eines israelischen Sommers hinter den Schnittern her und sammelt Ähren. Im Israel des Alten Testaments sind abgeworfene Reste die Notversorgung für soziale Randgruppen. Die Frau mit dem Namen Rut bindet alles, was sie mühsam zusammengekratzt hat, in einem Tuch zusammen und trägt es zurück zu ihrer Schwiegermutter Naomi, die immer noch schwer unter dem Verlust ihres Mannes und ihrer zwei Söhne leidet. Der gutherzige Landwirt Boas hat Mitleid mit den beiden gestrandeten Frauen. Angetan von Ruts Anmut und ihrer Fürsorge für ihre Schwiegermutter, weist er seine Tagesarbeiter an, absichtlich größere Mengen liegen zu lassen, damit die kleine Familie nicht hungern muss.

Boas' Aufmerksamkeit ist der Anfang einer der bewegendsten Romanzen in der Bibel. Bald schenkt er der jungen Witwe nicht nur Brot, sondern auch sich selber. Er übernimmt die Rolle des »Erlösers« (Rut 3,13) und nimmt sie zur Frau. Er schenkt ihr Würde, Zweisamkeit, Trost, eine neue Identität und schließlich einen Sohn. Das Feld, auf dem sie für einen Armutslohn gearbeitet hat, ist plötzlich ihr Besitz. Ihre persönliche Scheune ist nun voll mit Getreide, und der Ort Bethlehem erweist seinem Namen alle Ehre.

Jahrhunderte nach Ruts Tod rückt das »Haus des Brots«, Bethlehem, wieder auf den Fahrplan Gottes. Wieder eine Rettungsaktion. Wieder eine Scheune, dieses Mal beleuchtet von einem hellen Stern. Nun aber eine andere Art von »Brot«. *»Ich bin das lebendige Brot, das vom Himmel herabgekommen ist«*, verkündigt später als erwachsener Mann das Kind, das in diesem Stall auf die Welt gekommen ist (Johannes 6,51). Und weiter: *»Wenn ihr das Fleisch des Menschensohnes nicht esst und sein Blut nicht trinkt, könnt ihr das ewige Leben nicht in euch haben«* (Johannes 6,53). Die Speisung riesiger Mengen von Gottesdienstbesuchern mit Brot – einmal 4 000 und einmal 5 000 – erinnert an die Scheunen Ägyptens (Markus 8; Matthäus 14). Wieder betritt ein Erlöser die Bühne. Dieses Mal ein himmlischer Erlöser, der den Hungrigen dieser Welt seine Hand entgegenstreckt, um ihnen Heimat und Nahrung anzubieten. *Unser tägliches Brot gib uns heute* (Matthäus 6,11; LUT) ist nicht nur eine Bitte um Speise für den knurrenden Magen, sondern darüber hinaus das Bekenntnis, dass auch die Seele eine Speise braucht und sich nach der Nähe eines fürsorglichen Erlösers ausstreckt.

## Die Nahrung wird weitergereicht

Gottes Brot hat außergewöhnliche Eigenschaften. Das weiß sogar die heidnische Frau, die eine schroffe Abfuhr von Jesus bekommt, als sie um Heilung für ihre schwer kranke Tochter bittet. Das Brot sei nur für die Kinder, nicht für die Hunde, erklärt Jesus. *»Aber selbst Hunde dürfen die Krümel fressen, die vom Tisch ihres Herrn fallen«* (Matthäus 15,27), gibt sie als spontane Retourkutsche zurück. Jesus verschlägt es die Sprache. *»Frau, dein Glaube ist groß. Deine Bitte soll erfüllt werden«* (Matthäus 15,28). Das Heilungswunder, das folgt, ist weniger die Belohnung für die verbale Schlagfertigkeit der Mutter als für das Gottvertrauen, das ihre Antwort offenbart.

Damit hat Jesus wieder einen konkreten Anlass, seinen Jüngern beizubringen, dass dieses himmlische Brot kein Schmaus für bevorzugte Superfromme ist. Die Einladung gilt allen. Genauso wie die Scheunen von Josef. Später bekräftigt Jesus dies in dem Gleichnis vom Hochzeitsmahl, zu dem die eingeladenen Gäste nicht kommen wollen. *»Geh hinaus auf die Straßen und Wege der Stadt und lade die Armen, die Krüppel, die Lahmen und die Blinden ein«* (Lukas 14,21). Es gibt in seiner Welt keine Eliteschicht.

Jesus tut nichts anderes, als eine lange Familientradition weiterzuführen. Regelmäßige Festversammlungen mit offener Einladung an alle stehen schon im Alten Testament auf Gottes Programm. Siebenmal im Jahr hat das ganze Volk, Kinder und Ausländer eingeschlossen, eine feste Verabredung mit ihm. Das Passahfest, das Laubhüttenfest (Sukkot) und das Erntefest (auch Schawuot) sind die bekanntesten. Die Aufforderung, sich zu freuen, ist immer wieder angehängt: *»Feiert mit euren Söhnen und Töchtern und allen euren Sklaven und Sklavinnen in der Gegenwart des Herrn«* (5. Mose 12,12). Als wöchentliches Freudenfest wird der Sabbat verordnet. Lobgesänge und Tischgemeinschaft im Auftrag des Herrn – und erst dann in die Arbeitswoche hinein, so die göttliche Vorbeugung gegen Erschöpfung und Einsamkeit.

Diese verbindlichen Termine sind nicht nur Gottes Art, Wahrheiten aus seinem Heilsplan mit der Welt bildhaft zur Schau zu stellen, sondern haben auch eine soziale Komponente: sie sind die Garantie, dass kein Mensch vergessen oder übersehen wird. Jeder muss antreten. Auch die, die Schicksalsschläge erlitten haben, auch die Witwen und die Kinder. Es muss in so einer Gesellschaft schwierig sein, sich aus der Gemeinschaft auszuklinken. Auch Psychologen und Soziologen bestätigen, dass Tischgemeinschaft gesund ist und dass Menschen, die ihr Leben mit anderen teilen, eine größere Lebensqualität haben als diejenigen, die sich als Solonummer durch das Leben schlagen.

Gott gibt außerdem vor, welche Atmosphäre in diesem Miteinander herrschen soll. Feiern, Essen, Lobpreis. Die Wohltaten des Herrn dürfen nicht vergessen werden (Psalm 103,1). Nicht, weil Gott einen Persönlichkeitskult einfordert, sondern weil er um unser Wohlergehen besorgt ist. Die von ihm verordnete Freude ist ein göttlicher Protest gegen den Fluch des Individualismus und der Ichbezogenheit, der menschliche Herzen verkalken lässt. Wenn man sich hingegen gemeinsam an das Gute erinnert, das man von Gott bekommen hat, und ihm dafür Danke sagt, wird das Gedächtnis geschult und die Seele aufgemuntert. *»Nehmt euch jedoch in Acht! Vergesst niemals, was der Herr für euch getan hat. An diese Dinge sollt ihr euch erinnern, solange ihr lebt, und ihr sollt euren Kindern und Enkeln davon erzählen«* (5. Mose 4,9). Mose legt Dankbarkeit als Kulturgut fest, das gepflegt und an die nächste Generation weitergegeben werden soll, unabhängig von Tageslaunen, Hormonen, Gefühlen oder äußeren Umständen.

Gottes Feste sind seelische Nahrungsstationen. Erinnerungsmomente werden geschaffen, Höhepunkte des Auszugs aus Ägypten nachgespielt, die bis heute Teil der jüdischen Passahliturgie sind. Vorräte an seelischen Kräften werden angelegt und an die nächste Generation weitergereicht. Eine Kultur wird unerschütterlich gemacht. Hanna geht trotz tiefer Depressionen und familiärer Spannungen mit auf das Fest nach Silo (1. Samuel 1). Sie hätte jeden Grund, dieses Mal fernzubleiben. Umgeben von Scharen von Müttern und Kleinkindern wird sie auf allen Seiten an den Schmerz ihrer Kinderlosigkeit erinnert. Aber klare Vorfahrtsregeln bestimmen ihr Leben: Gott an erster Stelle, egal, was kommt. Wenn sie das ausgelassene Geplapper bei Nachtisch und Wein nicht mehr aushält, flüchtet sie in die Stiftshütte, schließt mit Gott Frieden und setzt ihre Hoffnung neu auf ihn. Eine bessere Vorbereitung auf das Eingreifen Gottes in ihre Situation kann es gar nicht geben. Ihr Appetit kehrt zurück, sie lächelt wieder (1. Samuel 1,18), und ihre Seele hat wieder Nahrung gefunden.

Die menschliche Seele besitzt eine große Kapazität, negative Impulse aufzuschnappen und in ihrem Innersten zu speichern. Kränkungen, gefühltes Unrecht, die Überzeugung, im Leben zu kurz zu kommen. Wir regen uns über das Kind auf, das ein schlechtes Zeugnis aus der Schule mitbringt. Über die Angestellte, die E-Mails nicht schnell genug beantwortet, die Freundin, die nicht zur Party kommen will. Oder wir ärgern uns, wenn genau das Thema in der Prüfung kommt, das wir nicht gelernt haben. Unsere Seele ist programmiert auf undankbare Empörung. In 1. Mose 3 schneiden sich Adam und Eva auf eigene Faust von ihrer Versorgungsquelle ab, und schon schlagen sie wütend um sich. *»Die Frau, ... die du mir zur Seite gestellt hast, gab mir die Frucht«* (1. Mose 3,12). Wie das Kind, das sein Essen auf den Boden schmeißt und hinterher seine Mutter anklagt, dass es Hunger hat. Das Erste, was der gefallene Mensch – jetzt im Alleingang unterwegs – verliert, ist seine Fähigkeit, »Danke« zu sagen. Die Seele wendet sich nach innen, verliert sich in ihren selbstsüchtigen Grübeleien und verhungert.

## Gott zieht hinterher

Die gute Nachricht vom ersten Buch Mose ist, dass Gott sich aufmacht und seinen Kindern in ihre selbst gewählte Verbannung folgt. Sein Rettungsplan beginnt. Überall dort, wo er sein Zelt aufschlägt oder seine Diener beauftragt, dies zu tun, öffnen sich Nahrungs- und Versorgungsquellen wieder. Einmal als sprudelnder Wasserbrunnen bei der einsamen Hagar auf der Flucht in der Wüste

(1. Mose 16), einmal als ägyptische Kornkammer in der Geschichte von Josef. Dann im Zeltlager des Volkes Israel als Stiftshütte, in der zwölf sogenannte »Schaubrote« oder »Denkbrote« für jeden Sabbat neu zubereitet und im Heiligtum als Opfergabe aufgestellt werden (2. Mose 25,30). In Bethlehem als Scheune, in der das »Brot des Lebens« auf die Welt kommt, in der Apostelgeschichte als Kirche, die Gott im Neuen Bund zu seinem Zuhause auf Erden macht. Alle Stationen laufen hinaus auf den krönenden Augenblick im letzten Kapitel der Bibel. Johannes hört eine laute Stimme rufen: *»Siehe, die Wohnung Gottes ist nun bei den Menschen! Er wird bei ihnen wohnen und sie werden sein Volk sein und Gott selbst wird bei ihnen sein«* (Offenbarung 21,3). Laut dieser Zusage kommt ein Tag, an dem Gott für immer ein Zelt der Begegnung mitten unter seinem Volk aufrichtet: *Er wird alle ihre Tränen abwischen, und es wird keinen Tod und keine Trauer und kein Weinen und keinen Schmerz mehr geben* (Offenbarung 21,4). Bis es so weit ist, macht er nichts lieber, als Landeplätze im Leben seiner Anhänger einzurichten, sozusagen als Appetitmacher auf seine endgültige Erscheinung. Immer dann, wenn Christen zusammenkommen, um ihren Gott zu feiern, entsteht so ein Landeplatz. *Denn wo zwei oder drei zusammenkommen, die zu mir gehören, bin ich mitten unter ihnen* (Matthäus 18,20).

Der gemeinsame Gang zu den Festen des Herrn erinnert auch das Volk des Neuen Bundes an das, was im Leben eines Christen wirklich zählt. Zusammenkünfte sind dann wirklich christlich – so, wie Christus sie gedacht hat –, wenn sie uns mitten in den Kämpfen des Lebens ermutigen, auf den Herrn zu schauen, uns von seinem Heiligen Geist neu stärken zu lassen, seine Gnade auch in Widrigkeiten aufzuspüren, uns an der Nähe dessen zu erfreuen, der gesagt hat: *»Ich bin das Brot des Lebens. Wer zu mir kommt, wird nie wieder hungern. Wer an mich glaubt, wird nie wieder Durst haben«* (Johannes 6,35). Als Volk des Neuen Bundes gehen wir zum Tisch des Herrn, suchen die Festversammlung auf, nicht mehr als Pflichtprogramm, sondern als Bedürfnis. Aus Befehl wird Einsicht. Aus Zwang freiwilliger Gehorsam. Die lebendige Beziehung zu Jesus macht den Unterschied. Das Gesetz, das in Stein geritzt wurde, wird auf Herzen aus Fleisch geschrieben, die ihrem Meister aus freien Stücken folgen, weil sie ihn lieben (Hesekiel 36,26).

## Dankbarkeit: ein Kraftpaket

*»Der Mensch lebt nicht vom Brot allein, sondern von einem jeden Wort, das aus dem Mund Gottes geht«* (Matthäus 4,4; LUT), so beschreibt Jesus die Quelle seiner Kraft. Und er schließt daraus: *»Meine Nahrung ist, dass ich den Willen Gottes tue, der mich gesandt hat, und sein Werk vollende«* (Johannes 4,34). Gottes Nahrungsquelle öffnet sich in dem Augenblick, in dem wir anfangen, nicht mehr von der Erde, sondern vom Himmel her zu denken. Jesus lebt uns vor, wie es geht. Er öffnet uns den Blick in die Gedanken Gottes, gibt uns Anweisungen, wie wir hier auf Erden nach den Spielregeln des Himmels leben können und was wir tun sollen, wenn es einmal wieder nicht funktioniert. Wenn wir seine Worte ernst nehmen, wird unser Leben zu einem Bollwerk gegen die unersättliche Gier nach Befriedigung in dieser Welt. Wir sind nicht mehr vom Bösen empört, das uns widerfährt, sondern vom Guten dankbar überrascht. Denn wir haben uns von Gottes Brot ernährt.

Bevor Jesus Brot bricht und austeilt, spricht er immer ein Dankgebet. So auch beim Passahmahl kurz vor seinem Tod: *Dann nahm er ein Brot, und nachdem er Gott dafür gedankt hatte, brach er es in Stücke und reichte es den Jüngern mit den Worten: »Dies ist mein Leib, der für euch gegeben wird. Tut das zur Erinnerung an mich«* (Lukas 22,19f). Brot brechen, Wein ausschenken und beides mit Dank einnehmen. Eine Dauererinnerung daran, dass einer sich brechen ließ, damit unsere Seele Heimat findet, sich satt essen kann und heil wird. Die biblischen Brotbilder finden ihre Krönung in dem einzigartigen Mahl, das Jesus als Gedächtnismahl für seine Nachfolger einführt.

Gaben von Gott, die dankbar empfangen werden, vervielfältigen sich und ernähren die Seele. Segen dagegen, der verachtet wird, wird irgendwann zurückgezogen. *»Aber jetzt haben wir alle Lust am Essen verloren, wo wir nichts außer diesem Manna zu sehen bekommen!«*, klagen die Israeliten, nachdem sie ihre vegetarische Diät aus himmlischen Korianderbrötchen ordentlich satthaben (4. Mose 11,6) und nach den Fleischtöpfen Ägyptens schreien. Das ist die Generation, die in der Wüste stirbt.

Mit einer Grundhaltung der Dankbarkeit entdecke ich überall Spuren von Gottes Herrlichkeit: den Sonnenaufgang am Morgen, die Wolken, aufgetürmt am Himmel, das keimende Grün des anbrechenden Frühlings, den niedlichen Charme eines Gänseblümchens, die zierliche Schönheit einer Schneeflocke, den klebrigen Kuss eines Kindes, die nostalgischen Klänge einer geliebten Melodie. Ich finde den Geruch von Kaffee unwiderstehlich, staune über Kirsch- und Magnolienblüten, bin dankbar für ein beheiztes Haus und ein dichtes Dach, wenn Winterstürme kommen, für eine Menge schöner Erlebnisse im Alltag, für die ich keinen Cent bezahlen muss. Für geöffnete Augen sind Gottes Fingerabdrücke überall zu finden. Momentaufnahmen der Freude werden festgehalten und mit Dank im Gedächtnis gespeichert. Dankbarkeit wird zur Gewohnheit. Die Restsehnsucht, die Unzufriedenheit, die trotzdem bleibt, ist nichts anderes als eine Erinnerung daran, dass das Beste noch kommt, dass auch das schönste Vergnügen in diesem irdischen Leben nichts ist im Vergleich zu der Herrlichkeit, die im Himmel auf uns wartet.

Sich dankbar am Tisch des Herrn zu ernähren: Diese Haltung wirkt sich auch auf unsere Beziehungen zu unseren Mitmenschen aus. Wir sind in der Lage, einem Familienmitglied spontan zu sagen: »Ich hab dich lieb und bin so froh, dich zu haben.« Wir können Ehepartner und Kinder trotz Spannungen immer wieder als Geschenk aus Gottes Hand nehmen und sie auch so behandeln. Mitten in den Wirren dieser Welt bekommen wir Hunger nach Freude. Wir gehen als Beschenkte, als Getragene und als Staunende in den Tag hinein. Liebend, wenn wir gehasst werden, friedlich, wenn alles um uns herum tobt, gelassen und vertrauensvoll, wenn um uns herum Panik herrscht. Die Wörter »danke« und »bitte« werden Teil unseres aktiven Wortschatzes, weil wir die Zuwendung unserer Mitmenschen und ihre Mühe um uns nicht mehr für selbstverständlich erachten.

## Dank als Lebensstil

*Ich glaube an Christus, so wie ich glaube, dass die Sonne aufgegangen ist, nicht nur, weil ich sie sehe, sondern weil ich durch sie alles andere sehen kann*, beschrieb C. S. Lewis den verwandelten Blick, mit dem der Glaubende die Welt anschaut.[8]

Dass ein gläubiger Mensch durch Christus eine neue Sicht bekommt, beweist der Pfarrer und Liederdichter Paul Gerhardt (1607–1676). Mitten in einem Leben, das von unermesslichem Leid gekennzeichnet ist, zeigt er, wie Gottes Nahrung sich in den flüchtigen Freuden dieser Welt aufspüren lässt. Der Mittelpunkt seiner Lebensvision ist der Blick auf den gekreuzigten Herrn:

> Da will ich nach dir blicken, da will ich glaubensvoll dich fest an mein Herz drücken. Wer so stirbt, der stirbt wohl.[9]

Im Innersten seines Herzens von Christus ergriffen, kann Paul Gerhardt sich am Äußeren freuen, kann die Schönheit der Natur bestaunen, sodass noch Generationen nach ihm von seinen Versen ergriffen sind. Wer sich vom himmlischen Brot ernährt, feiert das irdische Leben und erkennt die Kreativität Gottes. Er bewundert »Narziss« und »Tulipan«, deren Kleidung die Seidengewänder König Salomos übertrifft, bestaunt Lerche, Nachtigall, Glucke und Reh, freut sich an Wiesen und Bächen und rühmt die Güte Gottes, die den Menschen umsorgt.

> Ich selber kann und mag nicht ruhn,
> des großen Gottes großes Tun erweckt mir alle Sinnen;
> ich singe mit, wenn alles singt,
> und lasse, was dem Höchsten klingt,
> aus meinem Herzen rinnen.[10]

»Geh aus, mein Herz, und suche Freud« – das Herz, das ausgeht, um Freude zu suchen: Hier ist das Geheimnis für die Kreativität, die aus dem Leben dieses Mannes strömt. Freude muss bewusst gesucht werden. Ohne diese Blickrichtung wäre er nach dem Verlust von Frau und Kindern kaum in der Lage gewesen, seinen Glauben an Gott mutig weiterzubezeugen.

Paul Gerhardt ist einer von vielen Menschen des Glaubens, der den Zugang zum »Brot des Lebens« gerade in Zeiten entsetzlicher Not entdeckt hat. Ein anderes Beispiel ist der alttestamentliche Prophet Habakuk, der beteuert: *»Doch auch wenn die Feigenbäume noch keine Blüten tragen und die Weinstöcke noch keine Trauben, obwohl die Olivenernte spärlich ausfällt und auf unseren Kornfeldern kein Getreide wächst, ja selbst wenn die Schafhürden und Viehställe leer stehen, will ich mich trotzdem über meinen Herrn freuen und will jubeln. Denn Gott ist mein Heil!«* (Habakuk 3,17f). Diese Menschen haben Vorräte in ihren Scheunen, weil sie sich auch in guten Zeiten bewusst sind, dass Gott die Quelle wirklichen Lebens ist und echte Freude gibt. In einem seiner Gleichnisse beschreibt Jesus Menschen, die auf ihn bauen, als Bauherren, die ihr Haus auf einen Felsen gebaut haben, bevor der Sturm kommt. Und in einer seiner Hochzeitsgeschichten erzählt er von fünf Jungfrauen, die genug Öl mit auf die Reise genommen haben, damit sie auf jeden Fall ein brennendes Licht haben, wenn der Bräutigam kommt.

## Scheunen füllen im eigenen Leben

Auch wir können lernen, in den guten Zeiten stabile Lebensfundamente zu bauen, Scheunen und Brotkammern anzulegen, gute Gewohnheiten zu entwickeln und unsere Beziehung zu Gott zu festigen, um auch in den harten Zeiten bestehen zu können. Auch wir brauchen Verabredungen mit Gott; klare, im Voraus festgelegte Vorfahrtsregeln: beten, danken, das Wort Gottes lesen, die Gemeinschaft unserer Mitchristen suchen. So legen wir ein inneres Konto für die dürren Zeiten an und trainieren unsere Gedanken darauf, auf Gott ausgerichtet zu sein, in dem Wissen, dass die Unzufriedenheit in der Welt um uns herum automatisch ansteckt, wenn wir nicht aktiv etwas dagegen unternehmen.

Wenn wir so leben, haben wir immer etwas, das wir auch an andere weitergeben können. Der Geschäftsmann, der in einem Gleichnis von Jesus nur für sich selber die Scheunen füllte, wurde bestraft (Lukas 12,16-21). Erstaunlich am Leben gottesfürchtiger Menschen ist die Fähigkeit, ihre Mitmenschen zu speisen, auch wenn sie sich selber in großer Not befinden. Mose spricht dem Volk in einer langen Predigt Mut zu, anstatt über seinen bevorstehenden Tod und die Enttäuschung seines Lebens zu klagen: Er darf nicht mit in das verheißene Land einziehen (5. Mose 32,48-52; 33). David sammelt Materialien für den Bau des Tempels, obwohl er weiß, dass sein Lebenstraum nicht in Erfüllung geht und er gar nicht am Bau beteiligt sein wird (1. Chronik 28). Jesus kümmert sich in seinen letzten Atemzügen um seine Mutter, während sein gebrochener Körper am Kreuz hängt und Nägel seine Handgelenke zerfetzen (Johannes 19,26). Der, der seinem Gegner mit den Worten getrotzt hatte: *»Der Mensch lebt nicht von Brot allein«*, bleibt seinen Grundsätzen bis zum bitteren Ende treu und hat Brot für andere übrig.

Diese Vorbilder stören mich, fordern mich heraus. Werde auch ich, wenn es darauf ankommt, an andere denken, egal, in welcher Notlage ich bin? Ich weiß es nicht. Wahrscheinlich muss ich es nicht wissen. Meine Aufgabe ist es, die Orte jetzt schon zu suchen, an denen ich Krümel von Gottes Tisch um mich herum streuen kann, um andere auf den Geschmack zu bringen, sich von Christus, dem Brot des Lebens, zu ernähren. Denn auch heute sind die Scheunen Gottes voll mit Nahrung, auch heute werden wir, seine Kinder, beauftragt, das Brot an eine hungrige Welt auszuteilen, mit der Stimme des Meisters im Ohr: *»Denn ich war hungrig, und ihr habt mir zu essen gegeben … Was ihr für einen der Geringsten meiner Brüder und Schwestern getan habt, das habt ihr für mich getan!«* (Matthäus 25,35.40).

Wenn wir uns bei Gott satt essen, können wir anderen aus dem Überfluss Nahrung geben. So wie Josef dies in Ägypten tat.

## Kapitel 8

# EINLADUNG ZUM MITFEIERN

## Diese schwierigen Christen …

Eines Tages fragte David: »Ist noch irgendjemand aus Sauls Familie am Leben? Ich will ihnen Gutes tun, wie ich es Jonatan versprochen habe.«

*2. Samuel 9,1*

»… und du bist eingeladen, immer mit mir an meinem Tisch zu essen.«

*2. Samuel 9,7*

David, der König von Israel, ist eine Ausnahmeerscheinung unter den Herrschern der Antike. In den blutrünstigen Führungsetagen benachbarter Länder ist der Erhalt von Macht die oberste Priorität. Jedes Mittel ist dazu recht. Verständnis für Mitmenschen gilt nicht als erstrebenswerte Tugend. Erst recht nicht, wenn es um Untertanen geht. In diesem Klima der Unterdrückung ist Davids Führungsstil sensationell. Seine Leidenschaft: das Wohlergehen seines Volkes. Seine Lieblingsbeschäftigung: Menschen Gutes zu tun. Die Liebe seines Lebens: der Gott Israels. Derjenige, der weiß, wie man Menschen liebt.

Wen überrascht es? Wer jahrelang in der Wüste Loblieder dichtet und sich in der Nähe Gottes aufhält, bei dem färbt etwas von den Wesenszügen Gottes ab. Mit Eifer trachtet David danach, sein Umfeld mit Wohltaten zu segnen. Er belohnt seine Freunde, schont seine Feinde, begnadigt Übeltäter und gibt reumütigen Verrätern eine zweite Chance. Er heult, wenn seine Feinde sterben. Heute würden wir ihn hochsensibel nennen.

Seine Großzügigkeit strapaziert manchmal die Geduld seiner Anhänger und bringt sogar Unglück in sein Leben, weil er es – vor allem bei familiären Spannungen – mit der Gnade bisweilen zu weit treibt.

Die Worte, mit denen David Mefi-Boschet, den einzig verbliebenen Nachkommen seines Erzfeindes Saul, zum königlichen Tisch einlädt, fassen seine Grundhaltung zusammen: *»Ist noch irgendjemand … Ich will ihnen Gutes tun.«* In einer Welt, in der Machtgier und Gewalt der ganze Wortschatz eines Herrschers sind, spricht der Vorfahre des Messias die Sprache des Messias. Der König von Israel hat eine Rechnung offen, eine Gnadenrechnung: Seinem Freund Jonatan hat er einen Eid der Treue geschworen, von dem die Söhne und Enkelsöhne auch etwas haben sollen. Er will ihn jetzt einlösen. Mefi-Boschet, der Sohn Jonatans, hat die entscheidende Machtprobe mit den Philistern wider Erwarten überlebt; der Rest der Dynastie Sauls wurde in diesem Krieg vernichtet. Wegen eines Sturzes auf der Flucht ist er schwerbehindert, seitdem ist er untergetaucht. Der gebrochene Überrest einer gescheiterten Herrscherfamilie: nicht gerade ein vielversprechendes Material für einen begehrten Stammplatz an der Tafel im Palast. Aber David lebt nach einem anderen Wertesystem.

## Der gemeinsame Tisch, der sich Kirche nennt

Viele der Menschen, mit denen ich Gottes Tisch teilen darf, sind Gnadenmenschen, wie David es war. Manche gehören zu meiner eigenen, manche zu anderen Gemeinden und Konfessionen:

Christen, die Jesus Christus in ihrem Leben sichtbar machen – gewinnend, fröhlich, attraktiv, unkompliziert. Ich würde sie ohne Bedenken mitten in der Nacht anrufen, wenn ich in Not wäre. Sie können jederzeit an unserer Tür erscheinen, ohne dass ich mich verpflichtet fühle, die Bügelsachen aufzuräumen oder eine Torte auf den Tisch zu zaubern. Ich atme auf, wenn sie den Raum betreten. Mit manchen von ihnen gehen wir seit Jahrzehnten einen Weg zusammen. Unsere Kinder spielten miteinander im Sandkasten und bereiteten ihre Hochzeiten gemeinsam vor. Andere kennen wir erst seit wenigen Monaten, würden sie in unserem Leben aber nicht missen wollen. Wir haben miteinander Gemeinde gebaut, in den Tiefen des Lebens zusammen geweint, in den schönen Zeiten gelacht, bis wir Seitenstechen bekamen, haben einander geholfen, über Pannen und Missgeschicke im geistlichen Dienst zu schmunzeln, statt uns zu ärgern. Es sind Freunde, die die Ecken und Kanten meines Lebens kennen, ohne empört zu sein. Freunde, die sich über die Erfolge meines Lebens mitfreuen, ohne Erwartungen an mich zu stellen, die Niederlagen mittragen, ohne mit dem Finger auf mich zu zeigen. Das Gleiche würde ich auch für sie tun.

Solche Freunde sind der Grund, warum ich nach Rückschlägen morgens wieder aus dem Bett steige, auch wenn sich manch ein Knoten in meinem Innern nicht lösen will. Sie sind der Grund, warum es Spaß macht, Aktionen gemeinsam zu planen, Projekte zusammen durchzuführen. Man braucht nicht viele solcher Freunde, um dem Leben auch in den dunklen Augenblicken ins Gesicht schauen zu können. Wenn ich an Kirche Jesu Christi denke, kommen mir diese Menschen in den Sinn.

Ich habe Gemeinde allerdings auch anders erlebt. Wie vermintes Gebiet, in dem man ständig unter Strom steht, weil man Angst hat, etwas Falsches zu sagen. In meinem christlichen Umfeld habe ich nicht nur das Beste, sondern auch das Schlimmste gefunden, was es an Beziehungen gibt. Als Ausländerin war ich mitten in den Irrungen und Wirrungen der deutschen Frömmigkeit gelandet. Selten hatte ich so viele fordernde, humorlose, streitsüchtige und von sich selbst eingenommene Menschen auf engem Raum erlebt wie hier. Nicht selten war ich selbst einer davon. Und dann war ich auch noch ausgerechnet mit dem Mann verheiratet, der – so war mein Eindruck – dafür bezahlt wird, immer nett zu sein und eine Antwort auf alles zu haben, dazu eine nette Frau, die brave Kinder erzieht und Klavier spielt und Kuchen backt. Na toll. Irgendwann notierte ich in meinem Tagebuch:

**Sonntag** überstanden. Nils schimpft immer noch über die geplante Erweiterung der Kinderräume und droht, seine Spenden einzustellen. Lobpreisallergiker in der ersten Stuhlreihe. Eisschränke. Verschränkte Arme, grimmige Gesichter. Freikirchen-Kritiker im Anmarsch für nächste Woche. Seufz.
**Montag.** Lars hat vom Herrn gehört, dass jemand anderes die Leitung der Gemeinde übernehmen soll. Er selber würde sich zur Verfügung stellen.
**Dienstag.** Zweite-Generation-Pfarrerssohn am Telefon. Vollprofi. Will uns mitteilen, dass es anmaßend ist, Bibelarbeiten zu halten, ohne Theologie studiert zu haben. Eine neu gegründete Gemeinde will einen Abgesandten schicken, um Jugendliche abzusahnen. Per Facebook schon versucht. Unsere Jugend zum Glück nicht beeindruckt. Die Anti-Charismatiker wittern Schwarmgeist, nachdem »die Güte des Herrn« dreimal besungen wurde. O Herr, schenk mir entweder mehr Humor, eine dickere Haut oder einen anderen Job.
**Freitag.** Nils verlangt einen sofortigen Stopp beim Ausbau der Kinderräume. Hat aber keine Idee, wie wir die Kinder sonst unterbringen sollen. Ist tief verletzt und will die

Gemeinde wechseln, beklagt autoritäres Gehabe.
Hat der Leiterschaft aber »vergeben«.
Bine meint, die Gemeindeleitung sei nicht streng, klar und visionär genug.
Paul findet heute alle Gemeinden blöd und kündigt eine Auszeit an. Kindheitstrauma in einer strengen Gemeinde. Jetzt stehen alle Pastoren unter Generalverdacht. Er will einmal ein Buch darüber schreiben.
**Samstag.** Helga will nicht mehr zum Gebetstreffen kommen. Sie hat ein Fürbitteseminar besucht und weiß jetzt, wie effektives Gebet funktioniert. Unseres ist nicht effektiv.
Nils fragt, ob seine Kinder trotzdem noch zum Kindergottesdienst kommen können, auch wenn er nicht mehr in die Gemeinde geht.

Es ist kaum überraschend, dass Christen Probleme mit Beziehungen haben. Unheiligen Menschen werden heilige Ideale vorgesetzt. Diese sind in einem Buch zusammengefasst, das absolute Ansprüche stellt. Das ist emotionales Dynamit. Im Dienst der frommen Selbstverwirklichung erst recht. Allzu schnell vergessen wir, dass zwei blutverschmierte Balken – nicht Argumente, die sich in »Falsch« und »Richtig« einteilen lassen – im Mittelpunkt des Geschehens stehen und für alle zwischenmenschlichen Begegnungen richtungsweisend sind. Biblische Verhaltensregeln setzen eine Berührung mit diesem Kreuz voraus. Menschen, die sich mit ihrer eigenen Verwerflichkeit mutig auseinandersetzen und Gottes Gnade empfangen, sind auch mit ihren Mitmenschen gnädig. Wie David mit Mefi-Boschet.

In den Händen von Menschen, die, bewusst oder unbewusst, sich selber in Szene setzen wollen, sind christliche Ideale beklemmende Machtmittel. Sie machen eiskalt, hart und richtend. Es sind die anderen, die demütig, rücksichtsvoll, gütig, nachgiebig sein sollen. Verheerende blinde Flecken tun sich auf. Deshalb sind unangenehme Menschen, wenn sie fromm sind, besonders unangenehm.

Dazu kommt, dass der christliche Glaube von seinem Wesen her ein Sammelbecken für Menschen mit geschädigten Biografien ist. Genau so war es auch gedacht. Für Gemeinden ist es ein Qualitätssiegel, wenn ihre Häuser von den Kranken dieser Welt bestürmt werden (Lukas 5,31). Probleme entstehen, wenn Hilfesuchende in der christlichen Gemeinschaft – und nicht beim Herrn selber – die Zustimmung suchen, die ihnen in der Welt vorenthalten geblieben ist. Ein Publikum für die Musik oder die rhetorische Gabe, die in weltlichen Kreisen niemand hören wollte. Einen geistlichen Beruf, der mehr Anerkennung und weniger Anstrengung verspricht als ein weltlicher Beruf. Eine Entschädigung für das unterbrochene Studium, den gescheiterten Beruf oder die kaputte Ehe.

## Eine andere Art von Handbuch

Gesunde, bleibende Beziehungen sind die, die um den Tisch Gottes herum entstehen. Deshalb hat die Bibel mehr Gemeinsames mit einer Anleitung für Tischmanieren als mit einem Handbuch für einen religiösen Konzern. Umsonst suchen wir in ihr nach Formeln, mit denen wir die perfekte Gemeinde bauen können. Das wäre meine Bibel gewesen: eine praktische Handreichung, griffbereit, säuberlich eingeteilt in »So-macht-man-es«-Kapitel und Unterkapitel. Kinderarbeit, Seelsorge, Musik, Verwaltung, Teambildung, Konfliktbewältigung, Bühnen- und Medientechnik, Ökumene, Mission, Familie, inspirierende Gottesdienstideen. Reich Gottes GmbH. Gut, dass ich nicht gefragt wurde.

Die biblische Sprache ist die Sprache der Bilder, Geschichten, Gleichnisse. Ihr Ziel ist nicht der reibungslose Ablauf des Gottesdienstes, sondern das verwandelte Herz der Gottesdienstbesucher. Paulus gibt uns keine Hinweise, wie man eine Jugendarbeit aufbaut oder den missionarischen Zugang zum jeweiligen Zeitgeist findet. Dafür eine Menge über die Art, wie wir mit unseren Mitmenschen umgehen.

Ähnlich ist es bei Jesus. Diskussionen darüber, ob das Vaterunser im Gottesdienst gebetet oder ob eine Kerze angezündet werden soll, kommen bei ihm nicht vor. Auch keine Anweisungen, ob vom Blatt oder frei gebetet wird, ob englische Chorusse mit Bassgitarre oder deutsche Choräle mit Orgelbegleitung gesungen werden, ob die Spenden von Tante Hildes Basar für die Dachreparatur des Gemeindehauses oder für das Waisenhaus in Indien bestimmt werden sollen. Stattdessen erzählt er mit einem schelmischen Augenzwinkern vom Verhalten der Gäste bei Hochzeiten. Der Wiedererkennungseffekt dieser Typen, in unseren Bekanntenkreisen wie auch in uns selber, ist schockierend. Wir können erröten, schmunzeln, uns vornehmen, unser Verhalten zu bessern, oder uns ärgern und das Buch weglegen.

Es gibt den Gast, der gerne mit den wichtigen Leuten gesehen werden will. Er drängt sich zuversichtlich zum Tischende vor, wo der Gastgeber sitzt, er mag die Nähe zur Bühne, er will jemand sein. Doch zu seinem Leidwesen muss er gebeten werden, den Platz zu räumen. Peinlich. Dann gibt es den, der in Freizeitkleidung im Festsaal erscheint, nach dem Motto: »Ich bin so, wie ich bin, ich verhalte mich, wie ich will, ich habe Freiheit in Christus.« Er wird vor die Tür gesetzt. Oder die geladenen Gäste, die gar nicht erst kommen, weil sie Besseres zu tun haben, oder nur dann kommen wollen, wenn sie selber im Mittelpunkt stehen. Es gibt jene Faulenzerinnen, die den feierlichen Einzug des Bräutigams verpassen, weil die Akkus für ihre Lampen leer sind. Schlampige Vorbereitung auf den Gänsehautmoment einer Hochzeit. Alles klassische Charaktere, die sich in jeder Familie, in jeder menschlichen Gemeinschaft wiederfinden.

## Gottesdienst im Sinne von Jesus

An nur einer Stelle finden wir einen Kommentar von Jesus darüber, was im Gottesdienst Vorrang haben muss: *»Wenn ihr also vor dem Altar im Tempel steht, um zu opfern, und es fällt euch mit einem Mal ein, dass jemand etwas gegen euch hat, dann lasst euer Opfer vor dem Altar liegen, geht zu dem Betreffenden und versöhnt euch mit ihm. Erst dann kommt zurück und bringt Gott euer Opfer dar«* (Matthäus 5,23f). Miteinander im Reinen zu sein, das ist für Jesus der wichtigste Bestandteil einer christlichen Liturgie. Der Erfolg einer Gemeinschaft hat in erster Linie mit ihrer Beziehungskultur und nicht mit Stilfragen zu tun. *»Eure Liebe zueinander wird der Welt zeigen, dass ihr meine Jünger seid«* (Johannes 13,35). Das ist die Missionsstrategie, die Jesus vorgibt.

Mit Störfaktoren beim Umsetzen dieser Liebe muss kurzer Prozess gemacht werden. Paulus erklärt, wie das geht: *Doch jetzt ist es an der Zeit, Ärger, Zorn, Bosheit, Verleumdung und schmutzige Reden aufzugeben* (Kolosser 3,8). Eine Frau machte ihrem Unmut im Hauskreis immer wieder Luft. Sie klagte über das träge Singen, den mangelnden Tiefgang bei der Bibelarbeit und die schwere Atmosphäre. Sobald sie weg war, atmeten alle auf. Es wurde wieder gescherzt, erzählt und gesungen. Nichts legt eine Gemeinschaft schneller lahm als klagende Zungen. Paulus' Alternative ist verlockend: *Seid voll Mitleid und Erbarmen, Freundlichkeit, Demut, Sanftheit und Geduld. Seid nachsichtig mit den Fehlern der anderen und vergebt denen, die euch gekränkt haben. Vergesst nicht, dass der Herr euch vergeben hat und dass ihr deshalb auch anderen vergeben müsst* (Kolosser 3,12f). Nach Paulus haben wir es selber in der Hand, wie wir uns verhalten und wie unsere Persönlichkeit sich entwickelt. Aktive Entscheidungen werden gefordert.

Der Theologe Dietrich Bonhoeffer hat die Epidemie der Motzenden, Fordernden und Verurteilenden in seinem Klassiker *Gemeinsames Leben* auf den Punkt gebracht: *Wer seinen Traum von einer christlichen Gemeinschaft mehr liebt als die christliche Gemeinschaft selbst, der wird zum Zerstörer jeder christlichen Gemeinschaft.*[11] Welcher christliche Mitarbeiter kennt nicht Sätze, die mit den Worten beginnen: »In dieser Gemeinschaft gibt es nicht genug …«? Wer hat nicht schon selber solche Sätze gesprochen? Schnell wird aus persönlichem Frust eine pauschale Unterstellung, aus einer enttäuschten Erwartung ein Feindbild. Aus »Ich bin heute müde« wird »Diese Gemeinschaft erzeugt immer Stress«. »Mein Wunsch wurde nicht berücksichtigt« wird zu »Hier wird man nicht ernst genommen«. Bonhoeffer mahnt seine Leser, als »die Dankenden und Empfangenden in das gemeinsame Leben mit andern Christen« einzutreten[12].

Wer von seinen Mitmenschen das erwartet, was nur Christus geben kann, wird zum Ankläger dieser Mitmenschen. Er ist verletzt, wenn seine Idee infrage gestellt oder seine Mühe nicht gewürdigt wird. Die meisten Beziehungen – ob in Familien oder Gemeinden – scheitern, weil eine Nächstenliebe vom anderen eingefordert wird, die man selbst nicht bereit ist zu geben. Der ichbezogene Wellness-Trend einer Wohlstandsgesellschaft macht auch vor den Türen unserer Gemeinden nicht halt.

## Eine Streitkultur, die Gewinn bringt

Biblische Harmonie hat nichts damit zu tun, dass Probleme unter den Teppich gekehrt werden. Denkverbote und Unterwürfigkeit sind im Reich Gottes fehl am Platz. Auch in der Bibel gibt es Streit –

und nicht wenig. Aber auch immer wieder das Bemühen, Unstimmigkeiten zu klären. Selbst mitten in der Stammeskultur des Alten Testaments, in der das Schwert und nicht das Gespräch über den Ausgang von Fehden entscheidet, suchen die hebräischen Patriarchen nach Kompromissen mit ihren Gegnern: Abraham in seinen Konflikten mit Lot (1. Mose 13) und mit Abimelech (1. Mose 20), Isaak im Streit um die Brunnen (1. Mose 26,12ff), Jakob in seiner Auseinandersetzung mit Laban (1. Mose 31). Nach dem Einzug ins verheißene Land lässt sich der Priester Pinhas auf eine energische Diskussion mit den Vertretern der Stämme Ruben und Manasse ein, als diese sich durch den Bau eines eigenen Altars aus dem Geschehen im Volk Israel ausklinken wollen (Josua 22). Die Parteien einigen sich und ein Konflikt wird entschärft, der sonst zu einem sicheren Blutbad geführt hätte.

Davids Mitarbeiter haben immer wieder ihre Mühe mit den unberechenbaren Reaktionen ihres Oberhaupts, haben aber auch keine Scheu, ihn auf Fehlverhalten hinzuweisen. Der Prophet Nathan geht nach der Tragödie um Batseba nicht gerade zimperlich mit seinem König um (2. Samuel 12,1ff). Ebenso wenig Palastangestellte nach dem Tod von Batsebas Kind. Joab nimmt kein Blatt vor den Mund, als er nach Absaloms Tod den König ernsthaft ermahnt (2. Samuel 19), und David weist berechtigte Kritik an keiner Stelle von sich.

Der Apostel Paulus streitet sich heftig mit Barnabas, als es um die Bewertung ihres jungen Begleiters Johannes Markus geht (Apostelgeschichte 15,39). Sie trennen sich. Später gibt Paulus seinem ehemaligen Kollegen doch noch recht, als er Timotheus darum bittet, denselben Johannes Markus zu ihm zu senden (2. Timotheus 4,11). Die Mitglieder des Apostelkonzils in Jerusalem liefern sich heftige Wortgefechte bei Fragen der Gesetzestreue heidnischer Neubekehrter, ringen aber eifrig um eine Lösung (Apostelgeschichte 15). So auch Paulus, als er den Geschäftsführer Philemon bittet, dem Sklaven Onesimus eine neue Chance zu geben. Sein Brief an Philemon ist ein Meisterstück an freundlicher Überzeugungskraft. In all diesen Geschichten stehen versöhnte Beziehungen ganz oben auf der Prioritätenliste.

Allerdings nicht um jeden Preis, wie das Leben Jesu beweist. Mit den Pharisäern ist kein Miteinander möglich; zu sehr wollen sie Jesus für ihre eigenen Interessen benutzen und sind verärgert, dass er sich nicht vor ihren Karren spannen lässt. Selbst mit seinem engen Mitarbeiter Judas kommt Jesus auf keinen gemeinsamen Nenner in der Frage, wie die Teamkasse geführt werden soll. Der verbitterte Judas rächt sich gründlich.

Jesus legt es nicht darauf an, jedermanns Liebling zu sein. Dadurch, dass er ohne jede Furcht menschliche Bosheit aufzeigt, macht er sich Feinde. Dadurch, dass er Schwachen zärtlich begegnet, gewinnt er Freunde, die ihm aber nicht immer Vorteile bringen. Die Mischung aus Gnade und Kompromisslosigkeit in seinem Umgang mit Menschen lässt keinen Raum für Grauzonen. Entweder man liebt ihn, oder man hasst ihn. Niemandem biedert er sich an. Er wird handgreiflich, als er mitbekommt, wie Händler im Tempel ihre Umsätze machen (Lukas 19,45). Jesus ist kein Waschlappen. Manipulation, Lüge, Erpressung duldet er nicht. Seine Nachfolger weist er an, alle Menschen, denen sie begegnen, wohlwollend und herzlich aufzunehmen, sich aber nicht den Kopf darüber zu brechen, wenn die Zuwendung nicht erwidert wird (Matthäus 10,14). Mit Zwang oder kalter Berechnung hat Freundschaft nichts zu tun.

Jesus hat natürlich leicht reden. Wer ohne Sünde ist, kann es sich leisten, Menschen und Situationen in aller Deutlichkeit zu bewerten. Wir sündhaften Menschen wissen jedoch im Wirrwarr aufgebrachter Emotionen oft selber nicht, was unsere eigentlichen Motive sind. Uns energisch zu Wort melden, das dürfen nach der

Bibel auch wir. Allerdings nur in dem Maße, wie wir selber bereit sind einzustecken. *Der Maßstab, nach dem ihr andere beurteilt, wird auch an euch angelegt werden, wenn man euch beurteilt* (Matthäus 7,2). Wer sich selber bewerten lässt, darf andere bewerten. Zorn ist manchmal berechtigt, ergänzt der Apostel Paulus, nur sollen wir im Zorn nicht sündigen. Und noch eine Sache: *Lasst die Sonne nicht über eurem Zorn untergehen* (Epheser 4,26). Zorn kann wieder abgelegt werden – am besten noch am gleichen Tag.

Problematisch wird es, wenn ich meine Meinung zum Umbau des Gemeindeparkplatzes oder zum Kauf eines neuen E-Pianos für den Gottesdienstraum mit dem gleichen Eifer verteidige wie meinen Glauben an die Auferstehung Jesu Christi. Oder wenn ich eine Weltuntergangsstimmung verbreite, weil ich meinen Kumpel im Leitungsteam sehen wollte und ein anderer gewählt wurde. Beziehungen unter Christen scheitern mehr an verletzten Eitelkeiten als an theologischen Unterschieden. Entscheidend ist die Art, wie Differenzen ausgetragen werden. Wer sich in seinem Umgangston vergreift, hat nicht recht, ganz gleich, wie richtig seine Position auch sein mag. Menschen als dumm zu verkaufen und auf sie herabzublicken, nur weil sie anderer Meinung sind, zerstört nicht nur Beziehungen, sondern spaltet ganze Familien und Gemeinschaften.

## Spuren des Kreuzes

*»Wenn einer von euch mit mir gehen will, muss er sich selbst verleugnen, jeden Tag aufs Neue sein Kreuz auf sich nehmen und mir nachfolgen«*, fordert Jesus in Lukas 9,23 seine Jünger auf. Das heißt, auch in unserem Umgang mit anderen bringen wir Spuren des Kreuzes hinein. Wir können aufgebrachte Gefühle im Zaum halten, Argumente in unserem Inneren bewegen und unsere Beurteilung immer

wieder neu überprüfen. Vorschnelle Behauptungen vermeiden, bis wir alle Informationen haben. Lieber einmal zu oft nachfragen, wie etwas gemeint war. Und auch wenn unsere Überzeugungen trotzdem unverändert bleiben, diese mit gnädiger statt mit verletzender Klarheit vertreten.

Eine Mutter war einmal gekränkt, weil ihre Tochter nicht als Blumenmädchen für eine Hochzeit gewählt wurde. Sie war mutig genug, sich ehrlich zu fragen, ob sie wirklich das Recht hatte, enttäuscht zu sein, oder ob sie nur deswegen sauer war, weil sie selbst den Status nicht hatte, den sie sich gewünscht hatte. In einem Gespräch mit den Freunden, von denen sie enttäuscht war, fand sie heraus, dass ihre Tochter für eine andere wichtige Aufgabe bei der Hochzeit vorgesehen war. Ihr Ärger erwies sich als überflüssig, das Gespräch war entscheidend.

In seiner Predigt in Matthäus 18,15 plädiert Jesus für das Gespräch unter vier Augen: *»Wenn dir ein Bruder unrecht getan hat, geh zu ihm und weise ihn auf seinen Fehler hin. Wenn er auf dich hört und seine Schuld zugibt, hast du ihn zurückgewonnen.«* Dritte Personen werden erst dann auf den Plan gerufen, wenn der direkte Weg in einer Sackgasse endet. So läuft man nicht so schnell Gefahr, Menschen Unrecht zu tun. Das Ziel ist stets, den Bruder zurückzugewinnen. Ich gehe immer fröhlich davon aus, dass andere Menschen mich nicht mit Absicht verletzen. Genauso wenig, wie ich andere mit Absicht verletze. Es hat mich viel Übung gekostet. Es macht Verzeihen und Loslassen aber einfacher, vor allem dann, wenn eine Beziehung nicht zu retten ist.

Gott hat eine Vorliebe für Menschen, die den Weg der Demut gehen. Zwei Mütter streiten sich im Alten Testament um ein Baby. König Salomo stellt sich auf die Seite der Mutter, die bereit ist, das Kind herzugeben, um dessen Leben zu retten (1. Könige 3,16-28). In seinen Unstimmigkeiten mit seinem Neffen Lot handelt Abraham gegen den eigenen Vorteil und überlässt Lot die saftigsten Weiden. David flüchtet zwar vor der Eifersucht des Königs Saul, erlaubt seinen Mitarbeitern aber nicht, eine Hetzkampagne gegen ihn zu führen.

Ein jüdischer Schüler wollte einem Rabbiner erzählen, was er glaubte. Der Rabbiner antwortete: »Lass mich zwei Wochen lang bei dir wohnen, dann sage ich dir, was du glaubst!« Er wusste: Das, was sein Schüler wirklich glaubt, zeigt sich nicht in seinen Worten, sondern in der Art, wie er sich verhält, wenn niemand zuschaut. Es zeigt sich darin, was er im Internet oder im Fernseher anschaut, wie er mit seinen Familienmitgliedern redet und auf Stress reagiert oder welche Atmosphäre er verbreitet.

Mein Vater gehörte fast 20 Jahre lang zum Führungsstab einer erfolgreichen Firma in Nigeria. Nicht seine öffentlichen Auftritte und seine Geschäftserfolge werden mir immer in Erinnerung bleiben, sondern Kleinigkeiten hinter den Kulissen. Er beantwortete jeden Brief, auch lästige. Er drückte, wann immer möglich, Dank und Wertschätzung aus. Er stellte seine guten Verbindungen nie zur Schau und hatte keinen inneren Kreis von Mitarbeitern, den er bevorzugte, während andere ausgeschlossen waren. Er behandelte Hofarbeiter und Reinigungskräfte mit dem gleichen Respekt wie zahlungskräftige Kunden. Er nahm die Mahnung von Paulus zu Herzen: *Versucht nicht, euch wichtigzumachen, sondern wendet euch denen zu, die weniger angesehen sind. Und bildet euch nicht ein, alles zu wissen!* (Römer 12,16).

Die Goldene Regel des Säens und Erntens ist: Überlege, wie du behandelt werden möchtest, und behandle andere ebenso. Aber nicht, um greifbare Ergebnisse im Gegenzug zu erwarten. Wenn wir Saat im Auftrag des Herrn ausstreuen, können wir es ihm getrost überlassen, wann und ob überhaupt der Ertrag geliefert wird. Wir brauchen nicht mehr zu kalkulieren. Wir streuen unsere

Saat aus, weil der Herr es so verordnet hat, und das ist Belohnung genug. Beschenkte Menschen beschenken andere. Es gibt Tage, an denen ich alles geben würde, um ein freundliches Wort von jemandem zu hören. Ich löse das Problem dadurch, dass ich ein gutes Wort an jemand anderen weitergebe. Der Effekt ist derselbe. Manchmal ernte ich, manchmal nicht. Manchmal an einer Stelle, an der ich gar nicht gesät habe.

Bei einer Hochzeit ergriff ich einmal die Flucht. Es herrschte bei manchen Gästen dicke Luft. Da wurde geschnüffelt, geschielt und beobachtet: Wer hält ein Bändchen für den Autokorso in der Hand, als sichtbares Zeichen dafür, dass er für den Abend eingeladen ist und somit zu den engeren Freunden des Brautpaars gehört? Wer hat kein Bändchen und warum nicht? Merkwürdig, wie viele Beziehungen wegen solcher Kleinigkeiten bei Hochzeiten in die Brüche gehen.

Ich suchte Zuflucht in der Küche, in der ein paar nicht geladene Gäste Häppchen und Sekt für den Empfang zubereiteten. Dort herrschte ausgelassenes Lachen. Es war ein Unterschied wie Tag und Nacht. Ich griff nach einem Geschirrtuch und schmunzelte bei dem Gedanken, dass die Küche der fröhlichste Ort bei diesem Fest war. Warum, ist klar. Dort sammelten sich Menschen, die keine Ansprüche stellten. Sie hatten ihren Samstagnachmittag geopfert, um andere glücklich zu machen, ohne selber viel davon zu haben. Geben macht fröhlicher als nehmen. In der Gesellschaft solcher Leute wird gelacht – logisch.

Man braucht nur wenige Begegnungen wie diese, um die Schrammen und Blessuren zu verkraften, die Beziehungen mit sich bringen. Wenn Krisen kommen, haben wir die Wahl: Entweder wir werden hart und unbiegsam oder wir fliehen zum Tisch der Gnade, wo wir immer wieder neue Kraft bekommen. Der Kirchenvater Augustinus schrieb: *Denn zu dir hin hast du uns geschaffen, und unruhig ist unser Herz, bis es ruhet in dir.*

Wer Ruhe und Lebensglück nur in Freundschaften sucht, belastet diese. Wer in Gott Erfüllung findet, versöhnt sich mit der Brüchigkeit des irdischen Lebens und begegnet Menschen so wie der, der uns geliebt hat, »als wir noch seine Feinde waren« (Römer 5,10). Wir lernen, aus dem Herzen Gottes heraus zu lieben, das nicht anders kann, als sich zu verschenken. Gottes Liebe prägt unseren Alltag, bis hin zu unserem Verhalten im Verkehrsstau, unserem Umgang mit der überforderten Verkäuferin, unserem Verständnis mit dem gestressten Flugbegleiter, unserer Geduld mit dem Kind, das in der Nacht schreit und nicht einschlafen will. Jemand, der ganz von Gottes Herz geprägt ist, kann auch dann lieben, wenn er gehasst wird.

Beziehungen zu pflegen, ist riskant. Aber eine Sache ist noch riskanter: keine Beziehungen zu pflegen. Nach einer Enttäuschung in einer Freundschaft gibt es eine gute Therapie: den Staub abzuklopfen, um sich zu schauen und, wie König David, zu fragen: »Ist noch jemand? … Ich will ihnen Gutes tun.«

## Kapitel 9

# KAFFEEDUFT BEI FEINDLICHEM FEUER

### Schläge, die schmerzen

> Du bereitest vor mir einen Tisch im Angesicht meiner Feinde. Du salbest mein Haupt mit Öl und schenkest mir voll ein.
>
> *Psalm 23,5; LUT*

Seit Jahrhunderten haben sich Künstler daran versucht, die »grünen Auen« und die »frischen Wasser«, die im 23. Psalm geschildert werden, auf Leinwand und Papier festzuhalten. Generationen von Komponisten haben um Melodien gerungen, die die friedliche Stimmung von Sicherheit und Heimat, die diese Worte ausstrahlen, über Kulturen und Zeitalter hinweg lebendig halten. Bis in unsere Zeit ist das Gedicht des israelitischen Königs David ein unsterblicher Klassiker.

Theologen können sich nicht einigen, in welcher Lebensphase David den 23. Psalm geschrieben hat. Die ländliche Idylle am Anfang des Gedichts deutet auf seine Jugendzeit als Hirte hin. Im Lauf des Psalms wird jedoch klar, dass er alt genug ist, um Feinde zu haben. Er kennt die Sehnsucht nach Schutz vor den Angriffen seiner Mitmenschen (Vers 5) wie auch Auseinandersetzungen mit Verlust und Tod (Vers 4). Diese schmerzbeladenen Verse deuten auf ein reiferes Alter hin.

Feinde zu haben und sich gegen sie zu wehren, gehört für David zur Routine. Von dem Tag an, an dem er Goliath umgelegt hat, erfüllt er seine Soldatenpflicht perfekt. Souverän, tapfer, sachlich: Er ist der Stratege, dessen Siegesquote nicht zu toppen ist. Ständige Anfeindungen von den Nachbarvölkern im Westen und Süden – den Philistern und den Edomitern – sowie Plänkeleien um Landbesitz und Grenzkontrollen sind für ihn kein Problem. Sie sind zu erwarten in einer Nation, deren Ringen um ein Existenzrecht schon damals Thema ist.

## Die Angriffe mitten im Wohnzimmer

Es sind die Schläge aus den eigenen Reihen, die ihm zu schaffen machen. Die Zeiten, in denen seine Großzügigkeit mit Füßen getreten, seine gütige Art von denen missbraucht wird, die ihm am nächsten stehen. *Selbst mein bester Freund, dem ich vollkommen vertraute, mit dem ich mein Brot teilte, hat sich gegen mich gewandt*, klagt er in Psalm 41,10. Er meint damit nicht die Kleinigkeiten, die wir modernen Menschen schnell als »Anfeindungen« abbuchen: Kritik an unserem Verhalten, ein vergessener Geburtstagsgruß, eine unbeantwortete Mail. Davids Klagen sind existenziell. Gegen Freunde, die Gegner geworden sind, Verwandte, die ihn mit aller Macht zu Fall bringen wollen, Mitarbeiter, die auf Fehltritte lauern, jederzeit bereit zum Sprung.

In dem Ort Mahanajim erlebt David die dunkelste Stunde seiner Regentschaft. Der »Liebling in den Liedern Israels« (2. Samuel 23,1), der Frauenschwarm mit den betörenden Augen, der sein Volk in ein goldenes Zeitalter geführt hat, ist auf der Flucht – vor keinem Geringeren als seinem eigenen Sohn. Ausgerechnet dem, der den eigenen Bruder ermordet hat, der durch einen unverdienten königlichen Gnadenerlass einer Todesstrafe entkommen ist und nach Hause zurückkehren durfte (2. Samuel 15,13ff).

So schnell kann eine Erfolgsstory in eine Katastrophe umschlagen. Der Putsch kommt wie ein Blitz aus heiterem Himmel, so gut vorbereitet, dass keiner im Vorfeld seine Ausmaße ahnen kann. Im Handumdrehen ist die Nation zweigeteilt. Auf der einen Seite diejenigen, die am alten König hängen, auf der anderen die, die sich vom Sohn Absalom ein besseres Leben erhoffen. Er hat mit seiner Öffentlichkeitskampagne den Nerv der Zeit getroffen. Das PR-Management seines Vaters hat keine Chance, mit der Ausstrahlung, der professionellen Vorgehensweise und dem verlogenen Charme des jungen Königs in spe mitzuhalten.

Schon lange vor dem Aufmarsch der Klatschpresse sind Führungskräfte begehrte Zielscheiben von Leuten, deren Hobby es ist, Pech, Pleiten und Pannen der Politprominenz aufzuspüren und zu feiern. Der Sturz eines Königs ist für Lästermäuler wie ein Lottogewinn, und ein Untertan namens Schimi ist ein Spezialist in dieser Liga. Schimi ist nicht nur von Natur aus einer, der sich schadenfreudig die Hände reibt, wenn er eine saftige Affäre riecht. Bei ihm gibt es eine Vorgeschichte. Er gehört, wie Davids Vorgänger Saul, zum Stamm Benjamin. Die Männer Benjamins, seit eh und je für ihre Ruchlosigkeit bekannt (Richter 19 und 20), haben es David immer noch nicht verziehen, an Sauls Stelle König geworden zu sein. Schimi ist vermutlich ein frustrierter Freiheitskämpfer. Jahrelang hat er stillgehalten und darauf gewartet, dass David abgesetzt wird. Jetzt ist es für ihn eine Augenweide, den einstigen Thronräuber gebeugt, barfuß und in ein Sacktuch gekleidet zu sehen. Auf dem Haupt Asche statt einer Krone. Davon hat er immer geträumt. Eine Hasstirade, lang angestaut, platzt aus ihm heraus: *»Fort mit dir, du Mörder, du Übeltäter! … Der Herr bestraft dich dafür, dass du Saul und seine Familie ermordet hast. Du hast ihm den Thron gestohlen und jetzt hat der Herr ihn deinem Sohn Absalom gegeben. Nun trifft dich das Unglück und du hast es verdient, du Mörder!«* (2. Samuel 16,7f). Endlich kann er alles sagen, was er schon immer loswerden wollte.

Schimis Ausbruch ist der traurige Höhepunkt einer heftigen Unglücksserie in Davids Beziehungswelt. In den Tagen vor der Begegnung mit ihm hat der König schon reihenweise Erschütterungen durchgestanden. Nicht nur den Verrat des eigenen Sohnes, dem er mehr Gnade erwiesen hat, als ihm gutgetan hat. Auch seine engsten Berater haben ihn gegen das Messer laufen lassen. Langjährige Hofbedienstete schließen sich Absaloms Verschwörung an. Am Tag der Flucht ist nicht klar, ob David und seine Mannschaft die Nacht überleben werden.

## »Soll er doch fluchen!«

Nicht der Frontalangriff auf den König macht die Episode mit Schimi so bemerkenswert, sondern Davids Reaktion. Der König, der später als ein Mann nach dem Herzen Gottes in die Geschichte eingeht (Apostelgeschichte 13,22), verzichtet auf Vergeltung. »Ja, soll er doch fluchen!«, sagt er zu seinem entrüsteten Mitarbeiter. *»Wenn der Herr ihm befohlen hat, David zu verfluchen, wer könnte ihn da aufhalten?«* (2. Samuel 16,10). Er gönnt sich nicht einmal einen verbalen Gegenangriff. In dem Augenblick, in dem alles in ihm geschrien haben muss: »Das ist aber nicht fair!«, verbietet er seiner bewaffneten Mannschaft, zum Schwert zu greifen (2. Samuel 16,9-11). Gleiches mit Gleichem zu vergelten, kommt für David nicht infrage, auch wenn ein Ausbruch von geballtem, ungerechtfertigtem Hass über ihn hereinbricht. Für den Schwerthieb, mit dem er sich rächen könnte, gibt er seinen Soldaten kein grünes Licht. Bereits vor seiner Einsetzung als König hat er in diesem Punkt in der langjährigen Auseinandersetzung mit Saul seine Feuerprobe bestanden.

Eine eindeutige biblische Anweisung, mit Angriffen umzugehen, gibt es nicht. So unterschiedlich wie die biblischen Helden und ihre Abenteuer sind, so verschieden sind ihre Reaktionen auf Anfeindungen. Ein späterer König von Israel, Hiskia, flüchtet in den Tempel und breitet die Drohschriften, die er erhalten hat, vor dem Herrn aus (Jesaja 37,14). Hiob klagt lautstark über sein Leid und schimpft um die Wette mit seinen Anklägern. Der Apostel Paulus wehrt sich gegen ungerechte Behandlung und besteht auf Biegen und Brechen darauf, nach römischem Bürgerrecht behandelt zu werden. Die alttestamentlichen Propheten Elia und Jeremia schlittern in tiefe Depressionen hinein. Wo man in der Bibel hinschaut, geht es menschlich zu – ehrlich, transparent und authentisch. Gott sei Dank.

Bemerkenswert ist allerdings die Mühe, mit der diese Männer auch mitten in den emotionalen Talfahrten ihres Lebens um ein gottesfürchtiges Verhalten ringen. Einmal liegen beim Apostel Paulus die Nerven blank während eines Streites mit dem Priesterrat in Jerusalem, bei dem die Fetzen fliegen. Er vergreift sich in seiner Wortwahl, entschuldigt sich aber an Ort und Stelle (Apostelgeschichte 23,3-5). Hiob wird für seine langatmigen Klagen von Gott nicht zurechtgewiesen, muss seinen Gegnern jedoch vergeben, bevor er mit einer Wende seiner Situation rechnen kann. Hiskia vertraut seine Not dem Herrn an und erlebt ein beispielloses Eingreifen Gottes (Jesaja 37,36).

Auch David setzt auf die Hilfe des Herrn, was aber nicht bedeutet, dass er untätig ist. Als König hat er die Verantwortung für seine Untertanen und darf nicht alles, was er in seinen langen Dienstjahren aufgebaut hat, vor die Hunde gehen lassen. Er vertraut sich ein paar wenigen guten Freunden an, die ausgeklügelte Pläne schmieden, um den Thron zurückzuerobern. Es geht schließlich auch um das Schicksal einer Nation, um einen Kampf, der vielen unschuldigen Menschen das Leben kosten wird. Die Strategie geht auf. Absaloms Aufstand wird zurückgedrängt, und David kehrt in seinen Palast zurück. Bis zum bitteren Ende kämpft er aber um das Leben seines abtrünnigen Sohnes und erlaubt sich keine Spur von Bitterkeit.

Loslassen, auf Rache verzichten, vergeben: Dazu braucht es ein tiefes Gottvertrauen, und das ist nicht auf Kommando da. Es muss errungen, es muss erlernt werden. Jeder Gläubige geht irgendwann in seinem Leben durch ein Tränental hindurch, in dem er lernen muss, dass es keine andere Möglichkeit für ein Kind Gottes gibt, als sein Schicksal Gottes Sache sein zu lassen. Feinde verlieren dann ihre Macht, wenn wir vergeben und loslassen.

Wie David in der Begegnung mit Schimi hält sich auch Jesus zurück, wenn er beleidigt wird. Während seines Spießrutenlaufs durch die Gerichtshöfe Jerusalems, die Unrecht statt Recht sprechen, schweigt er. Auch, als er gedemütigt, fälschlich angeklagt, angespuckt, ausgepeitscht und zu Tode gefoltert wird (Matthäus 26,63). Petrus erinnert sich später daran, wie Jesus sich in seinen letzten Stunden verhielt: *Er hat sich nicht gewehrt, wenn er beschimpft wurde. Als er litt, drohte er nicht mit Vergeltung. Er überließ seine Sache Gott, der gerecht richtet* (1. Petrus 2,23). Wenn alles Hadern, Debattieren, alles vergebliche Suchen nach Lösungen vorbei ist, kommt ein Zeitpunkt, an dem man den Mund halten darf. Keine Meinung mehr äußern. Gott den Ausgang der Dinge überlassen. Ungerechtigkeiten über sich ergehen lassen. Es kostet Mut, so ein Spannungsfeld auszuhalten. »Vater, vergib diesen Menschen, denn sie wissen nicht, was sie tun« (Lukas 23,34) darf auch für die Anhänger des Gekreuzigten das letzte Wort in einem Beziehungsgemetzel sein. Wenn es darauf ankommt, lässt Jesus seine Feinde erst einmal recht haben. Und gerade darin liegt der Schlüssel zu seinem Sieg.

Lange bevor sein berühmtester Nachfahre die schockierenden Worte *»Liebt eure Feinde«* (Matthäus 5,44) ausspricht und auch in die Tat umsetzt, hat David verstanden, dass Gott, und nicht er selber, für seine Verteidigung bürgt. Das, was zunächst wie ein willentlicher Akt der Selbstvernichtung aussieht, erweist sich in Wirklichkeit als ein Befreiungsschlag. Ein Mensch, der erlittenes Unrecht loslassen kann, schafft die Voraussetzungen für einen Neuanfang. Zorn, an dem man festhält, wird leicht zu einem Lebensstil und versperrt jeden weiteren Weg. Der Gehasste wird zum Hasser. Bitterkeit färbt auf das gesamte Umfeld ab.

Sie ist wie ein Krebsgeschwür: Irgendwann ist der ganze Körper befallen. Zornige Menschen sind nicht nur wegen eines aktuellen Ärgernisses aufgebracht, das sie aus der Bahn geworfen hat. Ihr gesamtes Denken kreist um Menschen, die ihnen schon einmal wirkliches oder vermeintliches Unrecht zugefügt haben. Es gibt keinen schnelleren Weg, ungenießbar zu werden, als ständig auf die nächste Kränkung zu warten. Unseren Feinden so viel Macht zu geben, ist eine absurde Preisgabe des eigenen Lebenspotenzials. Es macht uns und unsere Umgebung krank.

Gottes Zusage *»Ich allein will Rache nehmen; ich will das Unrecht vergelten«* (Römer 12,19) ist ein lebensrettendes Angebot. Mit anderen Worten: »Hände weg, ich regle das für dich.« Er schützt uns vor uns selber und zähmt unsere aufgewühlten Gefühle. Mit dieser Verheißung im Herzen sind wir weniger geneigt, um uns zu schlagen, unangemessen zu reagieren, noch mehr Schaden anzurichten. Und eher geneigt, die Ruhe zu bewahren, wenn der Drang, unsere Seite der Geschichte zu erzählen, uns immer wieder überwältigt; den Schmerz auszuhalten, wenn Menschen schlecht über uns denken und reden. Wenn es einen Bereich gibt, in dem wir prüfen können, ob Jesus wirklich das Sagen in unserem Leben hat, dann diesen.

## Die Proben im Alltag

Das ist leichter gesagt als getan. Vor einigen Jahren wurde Davids Begegnung mit Schimi für unser Leben brandaktuell. Ein bekannter Prediger aus dem Ausland warf ein gieriges Auge auf den blühenden geistlichen Aufbruch in unserer Gemeinde, vor allem auf das neue Gemeindezentrum, das wir gekauft hatten, und witterte Umsätze für die Erweiterung seiner globalen »Ministry«. Er schmeichelte sich bei jungen, ehrgeizigen Mitarbeitern der Gemeinde ein und suggerierte ihnen, dass sie, und nicht mein Mann, die eigentlich Auserwählten für diese Arbeit seien. Seine Worte fielen auf fruchtbaren Boden bei selbstüberzeugten jungen Männern, die meinten, eine hohe Berufung zu haben.

Von einem Trauerfall in der Familie erschüttert und vom Alltag mit vier kleineren Kindern mehr als ausgelastet, merkten wir erst zu spät, was los war. Und selbst dann wollten wir es nicht wahrhaben. Eine Welt brach für uns zusammen. Es war einer dieser allzu häufigen Gemeinde-Albträume, die – so dachten wir – anderen, nicht uns, passieren. Gegen die Rhetorik und die Taktik eines angesehenen Predigers kamen wir nicht an. Es hagelte Pauschalanklagen gegen uns. Die Gegner waren überzeugt: Gott war mit uns fertig, mit der bisherigen Leitung hatte die Gemeinde keine Perspektive. Zu unserer Verteidigung hatten wir nichts als unbeholfene Erklärungen, die wenig überzeugten. Dass ein angesehener Mann Gottes zu Geldgier und Betrug in diesem Ausmaß fähig wäre, war unvorstellbar für die, die seine Predigten schätzten. Erst später stellte sich heraus, dass er auf dieselbe Weise mehrere Gemeinden und letztlich auch sich selbst zu Fall gebracht hatte.

Irgendwann hörten wir auf, uns zu wehren. Wir entschuldigten uns für jeden vermeintlichen Fehltritt, der uns vorgelegt wurde. Eine versäumte Begrüßung, eine Nachlässigkeit, eine Informationslücke: Schon lag ein gehässiger Brief im Briefkasten. Niemand konnte uns konkret sagen, was wir falsch gemacht hatten. Man wusste nur, dass die Gemeinde keine Zukunft hatte. Hatten Ehepaare Schwierigkeiten in ihrer Beziehung, so hatten wir nicht den richtigen Rat gegeben. Steckte ein junger Mensch in einer Glaubenskrise, so war die Predigt nicht tiefgründig genug gewesen, die Seelsorge unzulänglich. War ein Projekt nicht gelungen, so hatten wir nicht kraftvoll genug gebetet.

Zehn Jahre Einsatz, Opfer, Arbeit lagen um uns in Trümmern. Unser Drang, den Koffer zu packen und die Flucht zu ergreifen, scheiterte an der Verantwortung für das neue Gemeindezentrum, das wir vor dem Zusammenbruch unter großem Jubel von allen Seiten bezogen hatten. Außerdem war kein Leiter, der bei Sinnen war, bereit, diesen Scherbenhaufen zu übernehmen. Wir fühlten uns wie kurz vor einer unerwarteten Scheidung, nur dass es eine dutzendfache Scheidung war. Anfeindungen jeder Art sind schlimm. Anfeindungen im Auftrag Gottes sind geradezu traumatisch. Dabei waren diese Leute Freunde, mit denen wir Hochzeiten, Geburten und Kindergeburtstage gefeiert hatten.

## Mut zur Kapitulation

Eines Tages versuchte ich zu beten und hoffte verzweifelt, irgendeinen kleinen Lichtstrahl der Zuwendung Gottes zu erhaschen, der mich durch einen weiteren Tag führen würde. Fast hörbar nahm ich die Worte wahr: »Soll er doch fluchen!« Ich dachte über Davids Reaktion auf Schimis Hassausbruch nach. *»Wenn der Herr ihm befohlen hat, David zu verfluchen, wer könnte ihn da aufhalten?«* (2. Samuel 16,10). Wenig später rief eine unserer hartnäckigsten Kritikerinnen an. »Sag mir doch bitte klar und deutlich, was ich falsch gemacht habe«, bat ich sie. »Was muss ich tun, um die

Freundschaft zu dir wiederherzustellen?« »Das kann man nicht so genau sagen«, erwiderte sie. »Das Problem ist eure Existenz. Gott kann euch nicht gebrauchen. Und ihr wisst, dass die Gemeinde keine Zukunft hat.« Ja, das wussten wir inzwischen zur Genüge. Dieses Mal wehrte ich mich nicht. Ich gab ihr einfach recht. Sagte ihr, dass weder wir noch die Gemeinde ohne Gott eine Zukunft hätten. Auch keine Vergangenheit. Die Wahrheit sei noch schlimmer, fügte ich hinzu. Wenn Gott nicht dazwischengefunkt hätte, wäre ich ein aussichtsloser Fall, unterwegs in eine Ewigkeit ohne Gott. Mir selber überlassen, hätte ich mein Leben längst gegen die Wand gefahren. Ich schlug ihr vor, es Gott zu überlassen, ob er an unserer Mitarbeiterschaft noch interessiert sei oder nicht. Und wiederholte meinen Wunsch, mich für konkretes Fehlverhalten zu entschuldigen. Ihre Reaktion war abweisend. Das war unser letztes Gespräch. Bis heute.

Tief in meinem Herzen bekam ich eine leise Ahnung davon, dass Gott die Lage im Griff hatte. In jeder freien Minute las ich in der Bibel. Mir fiel auf, dass Gott Anfeindungen im Leben seiner Kinder bewusst zulässt, um ein Ziel mit ihnen zu erreichen. Schon wieder Hiob. Das völlige Unverständnis seiner Freunde trieb ihn wie nichts anderes in die Gegenwart Gottes. Klar, das Letzte, wozu man Lust hat, wenn man mit blutendem Herzen auf der Anklagebank sitzt, ist es, Gott für seinen Anteil an der Krise zu danken. Erst im Rückblick erkennen wir mitten in den Scherben seine Spuren, ordnen Prioritäten im Licht der Bibel neu, bereinigen Sünde, erkennen, dass die Nähe Gottes, und nicht unser Schuften und Rennen, der einzige wirkliche Garant dafür ist, dass geistlich etwas in Gang kommt.

Unsere Feinde zu lieben, bedeutet nicht, dass wir Schuld unter den Teppich kehren. *Tragt euren Teil dazu bei, mit anderen in Frieden zu leben, soweit es möglich ist!* (Römer 12,18), schreibt Paulus. Er setzt voraus, dass dies nicht immer gelingt. Gott erwartet nicht von

David, dass er den Mann in die Arme nimmt, der ihn umbringen will. Ein Miteinander mit Menschen, die es – bewusst oder unbewusst – auf unsere Vernichtung abgesehen haben, die unsere seelischen Kräfte aufsaugen und dabei keine Grenzen kennen, klappt nicht. Da darf man fliehen. Bevor wahre Versöhnung möglich ist, muss an genau der Stelle das Vertrauen wiederhergestellt werden, an der es mit Füßen getreten wurde. Der Patriarch Josef macht es seinen Hilfe suchenden Brüdern nicht leicht, als diese ihm Jahre nach ihrer Gräueltat wieder über den Weg laufen. Bevor er seine wahre Identität preisgibt, will er sichergehen, dass sie sich geändert haben. Er lässt nicht alles mit sich machen. Aber trotz allem steht für ihn Hass nicht zur Debatte. Eine ungetrübte Beziehung zu Gott ist ihm wichtiger, als recht zu haben. Nur so kann er am Ende der Geschichte beteuern: *»Was mich betrifft, hat Gott alles Böse, das ihr geplant habt, zum Guten gewendet«* (1. Mose 50,20).

Es gibt Wege, Feinde zu segnen, ohne das eigene Herz durch gebrochene Beziehungen kaputtgehen zu lassen. Es ist möglich, Stellung zu beziehen und gleichzeitig schonend über den Gegner zu reden, Angriffe nicht persönlich zu nehmen. Es kann aber auch der Moment kommen, in dem wir wie Nehemia in seiner Auseinandersetzung mit seinen Feinden Sanballat und Geschem sagen dürfen: *»Eine große Aufgabe nimmt mich in Anspruch. Daher kann ich nicht kommen«* (Nehemia 6,3). Dort, wo Friede nicht gewünscht wird, dürfen auch wir den Staub von den Füßen abschütteln (Matthäus 10,14).

## Der Weg, der immer richtig ist

Eine Zeit lang zähmte ich aufgewühlte Gefühle dadurch, dass ich unseren Gegnern Geld für ihre Projekte spendete. Ich betete gezielt für ihr Gedeihen und ihren Erfolg. Ob es ihnen etwas gebracht hat, weiß ich nicht. Mir selber hat es viel gebracht, es hat mein Herz davor bewahrt, zu verkalken. Es hat mir geholfen, unsere Hasser nicht pauschal als schlechte Menschen abzuschreiben, nur weil sie uns Schaden zugefügt hatten. Unsere Feinde lieben, wie Jesus es uns gebietet, heißt viel mehr, als sie nur zu dulden. Auch uns hat Gott geliebt, als wir noch Feinde waren.

Göttliche Liebe enthält einen Keim der Hoffnung: Wenn wir den Hass aushalten, haben wir die Chance, den Feind zurückzugewinnen. Das Prinzip finden wir schon im Alten Testament. Der Prophet Elisa wurde angewiesen, ein Festmahl für die feindlichen Streitkräfte vorzubereiten, die seine Stadt Dothan dem Erdboden gleichmachen wollten (2. Könige 6,22). Der Schreiber der Sprüche ermutigt seine Leser: *Wenn dein Feind hungrig ist, gib ihm zu essen. Wenn er durstig ist, gib ihm zu trinken. So wirst du glühende Kohlen auf sein Haupt sammeln, und der Herr wird dich belohnen* (Sprüche 25,21f).

An meiner Pinnwand hängt ein Zettel, auf den ich täglich einen Blick werfe. Ist auch nötig, denn die Sprüche von Kent Keith, die auch Mutter Teresa auf die Wand ihres Kinderheims schreiben ließ, gehen mir innerlich komplett gegen den Strich, auch wenn ich von ihrer Richtigkeit überzeugt bin. Sie fordern mich täglich heraus.

Die Leute sind unvernünftig, unlogisch und selbstbezogen –
liebe sie trotzdem.
Wenn du Gutes tust, werden sie dir egoistische Motive
und Hintergedanken vorwerfen – tue trotzdem Gutes.
Wenn du erfolgreich bist, gewinnst du falsche Freunde
und echte Feinde – sei trotzdem erfolgreich.
Das Gute, das du tust, wird morgen vergessen sein –
tue trotzdem Gutes.
Ehrlichkeit und Offenheit machen dich verwundbar –
sei trotzdem ehrlich und offen.

Was du in jahrelanger Arbeit aufgebaut hast,
kann über Nacht zerstört werden – baue trotzdem.
Deine Hilfe wird wirklich gebraucht, aber die Leute greifen dich vielleicht an, wenn du ihnen hilfst – hilf ihnen trotzdem.
Gib der Welt dein Bestes, und sie schlagen dir die Zähne aus – gib der Welt trotzdem dein Bestes.[13]

In großen Buchstaben steht vorne in meiner Bibel der Satz einer Freundin, die diese Leitsprüche treffend zusammengefasst hat: »Nicola, wenn die ›falschen‹ Dinge geschehen, mache die ›richtigen‹ Dinge einfach weiter.«

Was sind die Dinge, die immer richtig sind? Es gibt davon eine ganze Reihe: dem Herrn in allem die Ehre geben. Ihn anbeten, auch ohne einen offensichtlichen Grund dazu. Nach seinen Spielregeln leben, auch wenn diese zunächst nur Nachteile bringen. Paulus ermutigt seine Leser in Ephesus am Ende seiner Predigt über die Waffenrüstung Gottes: *Bedient euch der ganzen Waffenrüstung Gottes. Wenn es dann so weit ist, werdet ihr dem Bösen widerstehen können und noch aufrecht stehen, wenn ihr den Kampf gewonnen habt* (Epheser 6,13). Manchmal reicht es, den Stand zu halten. Nach vergeblichen Versuchen, Krisen zu entschärfen, Mitmenschen zur Besonnenheit zu drängen, eine Beziehung zu retten: stehen bleiben, auf Gott schauen, vertrauen, ruhig bleiben. *Durch Umkehr und Ruhe könntet ihr gerettet werden*, mahnt der Prophet Jesaja. *Durch Stillsein und Vertrauen könntet ihr stark sein* (Jesaja 30,15). Paulus bittet nie darum, dass die Heiligen aus ihrer Drangsal befreit werden. Er betet für sie um Kraft in schwierigen Umständen; er betet für eine göttliche Gesinnung, nicht für Erleichterung. Verfolgung aus den eigenen Reihen scheint für die ersten Christen etwas ganz Normales gewesen zu sein.

## Der Feind, der in mir lauert

Verfolgung war eine Erinnerung daran, dass Kinder Gottes es nicht mit »Fleisch und Blut« zu tun haben (Epheser 6,12), sondern mit einer unsichtbaren Besatzungsmacht, die ihren Anspruch auf diesen Planet und seine Bewohner nicht kampflos aufgibt. Jesus macht klar, dass die äußeren Feinde, ganz gleich wer sie sind, nicht das eigentliche Problem sind. Der eigentliche Feind wohnt in uns: *»Habt keine Angst vor denen, die euch umbringen wollen. Sie können nur euren Körper töten; eure Seele ist für sie unerreichbar«* (Matthäus 10,28). Wir sind so lange gegen die Angriffe der Finsternis immun, wie wir mitten in aller Bedrängnis »Kinder des Lichts« (1. Thessalonicher 5,5) bleiben und der Finsternis keinen Zutritt zu unserem Herzen geben. Es sind die Granatsplitter in der eigenen Seele, die uns letztlich zerstören, nicht die, die um unsere Köpfe herumfliegen. Deshalb ist Vergebung nicht bloß ein wohlgemeinter psychologischer Ratschlag für gutmütige Seelen, die so etwas eben können, sondern ein kompromissloser Befehl, der sogar im Vaterunser verankert ist. *»Und vergib uns unsere Schuld, wie auch wir denen vergeben haben, die an uns schuldig geworden sind«* (Matthäus 6,12). Wer nicht vergibt, dem wird nicht vergeben. Wem viel vergeben wird, der vergibt viel. Wie an vielen Stellen in den Reden Jesu, so spricht uns Jesus auch hier als Täter an, nicht als Opfer.

Eigentlich ist es ganz einfach: Wenn wir über diejenigen Gutes sagen, die über uns lästern, wenn wir mit denen das Gespräch suchen, die nicht mit uns reden wollen, wenn wir unsere Feinde segnen, statt sie zu verfluchen, dann machen wir genau das, was Jesus am Kreuz gemacht hat. Wir kämpfen mit Waffen, die die »bösen Mächte und Gewalten« (Epheser 6,12) dieser Welt nicht kennen. Wir sind unangreifbar. Wie Jesus sagt: Wir sind nicht von dieser Welt. Das Golgatha-Prinzip wird in den unerquicklichen

Widrigkeiten unseres Alltags umgesetzt. Wir verzichten auf die Macht, zurückzuschlagen; wir versuchen nicht, selber für unser Happy End zu sorgen, sondern wir verherrlichen Jesus, das Lamm Gottes. Nicht weil er seine Macht gegen seinen Widersacher einsetzte, sondern weil er sie nicht einsetzte.

Jesus liebt ohne Gegenliebe. Die Liebe, die wir von ihm haben, fließt aus einer inneren Quelle heraus, die im Himmel entspringt, direkt im Herzen Gottes. Gerade deshalb gibt es für das Kind Gottes, dessen Vertrauen unerschütterlich bleibt, immer einen Weg nach vorne. Der, der geschehenes Unrecht in den Händen Gottes lässt, findet Glück mitten im Unglück. Die Nahrung an Gottes Tisch schmeckt besonders gut, wenn es um uns herum nichts anderes zu essen gibt. Und sie wirkt für andere hungrige Seelen besonders einladend. Ein Mensch, der durch Leid gereift und nicht verbittert wurde, strahlt eine Gnade aus, die andere anzieht.

So findet David im 23. Psalm zurück zur zuversichtlichen Glaubensverkündigung mitten in Beziehungsnöten, Todesängsten und quälender Einsamkeit, die ihn täglich begleiten. In Gottes Nähe verblasst der Albtraum, und ein Fenster des Himmels öffnet sich vor seinem inneren Auge. Frühlingswiesen in sattem frischen Grün, sprudelndes Quellwasser, ein Stab, an dem er durch den Nebel gehen kann, und ein reich gedeckter Tisch mitten auf dem Schlachtfeld. Himmelsstrahlen durchbrechen die Wolken, spenden Wärme und geben Hoffnung.

## Gefühle, die größer sind als Rache

*Er hat mich ins Weinhaus geführt, das mit einem Banner der Liebe geschmückt ist* (Hohelied 2,4), beschreibt Davids Sohn Salomo in einem emotionalen Bild den Empfang, der an diesem Tisch auf den Gast wartet. Gefühle, die von einer tiefen Enttäuschung zertrümmert wurden, werden hier heil. Am Tisch Gottes stolpere ich auf eine unerklärliche Liebe zu, jenseits jeder Vernunft. Ich renne in ausgebreitete Arme, die mich mit all meinen Ecken und Kanten an sich drücken. Hier bin ich einmalig, begehrt, unersetzlich. Die Liebe einer Mutter oder eines Vaters für das eigene Kind ist nur ein schwacher Abglanz dieser göttlichen Leidenschaft. Wie eine Frischverliebte, die vergangenen Liebeskummer in den Wind schlägt, weil sie den Langersehnten endlich gefunden hat, komme ich mit meinem aufgebrachten Herzen auch im Angesicht meiner Feinde zur Ruhe. Das Reich Gottes gehört den vergnügten, sorgenfreien Kindern, die ihrem Vater bedingungslos vertrauen.

Im 23. Psalm geht es um viel mehr als nur darum, feindliche Angriffe resigniert über sich ergehen zu lassen. Die »Freude am Herrn«, von der Nehemia spricht, die unsere »Zuflucht« ist (Nehemia 8,10), ist eine sprudelnde Stromschnelle, die kraftspendende Glückshormone freisetzt. *Mein Becher fließt über* (Psalm 23,5; ELB). Der überschäumende Kelch zeugt von Fröhlichkeit, Glück, ausgelassener Feierstimmung.

*In Jerusalem wird der Herr, der Allmächtige, ein großes Fest für alle Völker ausrichten. Es wird köstliches Essen geben, fette Speisen und leckeren Wein, Markspeisen und erlesene Weine* (Jesaja 25,6). Wer in den Palast eines Königs zu einem Fünfsternemenü gebeten wird, macht sich keine Gedanken mehr um den Zickenkrieg im Kirchengemeinderat, die Aufmüpfigkeit der Kinder zu Hause, das Nörgeln des Familienmitglieds in der Küche, das Gezeter der Mitarbeiter und das Gängeln der Vorgesetzten im Büro. Es handelt sich nicht um einen Termin nur für Vereinsmitglieder und nur nach Vereinbarung. Es gibt lediglich eine einzige Eintrittsbedingung: Man muss Hunger und Durst haben. *Auf, ihr Durstigen, kommt zum Wasser! Geht los, auch wenn ihr kein Geld habt. Geht, kauft Getreide und esst. Wer kein Geld hat, versorge sich kostenlos mit Korn*, lädt der

Prophet Jesaja ein (Jesaja 55,1). Er warnt davor, unser Glück an anderen Tischen zu suchen: *Warum solltet ihr euer Geld für etwas ausgeben, das kein Brot ist, euren Lohn für etwas, von dem ihr nicht satt werdet?* (Jesaja 55,2). Was bedeuten schon Status, Besitz, Geld, Beziehungen und der Beifall der Mitmenschen, wenn der Schöpfer des Universums uns mit den Worten einlädt: *»Hört zu und esst Gutes und eure Seele wird satt werden.«*

Eine schadenfrohe Meute wartete nur noch auf Zustimmung von Jesus, bevor sie eine zerbrochene Frau unter einem Hagel von Steinen blutig niedermetzeln wollte. Die Ehebrecherin muss ihren Ohren kaum getraut haben, als das Geschrei und das Johlen plötzlich verstummte und sie stattdessen die Worte hörte: *»Wer von euch ohne Sünde ist, der soll den ersten Stein auf sie werfen!«* (Johannes 8,7). Dieser Moment ist einer der ergreifendsten in der Bibel, vor allem der Satz, der folgt: *Schließlich war Jesus allein mit der Frau* (Johannes 8,9). Ja, sie hatte gesündigt. Aber alleine gelassen zu werden mit Jesus, nachdem die Ankläger sich verzogen haben, das ist das Beste, was einem passieren kann. Nachdem der Lärm der fordernden Stimmen sich ausgetobt hat und die Tränen ausgeheult sind, steht Jesus immer noch da. Er verlässt als Letzter den Raum. *»Wo sind sie? Hat dich keiner von ihnen verurteilt?«* (Johannes 8,10). Das ist die Speise, die zählt. Mit diesen Worten aus dem Munde Gottes kann man dem Leben wieder ins Gesicht schauen. Kein Wunder, dass die, die am Tisch Gottes gegessen haben, mit leuchtenden Augen zurück zum Tagesgeschäft gehen. Auch wenn die Feinde weitertoben.

## Nachtrag: Eine veränderte Perspektive

10. Januar 2016. Kinderstunde heute in der Stadtbibliothek. Wir schnippelten an Papiervierecken und machten Schneeflocken

draus. Ein vierjähriges Mädchen kam dazu, das mit ihrem Vater nach Büchern geschaut hatte, und der Vater blieb auch gleich dabei. Während die Kinder bastelten, fing der Vater an zu erzählen. Flüchtlingsfamilie aus Syrien, Christen. Der Stadtteil von Damaskus, der bisher seine Heimat war, wurde gestern von einem Massaker heimgesucht. Frauen, Kinder, Männer wurden gefoltert, gekreuzigt und enthauptet. Das Grauen schimmerte aus seinen Augen, als er erzählte. So ist der Alltag für die Christen in vielen Ländern dieser Welt. Das ist die Art von Anfeindungen, mit denen es biblische Jesusnachfolger zu tun hatten. Wie unbedeutend sind doch die Anfeindungen, die ich erlitten habe, im Vergleich dazu!

## Kapitel 10

# SÜSSES ODER SAURES?

## Das umstrittene Buch

> Fanden sich Worte von dir, dann habe ich sie gegessen, und deine Worte waren mir zur Wonne und zur Freude meines Herzens.
>
> *Jeremia 15,16; ELB*

Jeremia gehört zu einer Reihe von prominenten Dienern Gottes, die Gottes Wort »gegessen« haben. Auch Hesekiel und Johannes kamen in diesen zweifelhaften Genuss (Hesekiel 3,2f; Offenbarung 10,9). Propheten waren es gewohnt, skurrile Dinge im Auftrag des Herrn zu tun. Ob diese Männer buchstäblich das zähe antike Papyrus oder Pergament in den Mund führten oder nicht, sei dahingestellt. Dass Gott in einer drastischen Bildersprache redet, war für sie nichts Neues. Fest steht aber, dass die Mahlzeiten aus Buchstaben eine entscheidende Rolle in den turbulenten Zeiten von Israels Geschichte spielten und undankbare Aufgaben nach sich zogen. Auch das waren die Männer gewohnt. Propheten standen nie weit oben auf der Beliebtheitsskala. Ihre Aufgabe war es, unangenehme Dinge zu sagen und zu provozieren und manchmal mit dem Leben dafür zu bezahlen.

Jeremia trifft es besonders hart. Die Worte, die er »gegessen« hat, mögen ihm zwar »zur Wonne und zur Freude« seines Herzens gereichen, ihre Auswirkungen auf sein Leben haben allerdings mit Wonne und Freude wenig zu tun. Kurze Zeit darauf soll der

Mann Gottes die verdaute Botschaft zu Papier bringen: *»Nimm eine Schriftrolle und schreib alle Worte auf, die ich zu dir über Israel, Juda und die anderen Völker geredet habe«* (Jeremia 36,2). Vermutlich, weil es viele Worte sind, lässt er einen Schreiber für sich arbeiten. *Daraufhin ließ Jeremia Baruch … holen, und dieser schrieb nach Jeremias Diktat alle Weissagungen, die der Herr ihm gegeben hatte, in einer Schriftrolle auf* (Jeremia 36,4). So weit, so gut. Aber dann kommt der nächste Schritt: Baruch soll die Worte im Haus des Herrn öffentlich vorlesen. Er tut dies mit Überzeugung. Die Zuhörer sind schockiert. Es gibt Handlungsbedarf. Buße und Umkehr sind angesagt, das Volk muss schnellstens zu den alten Weisungen der Thora zurückkehren. Vor allem aber zu dem Gott, der diese Anweisungen erteilt hat. Wenn Menschen beim Hören des Wortes Gottes in Tränen ausbrechen, ist der Grundstein für eine weitreichende geistliche Erweckung und für gesellschaftliche Reformen gelegt.

Nun soll Gottes Botschaft noch einmal vorgelesen werden, dieses Mal im Kreis der Hofbeamten. Auch sie sind von den Worten ergriffen. Schließlich wird die Schriftrolle vor den König gebracht und auch dort vorgetragen, nicht von Baruch, sondern von einem Mann namens Jehudi. Was danach passiert, ist Stoff für einen Hollywood-Blockbuster: *Jedes Mal, wenn Jehudi drei oder vier Spalten gelesen hatte, schnitt der König diese mit einem Schreibermesser von der Schriftrolle ab und warf den Abschnitt in die Flammen, bis schließlich die gesamte Rolle vernichtet war* (Jeremia 36,23). Den königlichen Mitarbeitern fällt die Kinnlade herunter. Sie versuchen, diesen massiven Akt des Vandalismus und der öffentlichen Verhöhnung Gottes zu stoppen, doch umsonst. Der König erlässt einen Haftbefehl gegen Jeremia und Baruch.

Das Geschehen ist ein Präzedenzfall. Es gibt seither kein Zeitalter in der Menschheitsgeschichte, in dem nicht irgendjemand irgendwo versucht hätte, dieses Buch zu zerschneiden, zu verbrennen, zu verbannen und zu verhöhnen – und gleichzeitig die Personen zu verfolgen, die es verkündigen. Ein derart großes Drama hat es um kein anderes Buch in der Geschichte jemals gegeben. Wer interessiert sich heute noch für Bücher von bedeutenden Geschichtsschreibern wie Herodot und Tacitus, Leopold von Ranke und Theodor Mommsen? Abgesehen von einem kleinen Kreis Intellektueller hat keiner ihre Werke gelesen, bestenfalls die Namen der Autoren. Hingegen ist die Bibel das meistgelesene Buch aller Zeiten.

Ein hartnäckiger, zeit- und kulturüberspannender Versuch, eine Botschaft zum Schweigen zu bringen, muss nachdenklich stimmen. In einer Zeit, in der Toleranz auf alle Fahnen geschrieben wird, bleibt die Bibel das eine Buch, für das es keine Toleranz gibt. Bibelkritiker machen sich über Menschen lustig, die aufgrund des Wortes Gottes feste Überzeugungen haben, vertreten aber ihre eigenen Ansichten mit einem militanten Eifer, der keine Widerrede duldet. Komisch, so ein tief liegender Hass auf ein Buch, das in den Augen seiner Feinde nichts anderes als eine Sammlung altorientalischer Fabeln sein soll. Ganze Hochschulen widmen sich der Aufgabe, zu beweisen, dass der Gott der Bibel nicht meint, was er sagt. Oder gar das Gegenteil meint. Generationen theologischer Experten arbeiten daran, das Wort Gottes kaffeekränzchentauglich zu machen, es auf ein Nachschlagewerk für harmlose Andachten zu reduzieren oder auf eine sozialverträgliche Lyrik für das Sonntagsblatt, eventuell untermalt von einem Hauch von Esoterik. Alles ist erlaubt, bloß Anstoß erregen darf das Buch nicht.

Mahatma Gandhi sagte einmal:

> »Ihr Christen habt in eurer Obhut ein Dokument mit genug Dynamit in sich, die gesamte Zivilisation in Stücke zu blasen,

die Welt auf den Kopf zu stellen, dieser kriegszerrissenen Welt Frieden zu bringen. Aber ihr geht damit so um, als ob es bloß ein Stück guter Literatur wäre, weiter nichts.«

## Gott – zentrale Figur eines Familiendramas

Wenn die Bibel voller Nettigkeiten wäre, sauber gegliedert und für den menschlichen Verstand leicht zu erfassen, dann würde keiner auch nur mit der Wimper zucken. Sie wäre Menschenwerk, ein wissenschaftliches Handbuch für eine religiöse Elite. Dafür ist sie aber zu rau und ungeschliffen. Wie ein Flickenteppich. Eine ausgedehnte Familiensaga, turbulent von der ersten bis zur letzten Zeile. Mal hält man den Atem an vor Spannung und Dramatik, mal blättert man schnell weiter und ist froh, dem Dickicht von Stammbäumen bald zu entkommen, dann wieder läuft einem ein Schauer über den Rücken, weil wieder einmal auf Altären und Schlachtfeldern Unmengen von Blut fließen.

Der zentrale Handlungsstrang des Buches: Ein für abwesend gehaltenes Familienoberhaupt meldet sich bei seiner aufsässigen Familie zu Wort. Zunächst bei einem einzelnen Mann, dann bei einem ganzen Volk, danach immer wieder. Wann immer der Hausherr auftaucht, fliegen die Fetzen. Die Berichte sind bunt und abwechslungsreich, manche davon dreist, schockierend, unanständig. Skandale und Fehlschläge werden nicht verschwiegen. Das Buch besticht mit seiner hemmungslosen Ehrlichkeit. Es ist, wie wenn der Chef eines gescheiterten Konzerns die Faust auf den Tisch haut, klare Fakten beim Namen nennt und wenig Interesse daran hat, auf Schmusekurs mit seinen unzuverlässigen Mitarbeitern zu gehen. Es handelt sich schließlich um eine Rettungsaktion, nicht um eine Therapiesitzung. Das Buch ist zu kantig, um frei erfunden zu sein. Gerade das ist sein Qualitätssiegel.

Die Bibel mit irgendeinem anderen Buch zu vergleichen, wäre vermessen. Aber ihre Mischung verschiedener Stile erinnert mich ein wenig an einen unscheinbaren Band auf meinem Regal. In staubigem Gold stehen auf der grünen Hülle die schlichten Worte: »Die Familie Berg«. Der Band ist eine Sammlung von Schriften meiner deutschen Herkunftsfamilie und geht bis ins 18. Jahrhundert zurück. Trockene Listen von Geburts- und Todesdaten wechseln sich mit Erzählungen ab, die Namen und Jahrgängen Gesichter und Emotionen geben. Heftige politische Wortgefechte zwischen Vätern und Söhnen über die Absetzung des Kaisers oder den Ausbruch eines Krieges wechseln sich ab mit Konfirmationsfeiern, Liebesbriefen, Heiratsanträgen und Gedichten. Hin und wieder gibt es auch Klagen über die schwarzen Schafe und Quertreiber der Familie, Tränen werden geweint und Schicksalsschläge durchgestanden. So unterschiedlich wie die Begebenheiten und Charaktere sind, so eindeutig sind Erbanlagen und Familienkultur, die immer wieder durchschimmern. Es ist eine Lektüre, die mich fesselt – vor allem, weil ich selber irgendwo am Ende des Buches als kleine Fußnote vorkomme.

Auch die Bibel ist eine Familienchronik. Gott selber hinterlässt überall seine Fingerabdrücke. Einmal ist er der eindeutige Initiator des Geschehens, dann wieder der Unsichtbare, der im Hintergrund die Fäden zieht. Irgendwo in einer Fußnote bin auch ich mit dabei, wenn auch nicht namentlich, weil ich erst nach der Veröffentlichung des Buches in diese Familie aufgenommen wurde. Ich gehöre zu denen, für die Jesus in seiner Abschiedsrede kurz vor seinem Tod betet: *»Ich bete nicht nur für diese Jünger, sondern auch für alle, die durch ihr Wort an mich glauben werden«* (Johannes 17,20). Ich spüre die innere Verbundenheit mit dieser Verwandtschaft, werde in die Hochs und Tiefs meiner Glaubensväter hineingezogen und versuche, aus ihren Fehlern zu lernen und mich durch ihre Heldentaten herausfordern zu lassen. Einfache Formeln für die Bewältigung meines Alltags suche ich meist vergebens. Als ich mitten in einem Konflikt mit meinem Sohn einmal verzweifelt nach biblischem Beistand suchte, hatte mein Bibelleseplan nur den Stammbaum von Ruben zu bieten, der wenig Rat geben konnte. Genauso wenig halfen mir die Pferde in der Offenbarung, als ich Trost brauchte, weil eine Freundin mich enttäuscht hatte. An solchen Stellen kann ich die Frage einer nicht christlichen Bekannten gut nachvollziehen, die sich mühsam durch ein Geschlechtsregister im 4. Buch Mose durchgearbeitet hatte: »Und davon ernährt ihr euch?«

Dass die Bibel von Gott höchstpersönlich inspiriert sein soll, heißt nicht, dass jedes Komma, jeder Punkt und jeder Apostroph direkt von Gott kommt und in meiner Seele von einer Minute auf die andere Glückshormone hervorruft oder mir die Lösung auf ein unmittelbares Problem zeigt. Wenn ich das Buch aufklappe und die Finger auf einen x-beliebigen Text lege, kann ich mir daraus auch keine Anweisungen für die bevorstehende Matheklausur erhoffen. Als ich vor vielen Jahren meine Bibel nach dem Zufallstrefferprinzip aufschlug, um zu prüfen, ob Gott wirklich sein Ja zu meiner Heirat nach Deutschland gibt, sprang mir der Vers ins Auge: *Ich habe einen Mann hervorgebracht mit dem Herrn* (1. Mose 4,1; ELB). Ich musste zweimal hinschauen, ob ich richtig gelesen hatte, und dankte dem Herrn lachend für seine Zustimmung. Inzwischen bin ich froh, dass es auch andere Bestätigungen für die Entscheidung gab. Gott ist kein Schamane, der Aberglauben belohnt.

Schonkost oder Seelenmassage ist die Bibel auch nicht. Sie ist eine Einladung in eine andere Denkweise, in der ich Gottes Sicht über die Menschen und die Welt kennenlerne und erfahre, wie er sich das Leben vorstellt. Ich werde dadurch von einem neuen Denken und Fühlen geprägt, meine Seele wird befestigt. Und das wiederum hilft mir sehr wohl in der Vorbereitung auf die Matheklausur oder im Umgang mit meinem rebellischen Sohn oder auch in der Überwindung meiner Enttäuschung. Die Bibel prägt Haltungen, sie gibt nicht immer Handlungen vor. Aber gesunde Haltungen führen ihrerseits zu weisen Handlungen.

## »Schnippeln nicht empfohlen«

Das Problem mit der Bibel ist, dass sie entweder als Gesamtpaket behandelt oder in Ruhe gelassen werden will. Wer damit anfängt, von der Schriftrolle häppchenweise etwas wegzuschneiden, vernichtet das Gesamtwerk.

Jesus als den Sohn Gottes anzuerkennen und gleichzeitig an seinem gesunden Menschenverstand zu zweifeln, passt nicht zusammen. Er selber hat das damalige Wort Gottes, unser Altes Testament, kompromisslos geglaubt und seine Nachfolger angewiesen, das Gleiche zu tun. Mit Nachdruck ermahnt er: *»Ich versichere euch: Solange der Himmel und die Erde bestehen, wird selbst die kleinste Einzelheit von Gottes Gesetz gültig bleiben, so lange, bis ihr Zweck erfüllt ist«* (Matthäus 5,18). Eine Diskussion darüber, wie viel für wahr gehalten werden kann, gibt es bei ihm nicht. Er kennt die Schriften in- und auswendig, erinnert zum Beispiel bei Auseinandersetzungen zum Thema Ehe an Aussagen aus dem ersten Buch Mose (Matthäus 19,4ff), zitiert Jonas Aufenthalt im Bauch des Fisches (Matthäus 12,40), listet die Zehn Gebote auf, um klarzumachen, dass sie nach wie vor als verbindlich gelten, und setzt mit der Bergpredigt (Matthäus 5) sogar noch eins drauf. An vielen Stellen greift er Verse aus den Psalmen und den Propheten auf. Die Eckpfeiler seines Kampfes gegen Satan in der Wüste sind Stellen aus dem fünften Buch Mose.

Deshalb ist es absurd, die Person Jesu von dem, was er sagt, abzugrenzen, wie es ein neuer geistlicher Trend tut in dem Versuch, einen Bogen um seine unbequemeren Aussagen zu machen und das Alte Testament in seiner gesamten Gültigkeit für heute abzuwerten. Weder von seinen eigenen Worten noch von denen des Alten Testaments, die auf ihn hindeuten, kann Jesus losgelöst werden. Er wird als das fleischgewordene Wort Gottes vorgestellt (Johannes 1), spricht Worte Gottes und besteht ohne Wenn und Aber darauf: *»Wer meine Gebote kennt und sie befolgt, der liebt mich«* (Johannes 14,21).

Vermeintliche Ungereimtheiten, die Bibelkritiker gerne zitieren, kennt Jesus nicht. Kein Wunder. Das Buch ist in allen wesentlichen Punkten in sich selber stimmig. Erstaunlich, wenn man bedenkt, wie viele Autoren dazu beigetragen haben. Jede Leseratte weiß, dass Sachverhalte aus verschiedenen Perspektiven betrachtet werden können und dass Worte verschiedene Funktionen haben. Einmal geben sie objektive Fakten wieder, ein andermal vermitteln sie ein Gefühl oder eine Atmosphäre, dann wieder illustrieren sie Wahrheiten durch Vergleiche, Symbole und Bilder. Die Bibel bietet alles: trockene Familienregister in den Büchern von Mose, heiße Erotik in der Poetik des Hohelieds, Lyrik vom Feinsten in den Psalmen, satirische Lebensweisheiten in knappen Sprüchen in den Weisheitsbüchern, außerdem Gleichnisse und Predigten. Wie auch sonst in der Literatur erschließt sich aus dem Zusammenhang, um welche Gattung es sich beim jeweiligen Text handelt. Wenn Jesus eine Predigt mit den Worten *»Ein Mann hatte zwei Söhne«* beginnt, ist klar, dass er eine fiktive Geschichte erzählt, vergleichbar mit dem Anfang eines Kindermärchens: »Es war einmal …«

Vermeintliche Widersprüche, die für die Praxis im christlichen Leben bedeutend sind, erläutert die Bibel selber. Die Frage zum Beispiel, welche Teile des alttestamentlichen zeremoniellen Gesetzes von Heidenchristen übernommen werden sollen, wird von den Leitern der Urgemeinde ausgefochten (Apostelgeschichte 15). Die Bibel legt sich selber aus. Unsere Hilfe braucht sie dazu nicht.

Manche Kapriolen, die getrieben werden, um biblische Inhalte dem Zeitgeist anzupassen, sind geradezu lachhaft. »Berge und Hügel werden in ein Freudengeschrei ausbrechen«, klärte mich ein skeptischer Bekannter einmal zuversichtlich auf, »das kann ja wohl nicht buchstäblich gemeint sein. Auch nicht, dass die Bäume der Steppe in die Hände klatschen. Woher willst du dann wissen, dass die Jungfrauengeburt und die Auferstehung nicht auch nur bildhaft gemeint sind?« Was mich nachhaltig beschäftigte, war nicht seine Sicht der Dinge. Diese störte mich keineswegs, und ich mochte ihn trotz unterschiedlicher Überzeugungen sehr. Was mich irritierte, war seine Reaktion, als ich ihn nichts ahnend fragte, ob er denn alle Geschichtsbücher als Mythos abstempeln würde, nur weil sie auch Gedichte enthielten. Anstatt auf meine Worte sachlich einzugehen, blickte er mich mitleidsvoll an und sagte: »Du hast doch in Cambridge Literatur studiert, und dann glaubst du so einen Unsinn wie die Bibel?« Er war gekränkt. Als ob ich ihm eine schmerzhafte Ohrfeige verpasst hätte. Dabei hatte ich nur eine andere Meinung geäußert.

Ähnlich das Ehepaar, das energisch darauf bestand, dass die lebenslange Ehe zwischen Mann und Frau von der Bibel her nicht zu begründen sei. »Abraham, David & Co hatten mehr als eine Frau. Solange alle nett zueinander sind, ist es für Gott also okay«, beteuerten sie. »Rahab hat gelogen, deshalb ist Lügen auch okay, oder? Hauptsache, wir sind alle nett?«, entgegnete ich lachend. Sie waren wütend. Als das Gespräch einmal wieder auf die Bibel kam, holte ich tief Luft und wechselte schnell das Thema. Ich wollte lieber warten, bis ich besser für ein Gewitter ausgerüstet war. Ich hatte keine Lust, mal wieder zu hören, wie spießig, eng, gesetzlich und pharisäisch ich sei. Worte wie »Wie kann man nur, wir leben doch nicht hinter dem Mond, die Kirche muss endlich aus dem Mittelalter herauskommen« und ähnliche kannte ich zur Genüge.

Manche meiner Freunde, die sich als bibeltreu bezeichnen würden, vergraulen ihre Mitmenschen mit ähnlich kratzbürstigen Methoden vom anderen Ende des theologischen Spektrums her. Sie hauen ihren Gesprächspartnern biblische Inhalte in ihrer ganzen Härte um den Kopf und bieten militante Antworten auf Fragen, die die Leute gar nicht haben. Eine Überzeugung, die aggressiv wird, egal welche, verwandelt sich in eine Ideologie, und Ideologien wollen nicht infrage gestellt werden. Sie verlangen nach Unterwerfung, nicht Austausch. Fromme Ideologien genauso.

Jesus macht es anders. Spricht klare Worte, vertritt aber keinen Interessenverband, sucht keine Fangemeinde. Er drängt niemanden, das zu glauben, was er sagt, und ist nicht verletzt, wenn ihm Gegenwind entgegenbläst und Zuhörer ihm empört den Rücken kehren, was die meiste Zeit der Fall ist. Der reiche Jüngling, der die Bedingungen der Nachfolge nicht erfüllen will, darf in aller Freiheit seines Weges gehen. Und trotzdem steht da: *Da sah Jesus den Mann voller Liebe an* (Markus 10,21). Gerade diese Mischung von Klarheit und Gnade macht ihn so einzigartig. Ein Ideologe, der eine Religion gründen will, macht es anders. Er setzt auf Image, Hoffähigkeit und gute Öffentlichkeitsarbeit. Er will eine Marke an den Mann bringen. Jesus lässt sich aber nicht vermarkten.

Rechtsanwälte und Verfechter seiner Thesen braucht er nicht. Auch nicht unsere gönnerhaften Versuche, ihn in ein gutes Licht zu stellen und vor seinen spöttelnden Feinden zu schützen. Er kommt gut mit ihnen klar. Wir dürfen uns stattdessen damit beschäftigen, auch Andersdenkende lieb zu haben, wie er es uns befohlen hat. Klar Position zu beziehen, wenn es sein muss, aber denen freundlich zu begegnen, die eine andere Ansicht vertreten. Ich habe nie einen Grund gefunden, die Bibel nicht einfach so zu glauben wie Jesus seinerzeit die Schriften des Alten Testaments. Auch die Teile, mit denen sich meine historisch-kritischen Freunde qualvoll herumplagen. Keinen Augenblick habe ich jemals daran gezweifelt, dass Jesus auf dem See lief, Wasser in Wein verwandelte, Brot vermehrte, Tote auferweckte und selber vom Tod auferstanden ist. Wer ein menschliches Herz erschaffen kann, kann ein totes Herz wieder schlagen lassen. Ein krankes Bein wieder zum Gehen bringen. Wer Jahr für Jahr aus Erde, Wasser und Sonnenschein Trauben zustande bringt, ist auch in der Lage, im Nu einen Wasserkrug mit bestem Wein zu füllen. Ein Gott, der die Naturgesetze gemacht hat, verfügt auch über sie. Der Versuch meines Religionslehrers in der Schule, mit optischen Lichttäuschungen und der Seichte des Wassers zu erklären, dass Jesus auf dem See gelaufen ist, forderte mir mehr Glauben ab als der biblische Bericht.

Wer bestimmt, was als Wunder gilt und was nicht? Ist nicht das Wasser selbst schon ein Wunder? Seine Beschaffenheit, seine Existenz? Sind ein Gänseblümchen und ein Baum weniger ein Wunder als die Heilung eines Aussätzigen, nur weil wir sie jeden Tag vor Augen haben? Eine Welt, die wir nur mit unseren biologischen Sinnen und in der Sprache der Materie, der Chemie und der physikalischen Regeln begreifen können, lässt viel mehr beunruhigende Fragen offen als eine Welt, die von Gott geschaffen wurde und auf wundervolle Weise von ihm erhalten wird. Der einzige Grund, warum man eine nur nach naturwissenschaftlichen Regeln funktionierende Welt vorziehen könnte: Wir können sie selber kontrollieren. Wir kommen ohne Gott aus.

## Der grausame Gott?

»Okay, ob es einen Gott gibt, der die Welt erschaffen hat, sei dahingestellt. Aber doch nicht den Gott des Alten Testaments! Ein kleiner Fehltritt, und schon schlägt er zu mit einer Schwefelbombe oder sonst einer Vernichtungskampagne. Nein danke.« So brauste eine gute Freundin einmal auf, die ich in unserer Studentenzeit zu einem Abend mit dem Evangelisten Billy Graham geschleppt hatte. Ich musste mir immer gut überlegen, ob ich mich mit ihr anlegen wollte. Ihre Schlagfertigkeit war nicht zu überbieten. Wenn Billy Graham es nicht schafft, aus ihr eine Christin zu machen, dann schaffe ich es auch nicht, dachte ich, und setzte lieber den Wasserkessel für eine Runde Tee auf.

Später wurde sie Christ. Nicht durch mich, wie sie mir immer wieder gerne mit einem Augenzwinkern versicherte, sondern nach einem Schicksalsschlag in ihrem Leben. Ihre wasserdichte atheistische Welt war zusammengebrochen. Inzwischen schreibt sie Bücher und hält landauf, landab in Großbritannien und anderswo Vorträge über die Glaubwürdigkeit der Bibel und das heilende und wiederherstellende Wirken Gottes im Leben der Menschen, die sich ihm anvertrauen.

Dieses rettende Eingreifen Gottes finden wir schon in den ersten Kapiteln der Bibel. Dort begegnen wir einem fürsorglichen Schöpfer, der einem abtrünnigen Adam nachgeht und dem Mörder Kain eine Fluchtmöglichkeit bietet. Der die einsame Hagar in der Wüste tröstet und die Hure Rahab aus den Trümmern einer brennenden Stadt rettet. Wir finden einen Gott, der die menschenfreundlichste Gesellschaftsordnung auf die Beine stellt, die die damalige Welt kennt. Frauenrechte stehen bei ihm hoch im Kurs, die Armen werden versorgt, die Arbeiterklasse geschützt. In biblischen Zeiten ein Skandal, für heutige Verhältnisse die Grundlage für einen funktionsfähigen Sozialstaat. Wohlstandsvermehrung wird gefördert, aber auch Großzügigkeit gegenüber Armen, sodass niemand zu kurz kommt. Das Beste aus dem Kapitalismus und dem Sozialismus in einem System gebündelt.

Ja, die Schwefelbombe auf Sodom und Gomorrha gibt es auch. Noch abscheulicher als solche apokalyptischen Strafgerichte sind allerdings die Gräueltaten, die zu ihnen führen. Da gibt es terroristische Regierungen, die jahrhundertelange Warnungen Gottes spöttisch in den Wind schlagen (5. Mose 9,5). Wir lesen vom Verbrennen von Babys bei lebendigem Leib auf den Altären des Götzen Moloch. Von der Ansteckungsgefahr solcher Praktiken auch für die Israeliten, vor allem in Zeiten, in denen sie ihren Glauben wieder einmal langweilig finden und lieber die blutrünstigen Bräuche ihrer heidnischen Nachbarn auf ihrem Kulturprogramm sehen wollen als die Feste Gottes (zum Beispiel 1. Könige 11,4). Der Stadtrat von Sodom schickt einen Haufen Vergewaltiger zur Begrüßung von Touristen. Selbst der fromme Lot spielt mit und ist bereit, seine Töchter der gierigen Horde auszuliefern (1. Mose 19). Pädophile und Gangster sitzen in den obersten Führungsschichten, offenbar ohne Gegenwehr aus der Bevölkerung. Hemmungslose sexuelle Gewalt tobt in diesen heidnischen Ländern wie eine Epidemie, und diese macht vor den Grenzen Israels keineswegs halt. Von einem ähnlichen Vorfall wie dem in Sodom berichtet die Bibel am Ende des Buchs der Richter. Im Stamm Benjamin, mitten im Kernland Israels, vergewaltigen führende Männer des Stammes eine unschuldige Frau mit solch einer Brutalität, dass sie an ihren Verletzungen stirbt. Über dieses gruselige Kapitel im Wort Gottes habe ich noch nie eine Predigt gehört. Ohne Scham erzählt die Bibel, wie die Welt wirklich ist. Ihre dunkelsten Schichten werden aufgedeckt. Vierfarbig, schonungslos, ohne Verzierungen, an keiner Stelle überarbeitet. Die Auflehnung der Menschheit gegen Gott mit all ihren Konsequenzen wird dem Leser vor Augen geführt. Wir lesen unsere eigene Geschichte. Wir erfahren von einer Zerstörungswut, die so tief im Herzen der Menschen sitzt, dass sie weder mit Wohlstand noch mit technischem Fortschritt zu stemmen ist. Jedes noch so aufgeklärte Denksystem bringt sein eigenes menschenverachtendes Potenzial mit, das zum Verhängnis wird, sobald es von den Imperativen der Bibel abgekoppelt wird. Die einzelnen Kapitel der Schriftrolle werden abgeschnitten und verbrannt. Moral wird beliebig, und irgendwann kommt es so weit, dass das Gute bestraft und das Böse belohnt wird.

Ein Gott, der von den unfassbaren Gräueltaten, zu denen Menschen fähig sind, zutiefst empört ist, ist kein böser, sondern ein guter Gott. Die Opfer dieser Grausamkeiten würden es vielleicht auch so sehen.

## Diese dummen Fakten

Die Worte, die Bibelgegner vermutlich mehr in Rage versetzen als alle anderen, sind unscheinbare Satzanfänge wie: *Es begab sich aber…* (Lukas 2,1; LUT). Fakten über die Geburt Jesu, gefolgt von Daten, Namen und historischen Ereignissen. Schon früh in der Geschichte Israels gibt es für einschneidende Geschehnisse Scharen von Augenzeugen, die bei jedem anderen Ereignis ausreichen würden, um für Zeit und Ewigkeit die Glaubhaftigkeit zu besiegeln. Ein ganzes Volk war Zeuge der Gesetzgebung auf dem Berg Sinai (2. Mose 19). Nicht anders ist es im Neuen Testament bei den Zeichen und Wundern, die Jesus vollbrachte, wie auch bei seinen Auftritten nach der Auferstehung. Es waren viel mehr als die herkömmlichen zwei oder drei Zeugenaussagen, die vor Gericht gefordert waren, um eine Sache als glaubhaft zu bestätigen (5. Mose 19,15).

Dazu kommt, dass das jüdische Volk seine Geschichte zu jeder Zeit mit akribischer Sorgfalt niedergeschrieben hat. Die Namensregister in der Bibel sind zwar für den normalen Bibelleser nicht die prickelndste Lektüre, sind aber unbequeme Zeugen einer über Jahrtausende hinweg gründlich aufgezeichneten Chronik. Biblische Geschichten sind mit Details aus dem Alltag bespickt: Holzarten und -maße in Baugeschichten, Angaben über Mahlzeiten, Kleidung, Landschaften, Haushaltsutensilien. Es sind die Kleinigkeiten, nach denen ein Detektiv Ausschau hält, wenn er die Glaubwürdigkeit eines Zeugenberichts feststellen möchte. Die biblische Sprache ist nicht die Sprache eines Mythos.

Auf der Festung Massada in Israel stießen wir einmal mitten in den Ruinen des Palastes von Herodes auf einen jüdisch-orthodoxen Schriftgelehrten, der hinter einer Glasscheibe eine Schriftrolle der Thora von Hand kopierte. Er arbeitete mit eiserner Konzentration, ungeachtet der Touristen, die, wie wir, neugierig durch die Scheibe guckten. Kein Wunder, denn der Thoraschreiber, der den kleinsten Fehler macht, muss die gesamte Schriftrolle begraben und von vorne beginnen. Wenn es eine Kultur gibt, deren Geschichte zuverlässig und gewissenhaft aufgeschrieben ist, dann die jüdische. Die Fähigkeit, sich auch kleinste Einzelheiten sorgfältig zu merken, wird durch Auswendiglernen der Thora solide trainiert. In der Bibel selber finden wir viele Beispiele dafür. Der Oberkommandant Jeftah kennt die Fakten der militärischen Geschichte Israels in- und auswendig und hält sie den Ammonitern vor, nachdem diese versucht haben, manches zu vertuschen und die Geschichte neu zu schreiben (Richter 11,12-18). Der Psalmdichter Asaf lebt in der Geschichte seines Volkes und gibt sie wieder in Psalm 78. Ebenso Stephanus viele Jahrhunderte später in seiner Verteidigungsrede vor dem Hohen Rat (Apostelgeschichte 7). Petrus berichtet haargenau über seine Zusammenkunft mit dem Hauptmann Cornelius, als er vor dem Rat der Apostel dafür Rechenschaft ablegen muss (Apostelgeschichte 11). Paulus erzählt immer wieder von seiner ersten Begegnung mit Gott (Apostelgeschichte 22; 26,12ff). Die Erzählungen gleichen sich völlig: keine Übertreibungen, keine Abweichungen vom ursprünglichen Bericht. Diese Leute waren trainiert, Fakten zu kennen und wahrheitsgetreu wiederzugeben.

In einer von Trieben gesteuerten Spaßgesellschaft interessieren Fakten nicht mehr. Die Bibel ist peinlich geworden. Das, was unsere Gier nach Befriedigung nicht sättigt, muss falsch sein – so lautet das Evangelium der Postmoderne. Nicht Jeremia oder Baruch, die unter Einsatz ihres Lebens die Worte Gottes unter das Volk bringen, sind die Helden, sondern der König, der diese Worte zerstört. Geistliche Leiter, deren Aufgabe es ist, die Werte und Maßstäbe Gottes treu an die nächste Generation weiterzugeben, scheuen sich nicht davor, einen biblischen Konsens aufzulösen, der seit Jahrtausenden als verbindlich gilt. Es hat schon immer mehr Spaß gemacht, sich als Fahnenträger des progressiven Denkens feiern zu lassen. Und es gibt genug Ohren, die sich gerne von der Nachricht kitzeln lassen, dass unbequeme Tugenden wie Heiligkeit und Frömmigkeit nun endlich heruntergefahren werden. Und dass Gott selber auch progressiver geworden ist und sich über die neue Lockerheit freut. Das Treiben mit der Schere ist zwar subtil geworden, aber nicht weniger gefährlich und nicht weniger beharrlich.

Ausschlaggebend für mein persönliches »Ja« zur Bibel war nicht nur eine nüchterne und langjährige Analyse der Argumente dafür und dagegen. Letztlich war es eine Vertrauensfrage. Zu wem laufe ich hin, wenn die Not drückt? In welches Gesicht will ich blicken, wenn ich vor Trauer nicht aus noch ein weiß? Flüchte ich zu dem, der aus Liebe zu mir einsam in die Folterkammer ging? Oder zu seinen Kritikern, die von ihren bequemen Sesseln aus im 21. Jahrhundert alles neu interpretieren wollen, was er und seine Nachfolger gesprochen haben? Die Glaubensinhalte belächeln, für die Menschen bereit waren, ihr Leben zu geben? Können es diese Zyniker besser wissen als Jesus Christus selbst? Sie mögen unterhaltsam und lustig sein, haben aber in einer Krise wenig Trost zu bieten. Noch bin ich keinem begegnet, von dem ich behaupten könnte: Endlich einer, der mich mehr überzeugt als Jesus. In den

Härten des Lebens, im Angesicht von Tod und Leid, finde ich mich in meinen Gedanken doch lieber auf dem Berg Golgatha wieder und klammere mich an die zwei rauen Balken. Dort schaue ich wieder auf das Wort, das Fleisch wurde (Johannes 1,14), blutig zusammengeschlagen, brutal ermordet – an meiner Stelle. Und ich spreche die Worte der Jünger nach: *»Herr, zu wem sollten wir gehen? Nur du hast Worte, die ewiges Leben schenken«* (Johannes 6,68). Selbst für denjenigen ist die Tür offen, der nicht aus voller Überzeugung kommt, sondern nur, weil er keine bessere Alternative gefunden hat.

## Das Rezept oder das Mahl selber?

»Die Uneindeutigkeit und verborgene Sinnhaftigkeit der biblischen Dogmatik ruft zeitgemäße Vorbehalte hervor, mit denen es durchaus angemessen ist, sich mit großer Behutsamkeit an diese komplexen Inhalte heranzutasten, da es außerdem einer hermeneutischen Auseinandersetzung mit der Frage bedarf, welche Kriterien hier für eine normative Auslegung der vorhandenen theologischen Sachlage gelten, um der Vielfalt der postmodernen Relativität Rechnung zu tragen …«

Ich legte meinen Stift nieder, während die Stimme des Professors weiterdröhnte. Um mich herum saßen die Erben Luthers, die dabei waren, sich auf ihr geistliches Amt vorzubereiten, um eine neue Generation in die Kirche zurückzulocken. Ich verstand nichts von dem, was der Referent sagen wollte. Aber als Germanistikstudentin war ich von den Formulierungen fasziniert, mit denen die deutsche Sprache Gedanken verschachteln kann. Ich blickte auf meine Uhr, um festzustellen, wie lang man einen einzigen Satz mit all seinen Nebensätzen ziehen kann.

Die handfesten Sprüche der Bibel kamen mir dabei in den Sinn, die eingängigen, provokativen, klaren Sätze, mit denen Jesus seine Zuhörer in seinen Bann zieht, sie zum Lachen oder Schimpfen bringt und ihnen die Welt Gottes erklärt. Es ist die Sprache des Reisenden, der seinen Zuhörern das Land, aus dem er gekommen ist, schmackhaft machen will mit kurzen, klaren Beschreibungen, die man auswendig lernen kann. Seine Sätze fangen ganz einfach an mit: *»Das Himmelreich gleicht …«*, nicht: »Man vermutet, dass …«, oder: »Es könnte sein, dass …« Es ist die Sprache des Verkündigers, nicht des Philosophen. Einladend, dringlich, unwiderstehlich. Das Festmahl ist da, um gegessen zu werden. Nicht um aus der Ferne betrachtet, analysiert, mit missbilligender Miene beäugt und auseinandergerupft zu werden, damit man anschließend anderen sagen kann, dass es nicht das ist, was es vorgibt zu sein. Dass Gott es doch anders gemeint hat. Es ist nicht der Fachjargon der akademischen Hörsäle, sondern der Wortschatz eines Zimmermannes, der das Leben im Arbeiterviertel kennt. Mit unmissverständlichen Imperativen bringt er seine Botschaft auf den Punkt. »Schenk, dann wird Gott dir schenken. Liebe deine Mitmenschen wie dich selbst! Dann geh und mach du es ebenso! Geh, verkauf alles, was du besitzt, und gib das Geld den Armen. Und dann komm und folge mir!« – Es ist nicht die Uneindeutigkeit der Aussagen Jesu, die uns Schwierigkeiten bereitet, sondern die Eindeutigkeit. Vielleicht muss man in der Tat ein Kind sein, um sie zu verstehen.

## Süßes und Saures

»Davon ernährt ihr euch?«, fragte die nach Wahrheit suchende Bekannte. Ja, davon ernähre ich mich. Es schmeckt nicht immer wie ein Festmahl. Manchmal ist es ledrig und zäh – wie die Schriftrolle der Propheten. Es wäre einfach, nur die netten Teile herauszusuchen, die Trostworte, die unter den Kalenderbildern erscheinen und mein angeknackstes Selbstbild wieder aufmöbeln. Es würde manchmal mehr Spaß machen, meine persönliche Theologie aus ausgewählten Bausteinen zu basteln, die meinen Bedürfnissen angepasst sind. Aber die Bibel stellt mich infrage, sie fordert mich heraus, zwingt mich, mein niederträchtiges Denken und Fühlen ans Licht zu bringen und zu ändern, rüttelt mein Gewissen wach. Ein überschwängliches Hochgefühl durchströmt mich dabei eher selten. Oft wünschte ich mir, dass Gott das Buch gelassen hätte und sich stattdessen mitten in unserer heutigen Gesellschaft sichtbar offenbaren und seine Existenz tagtäglich beweisen würde. Wie Jesaja bete ich: *Tritt doch aus dem Himmel hervor, komm herab und lass die Berge in deiner Gegenwart zittern* (Jesaja 63,19). Ich bin neidisch auf das Volk Israel, das mit großem Herzklopfen das dramatische Donnern, Blitzen und Hornblasen am Berg Sinai erleben durfte, und kann das Ringen Jeremias mitfühlen, als er betet:

> O Herr, du hast mich überredet, und ich habe mich überreden lassen. Du hast mich überwältigt und den Kampf gewonnen. Für alle Welt bin ich zur Zielscheibe des Spottes geworden – tagaus, tagein. Wann immer ich auch rede, immer muss ich rufen: »Gewalt und Zerstörung kommt über euch!« Die Worte des Herrn haben mir nur Schmach und Schande eingebracht. Manchmal will ich aufgeben und sage mir: »Ich will meinen Auftrag vergessen, ich will nicht mehr im Namen des Herrn reden!« Dann aber brennt es in mir wie ein rasendes Feuer. Und sosehr ich mich mühe, es zu ertragen: Ich kann es einfach nicht!
> *Jeremia 20,7-9*

Hin und wieder jedoch fühlt sich das Wort Gottes tatsächlich wie ein Festmahl an, auf das ich mich gerne stürze wie David, um richtig zu schlemmen: *Wie süß schmecken mir deine Worte, sie sind süßer als Honig* (Psalm 119,103). Ich meditiere voller Freude über sein Gesetz »Tag und Nacht« (Psalm 1,2). Wie für Jeremia ist sein Wort für mich »Wonne und Freude«. In solchen Momenten kann ich nachvollziehen, warum Martin Luthers Leitsatz *sola scriptura* eine geistliche Reformation auslöste. Das Buch sprudelt über vor Gedanken, die sättigen. Mitten in den gewichtigen Begriffen, starken Bildern, einprägsamen Beschreibungen und Anekdoten stellt sich Jesus Christus vor, lebendig, spürbar, seine Augen auf mich gerichtet, seine Hand ausgestreckt, seine Stimme unüberhörbar: *»Komm und folge mir nach!«* (Markus 10,21). Durch Jesus wird erfüllt, was schon in einem Psalm steht: *Schmeckt und seht, dass der Herr gut ist* (Psalm 34,9). Schließlich ist er aus dem Himmel hervorgetreten, wie Jesaja es sich gewünscht hat. Er ist herabgekommen. Nicht nur in Israel vor zweitausend Jahren, auch in mein Leben hinein.

Gandhi hatte recht. Die Bibel ist viel mehr als ein Stück Literatur.

Kapitel 11

# EIN MAHL, DAS SEINEN GESCHMACK NICHT VERLIERT

## Lebensfreude durch Zwiegespräche mit Gott

Dann gab er euch Manna zu essen, das ihr und eure Vorfahren bis dahin nicht kanntet. Dadurch wollte er euch zeigen, dass der Mensch mehr als nur Brot zum Leben braucht. Er lebt auch von jedem Wort, das aus dem Mund des Herrn kommt.

*5. Mose 8,3*

Der gedeckte Tisch Gottes bringt wenig für die Menschen, die ihn mit einem Notizblock aus einer sicheren Entfernung beäugen. Seine Beschaffenheit zu analysieren, Auflistungen seiner Zutaten zu erstellen, mit anderen über den Geschmack zu diskutieren, ohne das Mahl jemals probiert zu haben, hilft auch nicht. Das Manna in der Wüste, das bis zum nächsten Tag liegen bleibt oder in einem Behälter auf das Regal gestellt wird, verfault und wird ungenießbar (2. Mose 16,20). Um nahrhaft zu sein, muss es in den Mund geführt, gekaut und verinnerlicht werden, täglich und frisch. Seine Substanzen müssen Teil des Stoffwechsels werden.

Wenn wir das Wort Gottes als akademische Übung lesen, werden wir informiert. Wenn wir es mit einer hungrigen Seele im Zwiegespräch mit Gott lesen, werden wir ernährt. In diesem Zwiegespräch mit Gott, das die Bibel »Gebet« nennt, findet das Wort seine persönliche Anwendung, hinterlässt seinen Stempel auf unserer

Seele, verwandelt uns. Wir sind nicht mehr die Beurteilenden, wir sind die Beurteilten. Das ist das Beste, was uns passieren kann.

Gebet ist zunächst ein Akt der Kapitulation. Ein Ausdruck unserer Ohnmacht. Deshalb sind Gebetstreffen in Gemeinden die, die von allen Veranstaltungen am schlechtesten besucht werden. Statt zu beten, diskutieren und beraten wir lieber. Es kostet weniger seelische Mühe, Pläne zu schmieden und Programme zu erstellen, als den Rat des Herrn zu suchen. Das Gefühl »Wir schaffen das« befriedigt mehr als das Bewusstsein, horchend und abhängig vor Gott zu stehen. Wir greifen gern dann auf das Gebet zurück, wenn alles andere nicht funktioniert. Wenn aber ein Leitungsteam keine Zeit mehr zum Beten hat und stattdessen hauptsächlich damit beschäftigt ist, wie viel eine Tasse Kaffee nach dem Familiengottesdienst kosten darf und wann die Dachreparatur beginnen soll, dann ist es an der Zeit, die Alarmglocken zu schlagen und den Heiligen Geist zu bitten, die Regie zu übernehmen. Doch das kostet Demut.

Es gibt nichts Wichtigeres für einen Christen und für eine christliche Gemeinschaft als das Gebet. Nicht als ein Posten unter vielen in einer Gemeindeversammlung. Nicht als kurzer Abgleich mit dem Chef, um der Form zu genügen, sich seine Gunst zu sichern und zu hoffen, dass es etwas gebracht hat. Auch nicht als trockener Programmpunkt, der schnell abgehandelt wird, bevor man zur brennenderen Frage übergeht, ob man sich einen zweiten Jugendreferenten leisten kann oder nicht. Merkwürdig, wie redselig wir sind, wenn wir uns über etwas aufregen, und wie schweigsam, wenn wir beten. Was wäre in unserem Leben und in unseren Gemeinden alles möglich, wenn es umgekehrt wäre?

## Die Arbeit im Verborgenen

Wie in vielen Lebensbereichen ist der Teil am wichtigsten, den man nicht sieht und mit dem man niemandem imponieren kann. Josuas Vorbereitung auf einen der legendärsten militärischen Feldzüge in der Weltgeschichte – den Einzug der Israeliten ins verheißene Land – findet nicht auf den Waffenübungsplätzen einer Militärakademie statt, sondern in der Stiftshütte, wo er sich stundenlang in der Gegenwart Gottes »als Hüter im Zelt« aufhält (2. Mose 33,11). Ob er Hausmeisteraufgaben erfüllt, Anbetungslieder singt, Fürbittegebete spricht, ob er auf den Knien oder stehend mit erhobenen Händen betet, erfahren wir nicht. Weil es nicht wichtig ist. Entscheidend ist, dass er Zeit mit Gott verbringt. Später, mitten in der Hitze des Gefechts, ist diese Beziehung die Kraft, die ihn stärkt (Josua 1,2-8; 7,6-10). So viel Reden und Eingreifen Gottes wie im Buch Josua erleben wir sonst nirgendwo in der Bibel. Noch finden wir einen Diener Gottes, über den so oft berichtet wird, dass er frühmorgens aufsteht (Josua 6,12). Vermutlich, um zu beten. Seine Unterredungen mit Gott sind für ihn die lebenswichtige Nahrung, mit der er in den Tag hineingeht, nicht die Krümel, die er am Ende des Tages zusammenfegt.

Der hebräische Name Joshua bedeutet auf Deutsch »Retter«. Viele Jahrhunderte nach Josua erscheint in Israel ein Mann mit dem gleichen Namen: Jeshua – Jesus. Auch Jesus führt einen intensiven Austausch mit Gott, wie seine Glaubensväter. Neu ist aber, dass er dabei die innige Beziehung zu Gott betont; er redet ihn mit »Abba« (Markus 14,36) oder »Vater« an (Matthäus 6,6.9; 10,19f; 11,25-27). In diesem Wort verbirgt sich die geballte Kraft des Gebets. »Abba« war wohl ursprünglich weniger ein Wort als ein Geplapper – das erste Plappern eines Kindes, das die Nähe seines Papas sucht. Den Schöpfer des Universums als Vater oder gar als Papa anzureden, den heiligen Gott, dessen formalen Namen Juden bis heute aus Respekt nicht vollständig ausschreiben oder -sprechen, ist zur Zeit Jesu schon skandalös. Kleinkindgeschwätz und ehrfurchtsvolle Fürbitte passen in damaligen Denkkategorien nicht zusammen.

Abgesehen von der Anrede ist die kindliche Vertrautheit, mit der Jesus mit seinem Vater spricht, nicht neu. Die meisten Gebete, die wir in der Bibel finden, auch im Alten Testament, sind in ihrem Ursprung keine vorgefertigten Texte, sondern Ausbrüche von Not, Verzweiflung, Freude, Verehrung, Bewunderung und Begeisterung. Auch die Texte, die später ihren Weg in Liturgien und Gesangbücher hineingefunden haben, waren ursprünglich keine Lehrtexte zum Aufsagen, sondern Hilfen, die uns zeigen, wie man mit Gott reden kann. Sie geben uns den Wortschatz vor für eine Seele, die inbrünstig nach Gott sucht.

## Die intime Anrede

»Er kommt, er kommt!«, schrien wir drei Kinder aufgeregt, als wir das Knirschen von Autoreifen auf der Kieselzufahrt schon aus der Ferne hörten. Sofort stürzten wir aus der Tür und hüpften fahrlässig um das Auto herum, noch bevor es zum Stillstand kam. Es war unser Vater, der von einer Geschäftsreise zurückkehrte. Wir hielten schon Stunden vor seiner Ankunft am Fenster oder an der Haustür Wache. Als er aus dem Auto stieg, warfen wir uns auf ihn. Zu dritt. Hingen an seinem Hals, kletterten auf seinen Rücken, klammerten uns an seine Beine, bedeckten ihn mit Küssen. So eine Szene kann man sich bei dem Wort »Abba« vorstellen. Mit Respektlosigkeit hat das gar nichts zu tun. Im Gegenteil. Ein reifer, erfahrener Beter ist einer, der seine kindliche Bewunderung für den Vater nie verloren hat, der immer tiefer in das Vertrauen eines Kleinkindes zu seinem Papa hineingewachsen ist.

In seinem Brief an die Römer schreibt Paulus, dass alle, die von Gottes Geist bestimmt werden, Gottes Kinder sind, und führt weiter aus: *Deshalb verhaltet euch nicht wie ängstliche Sklaven. Wir sind doch Kinder Gottes geworden und dürfen ihn »Abba, Vater« rufen* (Römer 8,15). Auch redet er von einem Kind, das noch nicht angefangen hat zu kalkulieren, das nicht betet, um seine Frömmigkeit zur Schau zu stellen (Matthäus 6,5) oder etwas von Gott zu bekommen. Es ist das Kind, das nichts anderes will als die Nähe des Vaters.

Das berühmteste Gebet der Bibel erinnert gleich am Anfang an Gott als unseren Vater: *»Unser Vater im Himmel«*. Gleich darauf folgt die Anbetung: *»Dein Name werde geehrt«* (Matthäus 6,9). Für den ernsthaften Beter ist der Vater der Ausgangspunkt jedes Redens mit Gott. Es geht um seine Herrlichkeit. Als Erstes soll sein Name in der Welt groß gemacht werden. Erst danach kommen die Anliegen, die ein Kind Gottes jederzeit vor den Thron der Gnade bringen darf und soll: die Bitten um Vergebung, Bewahrung und tägliche Versorgung (Matthäus 6,11-13). In den meisten Überlieferungen des Vaterunsers runden das Reich Gottes und seine Herrlichkeit vor dem »Amen« das Gebet ab und erinnern so den Beter noch mal an das, was das Zentrum ist.

Mit der Anrede »Vater« darf ich mich an meinen rechtmäßigen Stand in ihm erinnern. Ich darf über die innige Vertrautheit zwischen meinem Vater und mir staunen. Eine solche Beziehung zum Schöpfer des Universums! Anmaßend, ungeheuerlich, unvorstellbar, aber Realität. Und noch verblüffender: Ich komme nicht als Bittstellerin mit hängendem Kopf. Ich renne in die Arme dessen, der verrückter ist nach mir, als ich jemals nach ihm sein kann. Ich darf als rechtmäßige Tochter erhobenen Hauptes in sein Wohnzimmer hineintreten und ihn mit »Du« anreden – nicht weil ich etwas dafür geleistet habe, sondern weil er mir auf meiner einsamen Wanderschaft durch diese Welt hinterhergelaufen ist und mich zu sich nach Hause geholt hat. Die Zuversicht, mit der ich vor ihn trete, hat nichts mit Selbstüberhebung zu tun, sondern mit einer überfließenden Dankbarkeit. Der Vater hängt an mir und ich hänge an ihm. Ich bin sein Eigentum, nicht seine Angestellte. Ich wurde teuer erkauft. Der Vater schickt mich nicht weg, wenn ich mich danebenbenommen habe. Er kündigt mir nicht, weil ich mich blamiert habe. Der Urgrund meiner Zuversicht ist, dass mein Name bei Gott aufgeschrieben ist (Lukas 10,20), nicht mein kraftvolles Beten. Ich kann und muss ihn nicht durch irgendeine Tat beeindrucken, auch nicht durch mein Gebet.

Auf der Brusttasche des Hohepriesters Aaron, dessen Amt später in Jesus Christus als dem Obersten Priester seine vollkommene Erfüllung findet (Hebräer 4,14), stehen nicht Nummern, Berufsbezeichnungen oder Kirchenämter. Zwölf Edelsteine sind darauf angebracht: Karneol, Topas, Smaragd, Rubin, Saphir, Jaspis, Hyazinth, Achat, Amethyst, Türkis, Onyx und Nephrit (2. Mose 28,21). Die Edelsteine sind in Gold eingefasst. Auf jedem von ihnen ist der Name von einem der zwölf Stämme Israels eingraviert (2. Mose 28,21). Gott macht damit deutlich: Wir sind kostbar, wertvoll, begehrt und geliebt, unsere Namen sind in Gold eingefasst. In diesem Bewusstsein können wir uns von unserem Hohepriester, Jesus Christus, ins Allerheiligste führen lassen. So ähnlich muss der Prophet Daniel es erlebt haben, als er einmal in langen Fürbitten für sein Volk sein gebrochenes Herz vor Gott ausbreitet und von ihm die bewegenden Worte als Antwort bekommt: *»Denn du bist ein Vielgeliebter«* (Daniel 9,23; 10,19; ELB).

Wer seine Bibel aufschlägt und lang, oft und anhaltend über solche Begegnungen zwischen Gott und seinen Kindern nachdenkt und sie sehnsüchtig in sich aufnimmt, hört irgendwann selbst das Flüstern im Ohr: »Du bist viel geliebt!« Das ist Gebet.

## Das Stöhnen im Alltag

Gebete in der Bibel werden ausgeschüttet, nicht aufgesagt. Schreien ist vermutlich das Wort, das am meisten verwendet wird. Paulus redet von einem »Seufzen, das sich nicht in Worte fassen lässt« (Römer 8,26). Aufgewühlt, bewegt, verstört, mitgenommen, ringend, so hört sich Beten an. Kein steriles Ritual. Keine verstohlenen Blicke auf die Uhr, ob es nicht bald vorbei ist. Kein ungeduldiges Hin-und-her-Rutschen auf den Stühlen, denn es gibt ein Möbelstück, das in den Gebetskammern der Bibel nirgendwo zu finden ist: ein Stuhl. Beter in der Bibel stehen, liegen flach auf dem Boden oder knien.

Biblische Gebetsschreie fließen direkt aus der Mitte einer stöhnenden Schöpfung heraus, die sich im Wartestand befindet (Römer 8,22) und voller Sehnsucht auf die verheißene Rettung wartet. Sie entsprechen der Mühsal eines Tages, an dem das Baby zetert, die Oma zum Arzt muss, Streit im Bauausschuss ausgebrochen ist und die Firma Konkurs angemeldet hat. Es ist nicht die Sprache einer abgehobenen religiösen Elite, die den Alltag ausschalten muss, bevor das heilige Buch geöffnet werden darf.

Das schluchzende Gebet des Sünders, der wegen seines unkontrollierten Gefühlsausbruchs vom theologischen Experten verachtet wird (Lukas 18,10-13), ist das Gebet, das Jesus gefällt. Das langatmige verbale Schaulaufen des Pharisäers berührt ihn nicht. Gebet, das wegen der Außenwirkung gesprochen wird, ist kein Gebet. Gebet ist auch kein Informationsportal. Gott muss nicht erfahren, wie toll ich etwas gemacht habe oder was ich brauche, damit mein Tag gelingt. Zu beten »Herr, du weißt, dass Gisela Hochzeit feiert. Schenk, dass das Kleid, dass ihr so gut gefallen hat, zu einem günstigen Preis angeboten wird« oder »Schenk, dass wir bald eine größere Wohnung finden«, ist nicht verwerflich; immerhin wenden wir uns an einen Gott, der die Haare auf unserem Kopf zählt und ein Auge für Kleinigkeiten hat. Wichtig ist aber dabei, dass wir unsere Wünsche im richtigen Kontext sehen und dass der Pastor, der im Iran demnächst enthauptet werden soll, uns schwerer im Magen liegt als Giselas Wunschkleid für die Hochzeit oder die Wohnung, die wir brauchen.

## Das Zwiegespräch mit dem Himmel

Gebet ist eine innere Einstellung. Paulus' Aufforderung, unablässig zu beten (1. Thessalonicher 5,17), bedeutet nicht, dass der ernsthafte Christ in einer Gebetskapelle auf Tauchstation geht und aufhört, sein Geschirr zu spülen, seine Kunden zu bedienen und zum Elternabend in die Schule zu gehen. Es ist die innere Suche nach der Verbindung mit Gott, ob beim Bügeln, in der Mitarbeiterbesprechung, im Unterricht, beim Kundengespräch oder im Bus auf dem Weg zur Arbeit. Das betende Herz ist wie mein Navigationssystem im Auto, das manchmal eine Weile braucht, bis es starten kann. Es sucht so lange, bis es das Satellitensignal gefunden hat. Erst dann kann die Reise richtig beginnen. Gebete sind die Gespräche in meinem Herzen, die Gott mithören und kommentieren darf. Das Kopfkino in meinen Gedanken, das Jesus mit anschauen und korrigieren darf, wenn Spuren von Neid, Hass, Ehrgeiz, Verzweiflung oder Lieblosigkeit unbemerkt hindurchtreiben und eine Stelle suchen, an der sie sich einnisten können.

Dafür muss Gottes Wort in meinem Bewusstsein präsent sein. Wenn ich viel in meiner Bibel lese, geht mir der Stoff für meine Gebete selten aus. Ich setze meine innere Welt dem Einfluss dieses Buches aus. Wenn die Sprüche von Salomo mich gerade an den rechten Umgang mit meiner Zunge erinnert haben, ist die Wahrscheinlichkeit geringer, dass mir dumme Kommentare beim nächsten Familienstreit herausplatzen. Wenn ich die Geschichte von Josef und Potifars Frau gerade erst gelesen habe, werde ich den schlüpfrigen Film mit den scharfen Erotikszenen eher nicht einschalten. Betendes Bibellesen stärkt die innere Selbstkontrolle, es befähigt mich, die eigene Seele in Zucht zu nehmen, Stoppschilder aufzurichten und mich von Gottes Geist, nicht mehr von den eigenen Launen und Trieben, lenken zu lassen. Geheime innere Vorhaben, die mir schaden, werden schneller eingestampft und der Blick auf Gottes Ziele gerichtet. Richtiges Beten habe ich dann verstanden, wenn ich aufhöre, Gott zu meiner Sichtweise bewegen zu wollen, und stattdessen nach seiner Sichtweise frage. Ein solches Gebet ist nicht mehr Werkzeug zur Erfüllung der eigenen Wünsche, sondern ein reinigendes Feuer. Aus dem Vorsagen von Pflichtgebeten wird ein Herzensschrei aus Leidenschaft.

In drei überlieferten Gebeten in der Bibel bekommen wir einen besonders klaren Einblick in das Leben einer Seele, die vom Wort Gottes zutiefst geprägt ist. Alle drei sind Gebete von Frauen. Mirjam, die Schwester von Mose, bricht in ein spontanes Loblied aus, nachdem die verfolgten Israeliten trockenen Fußes durch das Meer marschiert und am anderen Ufer heil angekommen sind (2. Mose 15,20f). Hanna lobt Gott für das Geschenk des lang ersehnten Sohnes Samuel (1. Samuel 2,1-11) und Maria, die Mutter von Jesus, singt einen spontanen Psalm nach der Begegnung mit ihrer gottesfürchtigen Cousine Elisabeth (Lukas 1,46ff). Es gibt viele ähnliche Gebete und Loblieder in der Bibel. Bemerkenswert an diesen dreien ist das tiefgründige geistliche Gedankengut, das aus dem Mund dieser Frauen strömt, in einer Kultur, in der Frauen weder zu Bildung noch zu Theologie Zugang haben. Das Wort lebt und wirkt in ihnen und steuert gerade in Krisensituationen ihre Gedanken und Reaktionen.

## Tankstelle für die Seele

Gebet hat in erster Linie mit einer inneren Gesinnung, nicht mit einer Methode zu tun. Ein Rahmen dafür – so etwas wie die herkömmliche »Stille Zeit« – ist hilfreich, vor allem für Chaoten wie mich, die sich mit Disziplin schwertun. Um die Freuden von Mozarts Klaviersonaten zu entdecken, musste ich jahrelang täglich lästige Fingerübungen am Klavier machen. Mit oder ohne Lust. Das Opfer hat sich gelohnt. Ähnlich ist es mit dem Gebet. Geregelte Gebetszeiten sind nicht das Wesen des Gebets, bieten aber einen Rahmen dafür. Wie in anderen geistlichen Disziplinen auch. Wenn ich regelmäßig faste, bin ich auch sonst weniger geneigt, Schokolade und Chips in meinen Körper hineinzustopfen, um meine angespannte Seele zu trösten. Wenn ich regelmäßig Geld spende und meinen Zehnten gebe, haushalte ich auch mit allen anderen Gaben gut, die Gott mir anvertraut hat. So ist es auch mit dem regelmäßigen Gebet, alleine und mit anderen zusammen: Es sichert eine gesunde Grundversorgung. Wie ein Boxenstopp auf der Rennstrecke. Martin Luther, ein leidenschaftlicher Beter, schlug einmal vor:

> Darum ist's gut, dass man frühmorgens lasse das Gebet das erste und abends das letzte Werk sein. Und hüte sich mit Fleiß vor diesen falschen, trügerischen Gedanken, die da sagen: »Harre ein wenig, über eine Stunde will ich beten, ich muss dies oder das zuvor erledigen.«[14]

Wer von uns, denen das Gebet wichtig ist, kennt dieses Phänomen nicht? Ich setze mich zum Beten hin, und auf einmal kommt mir in den Sinn, dass die Blumen gegossen und die Kartoffeln geschält werden müssen. Dass die Treppe so staubig ist, fällt mir gerade in dem Moment auf, in dem ich vorhabe, meine Bibel aufzuschlagen.

Luther, ganz der Pragmatiker, schreibt von genau solchen Gemütszuständen, in denen man *durch fremde Geschäfte oder Gedanken kalt und unlustig zu beten geworden* ist, und bietet praktische Tipps an, wie man die innere Hemmschwelle überwinden kann:

> [So] nehme ich mein Psälterlein, laufe in die Kammer oder, wenn es der Tag und die Zeit ist, in die Kirche unter die Menschen und hebe an, die Zehn Gebote, das Glaubensbekenntnis und, wenn ich noch Zeit habe, etliche Sprüche Christi, Pauli oder Psalmen mündlich bei mir selbst zu sprechen, gerade so, wie die Kinder tun.[15]

Gott sei Dank, tut der Heilige Geist, der in mir wohnt, das Seine dazu. Es ist immerhin in seinem Interesse, dass ich Zeit mit Gott verbringe. Er ist wie der Akku, den ich an meinem E-Bike einschalte, um den Berg hochzukommen. Aber in die Pedale treten muss ich selber.

## Beflügelt durch Anbetung

Ein Lebensstil des Gebets ist von Anbetung durchdrungen. Die Worte *Dein Name werde geehrt* (Matthäus 6,9) sind die Grundlage für jede Gebetshaltung. Wir stellen Gott ins Zentrum unseres Denkens und Fühlens und räumen ihm das Recht ein, das letzte Wort bei allem zu haben, was wir vor ihn bringen. Die Männer Gottes im Alten Testament bauten Altäre, um diesen Beschluss sichtbar zu machen. Abraham zum Beispiel. An jedem Ort, an dem er seine Zelte neu aufschlägt, baut er einen Altar (1. Mose 12,7; 13,18). Jede neue Station seines Lebens wird in die Spuren Gottes gelenkt, noch bevor andere Weichen gelegt werden. Das gilt besonders in Zeiten der Bedrängnis. Obwohl Abraham genau weiß, dass er zu alt ist, um noch Kinder zu zeugen, hält er an Gottes Verheißung fest: *Abraham zweifelte nicht und vertraute auf die Zusage Gottes. Ja, sein Glaube wuchs sogar noch, und damit ehrte er Gott. Er war vollkommen überzeugt davon, dass Gott das, was er versprochen hat, auch tun kann* (Römer 4,20f). Die Tragödie seiner Kinderlosigkeit steht seiner Haltung der Anbetung nicht im Wege. Mitten in der Arbeitslosigkeit, der Krankheit, der Wohnungsnot und der Einsamkeit dürfen auch wir ehrliche Tränen fließen lassen und Gott trotzdem die Ehre geben. Wie Abraham werden wir auf diese Weise im Glauben gestärkt. Turbulente Gefühle kommen wieder zur Ruhe.

Einige Jahre später wird der Test für Abraham schwieriger. Den Sohn, den er durch ein Wunder erhalten hat, soll er dem Herrn zurückgeben. Schon wieder ein Altar. Bevor er sich schweren Schrittes in Richtung Berg Moria aufmacht, erklärt Abraham seinen begleitenden Knechten: *»Der Junge und ich werden noch ein Stück weitergehen. Dort oben werden wir Gott anbeten und dann zu euch zurückkommen«* (1. Mose 22,5). Es ist keine Notlüge, es ist die Wahrheit. Diese ist die erste Stelle in der Bibel, in der wir das Wort Anbetung finden. Mit Abraham fängt Anbetung an, Anbetung als Glaubensaussage, dass Gott im Regiment sitzt und alles gut hinausführt, wie schon der Liederdichter Paul Gerhardt festhält.

Abraham hat keine Kabel mit Mikrofonen bei sich, keine Lautsprecher und Monitorboxen, keine Disco-Beleuchtung und keine Nebelmaschine für eine Lobpreisparty. Nicht einmal eine Orgel ist in der Nähe, auch keine Kerze und kein Gesangsbuch. Er trägt ein Messer und Brennholz den Berg hinauf: Werkzeuge, die zerstören sollen. In diesem Fall den Stolz seines Lebens, seinen einzigen Sohn. Nach dem Coolnessfaktor dieses Lobpreises kann man lange suchen.

Anbetung ist nicht ein Erlebnis, das vermarktet werden kann und für das man Eintritt bezahlt. Anbetung ist das, was Hiob macht, nachdem er alles verloren hat: *Da stand Hiob auf und... warf sich vor Gott zu Boden* (Hiob 1,20). Damit beweist er, dass er Gott um seinetwillen verehrt, nicht aufgrund der Gunst, die er von ihm bekommen hat. Mit dieser Einstellung ist er auch in der Lage, der spöttischen Aufforderung seiner Frau zu widerstehen: *»Sag dich von Gott los und stirb!«* (Hiob 2,9). Hiobs Identität ist tief in der Beziehung zu Gott verankert. Der Widersacher darf schon ahnen, dass er es schwer haben wird mit seiner Absicht, Hiobs Glauben durch einen Schicksalsschlag nach dem anderen zu zerstören.

Heute ist es modern zu beten: »Herr, ich will mehr von dir.« Ein gefährliches Gebet. Was erwarten wir eigentlich? Vielleicht ein spannenderes Bewusstsein der Gegenwart Gottes, ein seelisches Hoch, um gestärkt zurück ins Leben zu gehen, eine größere Fülle vom Geist Gottes, um siegreich durch den Tag zu laufen, eine übernatürliche Kraft, um das Eingreifen Gottes in den Plagen des Alltags zu erleben? Darf Gott mit den Worten antworten: »Mein Kind, ich will aber mehr von dir«? Wenn er mehr von uns hat, wenn er alles von uns hat, dann haben wir verstanden, was Anbetung ist. Das ist der Unterschied zwischen reiner Stimmungsmache und einer inneren Kapitulation vor der Herrschaft Gottes.

## Die gemeinsame Begegnung

Auf gemeinsame Begegnungen mit dem Herrn legt die Bibel besonderen Wert. Es heißt nicht ohne Grund »*Unser* Vater im Himmel« (Matthäus 6,9) und »*Wir* sind doch Kinder Gottes geworden« und dürfen deshalb Abba und Vater zu Gott sagen (Römer 8,15). Jesus verspricht eine besondere Zuwendung Gottes, wenn »zwei oder drei«, die ihm gehören, sich im Gebet zusammenfinden (Matthäus 18,20) oder, an anderer Stelle, wenn zwei gemeinsam Gott um etwas bitten (Matthäus 18,19). Es darf lautstark sein. Es darf auch ein gemeinsames, ehrfürchtiges Schweigen in der Gegenwart Gottes sein. Es darf alle Generationen vereinen, ein Feuer der Liebe Gottes, das von geistlichen Eltern an die Kinder weitergereicht wird.

Ob Anbetung mit einem alten Lied wie *Ich bete an die Macht der Liebe* geschieht oder mit dem neueren *Ruft zu dem Herrn, alle Enden der Welt*, spielt keine Rolle. Anbetung hat nichts mit einem Bühnenauftritt zu tun, nichts mit modern oder altmodisch, abgesungen oder brandneu. Sie wird aus der Versammlung herausgetragen, aus den hintersten Reihen, aus Herzen heraus, die sich nach der Nähe Gottes ausstrecken. In einer gesunden Gemeinschaft sind es die Älteren, nicht die Jungen, die mit gutem Beispiel vorangehen. Wenn Paulus schreibt, dass zwar unsere körperliche Kraft abnimmt, aber das von Gott geschenkte Leben von Tag zu Tag erneuert wird (2. Korinther 4,16), sollte das gerade bei älteren Christen durch besondere Hingabe im Beten und Loben bezeugt werden. Eine klagende Zunge, ein langes Gesicht und ein bedrücktes Schweigen in der Gegenwart Gottes waren noch nie Zeichen der geistlichen Reife.

Das ausgesprochene Wort Gottes, ob in Gebet oder Gesang, spielt eine wichtige Rolle in biblischen Zusammenkünften. Paulus fordert seine Freunde in der Gemeinde in Ephesus auf: *»Singt miteinander Psalmen und Lobgesänge und geistliche Lieder, und in euren Herzen wird Musik sein zum Lob Gottes«* (Epheser 5,19). Melodien sind dazu da, um aus Gedanken Gottes Ohrwürmer zu machen, die sich schnell in hörende Herzen niederlassen und vor allem in schweren Zeiten Kraft geben. Als meine Freundin Marianne mit ihren 94 Jahren das Gedächtnis verlor, konnte sie den 103. Psalm vom ersten bis zum letzten Vers immer noch aufsagen, auch lange nachdem alle anderen Erinnerungen gelöscht waren. Als sie im Sterben lag und nichts mehr sagen konnte, flüsterte ich ihr den

Psalm leise ins Ohr. Ihr Mund bewegte sich mit den Worten mit, und sie lächelte. Bald danach war sie zu Hause bei ihrem Herrn.

## Das Leuchten von innen

Dass das Wort Gottes handfeste Auswirkungen auf den menschlichen Körper und die menschliche Seele hat, belegen auch viele biblische Geschichten. Mose kommt mit leuchtendem Gesicht aus der Stiftshütte heraus (2. Mose 34,35). Das liegt nicht an besonderen Lichteffekten im Haus Gottes, sondern daran, dass er mit Gott zusammen gewesen ist. Wenn die Seele von sich selber wegschaut und ins Angesicht Gottes blickt, strahlt sie von innen heraus. Selber merkt man das nicht. Auch Mose nicht.

Vom Propheten Hesekiel erfahren wir, dass wahre Schönheit, ein Leuchten von innen, nur von Gott geschenkt werden kann: *Der Ruf deiner Schönheit ging um die ganze Welt, denn der Schmuck, den ich dir anlegte, machte deine Schönheit vollkommen, spricht Gott, der Herr* (Hesekiel 16,14). Das Volk Gottes hat sich jedoch inzwischen anderen Göttern zugewandt, weil es seine Schönheit zum Zentrum gemacht hat und nicht den, von dem der Glanz kommt.

Der von Gott geschenkte Schmuck wird gefährlich, wenn er zur Selbstdarstellung missbraucht wird. Dann nämlich beten wir uns selbst an statt Gott. Bei Gott geht es nicht darum, *ob* wir anbeten, sondern *wen* oder *was* wir anbeten. Irgendetwas, irgendjemanden beten wir alle an. Wir sind darauf programmiert. Die Leere in der menschlichen Seele will gefüllt werden. Sie sättigt sich automatisch an den Dingen, auf die die inneren Augen gehaftet sind. Wenn Gott nicht der ist, den wir verehren, dann wird es ein anderer Gott sein. Und dieser wird durch unsere Augen hindurchschauen, in unserem Reden zu Wort kommen und letztlich unser Schicksal bestimmen.

Zu biblischen Zeiten sind dies Naturgötzen aus Holz und Stein, die Wohlstand, eine gute Ernte, Gesundheit und Glück in der Liebe versprechen. Sie fordern Opfer ein als Gegenleistung für ihre Dienste. Ein Götze ist auch heute alles, worauf wir unsere innere Aufmerksamkeit richten in der Hoffnung, dadurch Glück zu finden. Eine glanzvolle Karriere, das perfekte Haus, ein schnelles Auto oder die Bilderbuchfamilie, ein wichtiges Amt in der Gemeinde, ein Hobby oder eine Gewohnheit. Es sind die Dinge, die uns schlaflose Nächte bereiten, bei denen wir eingeschnappt und kurz angebunden sind, wenn sie infrage gestellt oder uns weggenommen werden. Sie fressen an unserer Seele. Das Schlimme dabei: Niemals können sie das Glück liefern, das sie versprechen. Kein Mann ist ärmer als der, der von seinem Geld abhängig ist. Kein Mensch gestresster als der, der von seinen Leistungen die große Lebenserfüllung erwartet. Die Frau, der Jesus in Samaria begegnet, hat auf Männerbeziehungen gesetzt (Johannes 4) und ist wiederholt enttäuscht worden. Dass die beiden Gesprächspartner ihren Austausch vom Thema Sex auf das Thema Anbetung umschwenken, ist nachvollziehbar. Es ist Jesu Einladung an sie, das Wasser, das keinen Durst löschen kann – die Suche nach Erfüllung im Sex –, mit dem »lebendigen Wasser« aus der göttlichen Quelle zu tauschen. Es ist anschauliche Pädagogik vom Feinsten, direkt am Dorfbrunnen mitten in der Stadt, vermutlich in der Gluthitze der Mittagszeit. Jesus allein ist die Quelle, aus der lebendiges Wasser strömt, das nicht verletzt, nicht enttäuscht, nicht krank macht.

## Lobpreis, der eine Kultur verwandelt

Bei einem Urlaub in Israel verbrachten mein Mann und ich einige Tage in einer kleinen Herberge in einer Ortschaft namens Abu Gosch, nicht weit von Jerusalem entfernt. Das vorwiegend arabische Dorf ist heute für seine vorzügliche Gastronomie bekannt wie auch für das friedliche Miteinander von Juden und Arabern. Für Bibelkenner ist es der Ort, damals Kirjat-Jearim genannt, an dem die Bundeslade, Symbol für die Gegenwart Gottes im Alten Bund, zwanzig Jahre lang in einem Privathaus aufbewahrt war (1. Samuel 7,1).

Davids Versuch, die Bundeslade nach Jerusalem zurückzubringen, schlägt wegen der Fahrlässigkeit eines seiner Mitarbeiter fehl, und es wird eine weitere Zwischenstation im Haus eines Mannes namens Obed-Edom eingelegt (1. Chronik 13,13). Vermutlich gibt es in dieser Situation nicht viele Freiwillige, die das todbringende Heiligtum in ihrem Wohnzimmer zwischenlagern wollen. Aber Obed-Edom bietet seine Dienste an und bereut die Entscheidung nicht. Zunächst lesen wir: *Die Lade Gottes blieb drei Monate bei der Familie von Obed-Edom und der Herr segnete ihn und sein ganzes Haus* (1. Chronik 13,14). In kleinen Halbsätzen in den folgenden Kapiteln der Chronik erfahren wir eine Menge darüber, wie dieser Segen aussieht. Überall dort, wo die Bundeslade sich aufhält, ist dieser Mann zu finden – einmal als Torhüter (15,18), kurz darauf als Harfe spielender Lobpreisleiter (15,21; 16,5). Dann ist plötzlich sein gesamter Clan dabei, insgesamt 68 Männer (16,38; ELB). Seine Söhne gehören zur Führungsschicht im Hause Gottes, weil sie sehr tüchtig sind (26,6). Obed-Edoms Begeisterung über Gott ist wohl ansteckend und zieht die ganze erweiterte Familie ins Haus Gottes und in seinen Dienst hinein.

Wir lesen keine Predigt, keine Andacht, kein Lied, nicht einmal einen Spruch von Obed-Edom. Auch keine herausragenden Heldentaten sind notiert. Nur Lebensstationen. Diese sprechen aber Bände. Alle Spuren führen zurück zur Bundeslade, zu dem Gott, der dort »auf den Cherubim« thront und dem Obed-Edom mit seinem ganzen Leben huldigt. Wenn wir unsere Lebensspuren –

unsere Ziele, Sehnsüchte, inneren Motive – zurückverfolgen, dann können wir immer wieder feststellen, was oder wen wir wirklich anbeten. Glücklich der Mensch, dessen Lebensspuren zum Thron Gottes zurückführen.

*Das Gebet eines gerechten Menschen hat große Macht und kann viel bewirken* (Jakobus 5,16), schreibt Jakobus, der Bruder des Herrn Jesus. Unser Anteil am Wirken Gottes ist die tägliche Gemeinschaft, die wir mit ihm im Gebet haben, die Ehre und die Liebe, die wir ihm entgegenbringen. Wie und was genau die Wirkung davon ist, das bleibt Gottes Sache.

# Kapitel 12

# DAS ROMANTISCHE CANDLE-LIGHT-DINNER

## Heiße Küsse und der Traum vom Himmel auf Erden

> Ach, dass er mich küsse mit den Küssen seines Mundes, denn deine Liebe ist köstlicher als Wein … Stärkt mich mit Traubenkuchen und labt mich mit Äpfeln – denn ich bin krank vor Liebe!
>
> *Hohelied 1,2; 2,5*

Es war diese nervenaufreibende Phase, in der man noch nicht weiß, ob der andere interessiert ist oder nicht. Auf einer langen Fahrt von Berlin nach Tübingen durfte ich die Rückbank eines Autos mit Helmut teilen. Da wir auf der Sitzbank zu dritt waren und er in der Mitte saß, fühlte ich seinen Arm neben meinem Arm, stundenlang. Fast hatte ich gehofft, er würde bei jemand anderem mitfahren. Aber mein Herz hatte dann doch einen Luftsprung gemacht, als er zu uns ins Auto gestiegen war. Es war noch zu DDR-Zeiten, und die Fahrt auf der Transit-Autobahn dauerte lang. Meine Gedanken kreisten andauernd darum, was Helmut von mir denken würde. Vor lauter Angst, mich zu blamieren, sagte ich fast gar nichts. Und hatte deshalb Angst, er könnte mich für unfreundlich halten. Ich quälte mich mit derartigen Überlegungen von Berlin bis Süddeutschland, sodass ich am Ende der Fahrt nervlich völlig am Ende aus dem Auto stieg.

An dem Tag, an dem Prince Charles und Lady Diana heirateten, war es um mich geschehen. Helmut begriff etwas, was kein anderer junger Mann in meinem deutschen Studentenumfeld begriffen hatte: dass eine Britin ein königliches Hochzeitskleid »live« sehen muss und dazu Gesellschaft braucht. Er schaute tatsächlich die Hochzeit des Jahrhunderts mit mir zusammen an, obwohl sie ihn nicht im Geringsten interessierte. Es war ein winziger Fernseher, der Ton war unsagbar schlecht und das Bild verschwommen, aber mein Herz war erobert.

Eine Hochzeit, vier Kinder und vierzig Jahre später spüre ich dieses Kribbeln im Bauch nicht mehr, wenn er neben mir im Auto sitzt. Inzwischen sind es die gewöhnlichen Alltagsfragen, die uns beschäftigen: wann es die erste Kaffeepause gibt, ob man Blumen für Oma kaufen sollte, ob er an die Sprudelflasche gedacht und für die Kinder eine Adresse hinterlassen hat. Und dennoch, wenn ich ohne ihn unterwegs bin, fühle ich mich unvollständig, verwaist und orientierungslos. Dann bin ich heilfroh, wieder zu Hause zu sein. Und falls ich an einem fremden Ort übernachte, rufe ich kurz bei ihm an, bevor ich ins Bett gehe, um wenigstens seine Stimme vor dem Schlafengehen im Ohr zu haben.

Wir verkörpern in unserer Ehe alle klassischen Unterschiede, die es in einer Partnerschaft nur geben kann. Ein guter Eheberater hätte uns bestimmt von dieser Heirat abgeraten. Ich schmeiße alles in die Spülmaschine und schalte sie ein, wenn mir die Teetassen ausgegangen sind, er sortiert das Geschirr und bringt die dreifache Menge unter. Ich kaue an den Fingernägeln, wenn ein Kind nicht zur ausgemachten Zeit nach Hause kommt, er geht ins Bett und schläft gleich ein. Ich habe ein gestörtes Verhältnis zum Internet, er braucht nur einen Blick in meine Richtung zu werfen – oder bloß in der Tür zu erscheinen –, und der Laptop funktioniert wieder. Ich will vorne in der Warteschlange stehen, er wartet, bis alle anderen durch sind, und rückt nach. Ich will Ergebnisse sehen, Entscheidungen treffen – lieber falsche als gar keine –, er beleuchtet eine Sache behutsam von allen Seiten und schläft noch mal eine Nacht darüber. Ich mag Worship-Balladen und Choräle, er liebt fetzige Lobpreissongs mit Bassgitarre und Schlagzeug. Ich kommuniziere viel, oft und ausgiebig, er verwendet keine zwei Worte, wenn eins reicht. Er hält im Urlaub Ausschau nach der nächsten Wanderroute, ich nach dem nächsten Café. Ich habe meine Freude an allem, was lauschig, urig, alt, romantisch, mit Rosen und Efeu geschmückt ist, er bevorzugt modern, funktionell und leicht zu reinigen. Ich liebe die Royals, er bezweifelt ihren Sinn. Ich stehe auf Biedermeiermöbel, er auf Ikea. Er parkt beim ersten Versuch sauber rückwärts ein, ich vermeide Parklücken, in die man rückwärts oder vorwärts oder überhaupt einparken muss. Ich entrümpele, er sammelt. Er kam auf die Welt mit einer Landkarte und einem Kompass im Kopf und findet überallhin, ich verlaufe mich im eigenen Haus.

Kurzum: Unsere Ehe ist ein Wunder auf vier Beinen. Wir verliebten uns, heirateten, schnauzten uns gegenseitig an und rieben uns an den Unterschiedlichkeiten. Es gab Phasen, in denen vom Kribbeln jener Berlinfahrt gar nichts mehr übrig war. Seine Liebe war gar nicht »köstlicher als Wein«, und mit den »Trauben« und »Äpfeln« des Hohelieds wollte ich von meinem persönlichen Liebhaber nicht gestärkt werden. Ich zickte, er schwieg, vier Kinder jammerten; das Haus miefte nach Windeln und Breigläsern, während wir versuchten, nach außen das Bild einer gelingenden christlichen Familie abzugeben.

Irgendwann beschlossen wir, aus dem Tummelplatz dieser Spannungen eine Lachnummer zu machen. Seitdem machen wir uns ununterbrochen übereinander lustig. Und streiten uns absichtlich, um noch mehr zum Lachen zu haben. Die Kinder sind aus dem Haus, unser Leben hat sich um vier Baustellen und einige Rechnungen erleichtert, wir können wieder an uns denken. Nachdem wir es doch geschafft haben, uns durch die Hochs und Tiefs eines turbulenten Familienlebens durchzukämpfen und uns aneinanderzuklammern, schätzen wir in reiferen Jahren mehr denn je den Trost einer verlässlichen Partnerschaft mitten in einer unzuverlässigen Welt.

## Sehnsucht ohne Befriedigungsgarantie

In meinem Single-Frust fragte ich einmal meine Mutter, warum Gott so eine tiefe Sehnsucht nach einem Partner in uns hineinlegt, ohne uns die Garantie zu geben, dass diese Sehnsucht befriedigt wird. Sie antwortete mit der für sie ganz typischen Trockenheit: »Meinst du, dass irgendjemand ein Risiko wie eine Ehe eingehen würde, wenn es keinen Sex als Köder gäbe?« Das war noch zu einer Zeit, als es zumindest in kirchlichen Kreisen normal war, mit dem Sex bis nach der Hochzeit zu warten.

Ich stelle mir immer noch die gleiche Frage. Warum hat Gott den Menschen mit einem unwiderstehlichen Trieb ausgestattet und dann verordnet, dass die Sehnsucht nur auf der schmalen Spur einer lebenslangen Partnerschaft zwischen einem Mann und einer Frau befriedigt werden kann? Und der totale Verzicht als Alternative? Man kann es drehen und wenden, wie man will, das sind die zwei biblischen Optionen. Ein starkes Stück – vor allem in einer modernen Welt, in der nackte Brüste und verführerische Kurven aus jeder Werbung hervorlugen, unaufgefordert auf dem Bildschirm ins Auge springen, in der Werbung mitten in Familienfilme gestreut werden. Wo immer man hinschaut, werden sexuelle Jagdinstinkte auf Hochform gepeitscht und das Durchbrechen jeder Schamgrenze als progressive Tugend gefeiert. Mit dem Urtrieb der Menschheit zur Fortpflanzung lassen sich satte Umsätze machen. Sex sells, und im Zeitalter der allgegenwärtigen Medien erst recht.

Da ist es nachvollziehbar, dass auch Christen, die gerne am Puls der Zeit sein wollen, Begriffe der Bibel nach Möglichkeit für die sexgierige Moderne uminterpretieren wollen. So heilig muss man schließlich nicht unterwegs sein. Worte können umgedeutet werden. Aber es läuft, wie es laufen muss und wie es immer läuft, wenn biblisches Gedankengut in den Fleischwolf gezerrt wird. Wir haben die Bibel dazu gebracht, exakt das Gegenteil dessen zu sagen, was sie eigentlich sagt. Wo sie bisher zu sexueller Zurückhaltung aufgerufen hat, scheint sie nun einen Freibrief für sexuelle Zügellosigkeit zu liefern: Es ist doch Liebe – was kann Gott schon dagegen haben?

Eine ganze Menge kann Gott dagegen haben. Sex ist eine betrügerische Seelennahrung, wenn er ungezähmt toben darf. Die Sehnsucht nach Sex ist die stärkste Konkurrenz für Gottes Besitzrecht über das Leben eines Christen. Die Menschen der Antike gaben der sexuellen Liebe nicht ohne Grund einen Namen: Eros. Sie machten aus ihm einen Götzen und warfen sich vor ihm nieder. Eros verhält sich bis heute wie ein Götze, er gibt sich nicht zufrieden, bis er Besitz von denen ergriffen hat, die sich vor ihn werfen. Deshalb sind die Texte von Liebesschlagern oft ähnlich wie christliche Anbetungslieder.

Die Erotik verspricht paradiesische Zustände, wickelt auch die nüchternsten Menschen um ihren kleinen Finger und entpuppt sich letztlich als Fälschung. Was eigentlich jedem schon im Voraus klar sein könnte. Nichts im Leben verheißt so viel und liefert so wenig wie der Traum vom ultimativen Liebesrausch. Um das zu wissen, braucht man keine Bibel zur Hand nehmen. Man muss nur die Augen offen halten, in der Klatschpresse stöbern und schauen, welche Hollywood-Größen ihre Trennung heute bekannt gegeben haben und welche gerade in jemand anderes verliebt sind und wie lange diese neue Beziehung hält. Oder man kann in der Tageszeitung von den Gräueltaten lesen, die die Jäger nach den siebzig

Jungfrauen im Paradies im Namen Allahs verübt haben. Täglich fordert der Traum vom Glück auf Erden neue Opfer. Junge Menschen schlucken Tabletten, um ihr gebrochenes Herz zu betäuben. Zahlreiche Mädchen werden in psychiatrischen Kliniken wegen Essstörungen zwangsernährt, weil der Traum von den perfekten Körpermaßen geplatzt ist. Übrig bleibt ein gequältes Wrack.

Als Studentin machte ich im Studentenwohnheim interessante Beobachtungen. Es fiel mir auf, dass meine sexuell aktiven Freunde nicht gerade auf Wolke sieben zu schweben schienen. Im Gegenteil. Die, die verheiratet waren, hörten irgendwann auf, sich sehnsüchtig in die Augen zu schauen. Der Zauber schien im Nu weg zu sein. Die Paare, die unverheiratet zusammenlebten, machten einen gehetzten und abwesenden Eindruck und waren meist mit sich selber beschäftigt. Der siebte Himmel des sexuellen Vergnügens schien sich schnell in Luft aufzulösen. Viele meiner Singlefreunde, die ohne Sex auskamen, gingen da offensichtlich mit leichterem Gepäck durchs Leben – so ließen ihr schwungvoller Gang und ihre fröhliche Ausstrahlung jedenfalls vermuten.

## Lustbefriedigung als Existenzgrund

In einer von Erotik besessenen Gesellschaft ist Sex ein stressiges Geschäft geworden. Je mehr er vergöttert wird, desto mehr wird der menschliche Körper als Mittel zum Zweck entwertet. Austauschbar. Dadurch stehen Männer wie Frauen immer unter dem Druck, konkurrenzfähig zu bleiben. Andernfalls könnten sie durch eine jüngere, anziehendere, schönere Person ersetzt werden. Das ist meilenweit entfernt von der Idee Gottes: Sexualität als verbindende Kraft in der aufopferungsvollen und unerschütterlichen Hingabe zweier Menschen zueinander. In Gottes Entwurf sind auch zwei Seelen mit dabei, nicht nur zwei Körper. Das ist der Unterschied.

Abgekoppelt von der moralischen Verpflichtung ist Sex nichts anderes als eine Freizeitbeschäftigung. Die moderne Gesellschaft versucht zumindest, ihn so darzustellen. So wie Skifahren, Bowling oder ein Urlaub auf Mallorca. Die Medien programmieren Mädchen von klein auf darauf, dass der einzige Marktwert, den sie zu bieten haben, ihre sexuellen Reize sind. Wenn sie das zu ihrer Lebensgrundlage machen, machen sie sich käuflich. Auch christliche Mädchen posieren sich verführerisch für ihre neuesten Facebook-Profile und warten fieberhaft auf möglichst viele *Likes*. Das Wetteifern um das virtuelle Bilderbuchleben läuft auf Hochtouren, und das Neidgeschäft floriert.

Oft vergessen wir, dass die Körperkulte, die der Eros mit sich bringt, nichts Neues sind. Sie gehen weit zurück in die Menschengeschichte. In fast jeder heidnischen Religion waren Heiligtümer mit Lusthäusern eng verknüpft oder befanden sich gar unter einem Dach. In der altrömischen Stadt Pompeji wurde Sex dermaßen vergöttert, dass öffentliche Wegweiser die Form eines männlichen Glieds hatten. Jeder bürgerliche Haushalt, der etwas auf sich hielt, verfügte über ein paar kleine Buben, die zum Vergnügen der männlichen Gäste in die abendlichen Grillpartys geholt wurden.

Wenn Sex nur Lustbefriedigung ist, ist es wie bei jedem anderen Suchtmittel. Um den Pegel der Befriedigung aufrechtzuerhalten, muss die Ekstase mit jedem Erlebnis gesteigert werden. Billige Glückshormone vergehen schnell. Der Kick, der nötig ist, um wieder neu gesättigt zu werden, braucht jedes Mal perversere Methoden. Das Verlangen nach etwas Neuem wird immer unersättlicher. So zersetzt der Götze nach und nach die menschliche Seele, die an ihm hängt. Letztlich geht eine ganze Gesellschaft daran kaputt.

Wenn die Genderpolizisten von heute ihren Willen durchsetzen, werden Schüler bald neben Mathe und Deutsch lernen, welche Rolle Handschellen und Peitschen in einer erotischen Begegnung spielen oder in welcher Körperstellung ein schwules Paar einen optimalen Koitus erzielt. Das ist die logische Endstation einer Spaßgesellschaft. Die jungen Mädchen, die im berüchtigten Rotherham-Sex-Skandal in Großbritannien vor den Augen einer tatenlosen Polizei als Sex-Sklavinnen gezüchtet wurden und mehrere Vergewaltigungen pro Nacht über sich ergehen ließen, wurden gefragt, warum sie dieses Treiben mit sich hatten machen lassen. Wie es 2015 in einer britischen Zeitung hieß, hielten sie es für normal, den eigenen Körper als Tausch für Geschenke herzugeben. Niemand in ihrem Umfeld hatte es bis dahin für nötig gefunden, ihnen etwas anderes zu sagen. Die gleiche Zeitung berichtete ein Jahr vorher, dass junge Männer in den britischen Elite-Universitäten Oxford und Cambridge ein Seminar belegen dürfen, in dem sie den Unterschied zwischen Sex mit beiderseitigem Einverständnis und einer Vergewaltigung erklärt bekommen. Weil es ihnen bisher niemand beigebracht hat.

In so einer Gesellschaft bleibt die einzig verbindliche gesellschaftliche Norm die Befriedigung der eigenen Triebe. Jedes Mittel ist dazu recht. Das ist ein altes Thema. Gott war deshalb im Dauerstreit mit Israels Nachbarnationen zur Zeit des Alten Testaments. Sexualtäter hockten in den höchsten Ämtern in Stadträten und Regierungsvierteln, Babys wurden unter dem Jubel einer betrunkenen Menschenmenge öffentlich ermordet. Sittenlosigkeit wurde schon immer auf dem Rücken der Wehrlosen und Schwachen ausgetragen.

## Der Trugschluss, der so schlau klingt

»Was, verlobt und kein einziges Mal mit ihm geschlafen?« Das war die erste Reaktion meiner Freundin, als ich fröhlich und vergnügt mit einem Verlobungsring am Finger in einem Seminar auftauchte. »Du hast keine Ahnung von Sex! Und du willst heiraten?«, fügte sie mit einem mitleidsvollen Blick hinzu. Es war nicht das erste Mal, dass wir dieses Gespräch führten. Ich schlug vor, dass wir uns in zehn Jahren noch mal über das Thema unterhalten. Schon damals vermutete ich, dass Eheleute, die sich durch dick und dünn die Treue halten, am meisten zum Thema Sex zu sagen haben. Und dass sie bessere Chancen haben, ohne die Hilfe von Handschellen, Peitschen und Erotikfilmen auszukommen.

Die eigene Sexualität entdecken, ausprobieren, Erfahrungen sammeln. Die Argumente für sexuelle Freizügigkeit klangen aus ihrem Mund plausibel. Wenn die Entscheidung schon lebenslang halten soll, dann muss doch vorher geprobt werden. Aber ob mein zukünftiger Mann beeindruckt ist, wenn ich ihm versichere, dass ich in meinem ausgiebigen sexuellen Lebenslauf fleißig geübt habe? Den ersten Zungenkuss nach der Party mit diesem, die erste Nacht nach dem Kinobesuch bei jenem? Ob ich dadurch auf die lebenslange Treue mit dem Mann meiner Wahl besser vorbereitet bin?

Die Argumente meiner eigenen Mutter überzeugten mich mehr. Sexuelles Vergnügen im Schutzraum einer festen Beziehung hat die beste Chance, dauerhaft zu gedeihen. Sex, der nur zum Selbstzweck dient, verliert schnell seinen Reiz. Befriedigender Sex setzt ein tiefes gegenseitiges Vertrauen voraus. Wenn ich mir in meiner Beziehung nicht sicher bin, ob ich die Einzige bin oder bleiben werde, kann ich mich meinem Partner unmöglich hemmungslos verschenken. Wer vor der Heirat gelernt hat, enthaltsam zu leben und Versuchungen zu widerstehen, kann es nachher auch. Den Partner nach 20 Jahren mit einem dankbaren Kuss zu begrüßen, wenn er die Wohnung betritt, kann man nicht vorher üben, es muss versprochen werden. Außerdem entsteht in diesem Treuebund zwischen Mann und Frau das beste Umfeld für das Gedeihen von Kindern. Das ist kein Zufall.

Nicht dass Keuschheitsideologen automatisch die besseren Ehen führen. Manchmal scheitern sie gewaltig an ihren moralischen Ansprüchen und vor allem an der arroganten Haltung, die damit einhergeht. Auch Verfechter von freizügigem Sex bringen lebenslange Partnerschaften zustande. Eine Bibel mit unterstrichenen Versen, ein Gang durch den Alpha-Kurs oder der sonntägliche Gottesdienstbesuch sind kein Garant für eine gute Ehe. Die Misere davon bekommen wir im Gemeindealltag hautnah mit. Ehemänner, die das Wort Unterordnung mit Unterwerfung verwechseln. Ehefrauen, die die »Männer-liebt-eure-Frauen«-Stellen missbrauchen, um aus ihren Ehemännern charakterlose Butler zu machen, die nur für die Erfüllung ihrer Wünsche da sind. In keinem Lebensbereich macht sich Enttäuschung bei Christen so breit wie im Bereich der Ehe und der Sexualität. In keinem Bereich kostet es mehr Mut, über diese Enttäuschungen zu reden.

Gott scheint es ganz anders gemeint zu haben. Wenn er schon am Anfang der Bibel verordnet, dass aus zwei Menschen einer wird (1. Mose 2,24), dann macht Gott auf ein sexuelles Miteinander Geschmack, das viel mehr als ein kurzfristiger körperlicher Genuss ist. Zwei Lebensgeschichten verschmelzen miteinander. Aus zwei Persönlichkeiten, seien sie noch so verschieden, wird eine. Wenn mein Mann nach einer Veranstaltung nach Hause kommt, erzählt er mir nicht nur, wie er sie fand, sondern auch, wie ich sie gefunden hätte. Er hat im Laufe vieler Ehejahre meine Vorlieben und Empfindungen in sein Denksystem eingebaut. Und ich seine. Wir sind immer noch am Lernen, wie das geht.

Eine Ehe im Sinne Gottes ist eine Liebe, die durchträgt, auch nachdem die Schmetterlinge im Bauch weg sind und der Traum vom rauschvollen Sex entzaubert wurde. Er liebt sie dann auch noch, wenn sie mit Ringen unter den Augen und ungeschminkt aus dem Bett steigt. Sie liebt ihn, obwohl er die Nacht durchschnarcht hat und zu viel Zeit im Bad verbringt. Es kann herzhaft gelacht werden, wenn es mit dem Sex mal nicht funktioniert. Wir dürfen von der Wolke sieben wieder heruntersteigen, die überhöhten Ansprüche an den Nagel hängen und die neue Freiheit feiern. Sex ist von Anfang an nicht als Zaubermittel für ein schönes Leben gedacht gewesen, ist auch nicht dafür geschaffen. Ist diese Illusion einmal überwunden, können Freude und Begeisterung aufkommen und Sex in vollen Zügen genossen werden. Der Druck ist weg, die Partnerschaft kann aufatmen. Der Mensch, nicht der sexuelle Akt, wird gefeiert, geehrt und geliebt. Und immerhin hat man ein ganzes Leben lang Gelegenheit zum Üben. Solch eine Liebe hält auch in den Zeiten, in denen ein Partner einmal keine Lust hat, weil er zu krank, zu deprimiert, zu schwanger, zu erschöpft ist. Ein liebender Partner denkt nicht heimlich: »Vielleicht hätte es doch jemand Besseres gegeben.« Die wandernden Gedanken, die nach dem stochern, was eventuell hätte sein können, kommen zur Ruhe.

*Zwei haben es besser als einer allein: Zusammen erhalten sie mehr Lohn für ihre Mühe,* unterweist der Prediger seine Leser in seinen Ausführungen über die Liebe (Prediger 4,9). *Wenn sie hinfallen, kann einer dem anderen aufhelfen. Doch wie schlecht ist der dran, der allein ist und fällt, und keiner ist da, der ihm beim Aufstehen hilft! Es können sich zwei, die in einer kalten Nacht unter einer Decke liegen, aneinander wärmen. Doch wie kann einer, der alleine liegt, warm werden?* (Prediger 4,10f). Es geht hier um viel mehr als um Sex. Die Bettwärme ist die tiefe Gewissheit im Herzen, dass es jemand gibt, dem es auffällt, wenn ich nicht da bin. Dieses Gefühl baut auf, tröstet, schafft Heimat, hält Familien zusammen, gibt Halt und Trost, wenn die Stürme toben, macht stark für das Leben.

## Der Wegweiser nach oben

Das biblische Bild von Sex führt weit über diese Quelle des Trostes und der Geborgenheit hinaus. Es weist auf etwas viel Größeres hin, auf eine Liebe, die stärker ist als die intimste Begegnung zwischen zwei Liebhabern. Es ist der Finger, der zum Himmel zeigt. Zwar kommt es uns oft unangemessen vor, wenn die Beziehung zu Gott mit sexueller Liebe verglichen wird (Hesekiel 16; Hosea 2; Epheser 5,31f), jedoch ist dies in Wirklichkeit der treffendste Vergleich, den wir haben. Die Bibel entschuldigt sich nicht dafür. Das Hohelied, ein Loblied auf die Erotik, hat mit Recht seinen Platz mitten in den Weisheitsbüchern des Alten Testaments. Die Liebe, die »köstlicher als Wein« ist, ist ein schwacher Abglanz einer viel größeren Liebe, die nur in den Armen Gottes zu finden ist.

Gerade deshalb wagt es die Bibel, auch eine Perspektive für ein Leben ohne Sex zu bieten. Paulus geht das Thema in seinen Briefen behutsam an, wohl wissend, dass die Ehelosigkeit große Herausforderungen mit sich bringt. Trotzdem empfiehlt er: *Ich wünschte, jeder könnte unverheiratet leben, wie ich es tue. Aber wir sind nicht alle gleich. Gott schenkt manchen die Gabe der Ehe und anderen die Gabe, unverheiratet zu leben. Den Unverheirateten und Verwitweten sage ich aber, dass es besser ist, so wie ich unverheiratet zu bleiben* (1. Korinther 7,7f). Eine Zumutung in unserer modernen Gesellschaft, könnte man meinen. Für ein Ehepaar muss das sexuelle Verlangen zuerst gezähmt werden, bevor es bleibende Freude bringen kann. Für Alleinstehende muss es auch gezähmt werden, auf andere Weise. Paulus ermutigt seine Freunde, die Energie, die sonst für eine Beziehung gebraucht wird, stattdessen in den Dienst Gottes zu stellen, und scheut sich nicht, auf die Vorteile des Singledaseins hinzuweisen: *Ich möchte, dass ihr in allem, was ihr tut, von den Sorgen dieses Lebens frei seid. Ein unverheirateter Mann kann seine Zeit ganz für die Sache des Herrn einsetzen und darüber nachdenken, wie er ihm Freude machen kann* (1. Korinther 7,32).

Wir unterhielten uns einmal in einer Frauenrunde über diese Aussage von Paulus. Eine alleinstehende Frau in meinem Alter räumte ein, dass sie gerne geheiratet hätte, wenn sich die Möglichkeit ergeben hätte. »Aber wenn ich ins Leben meiner verheirateten Freundinnen hineinblicke, stelle ich fest, dass mir auch manches erspart geblieben ist«, fügte sie hinzu. Während manche verheirateten Frauen von einer unglücklichen Partnerschaft oder von der Sorge um ihre rebellischen und undankbaren Jugendlichen aufgezehrt werden, konnte sie ihre Energie in die Arbeit als Erzieherin investieren. Und hatte damit ihren Frieden geschlossen.

Sexuelle Enthaltsamkeit außerhalb und vor der Ehe ist auch im Alten Testament ein Thema. Ein buntes Gewand, Geschenk eines stolzen Vaters, bringt den alttestamentlichen Held Josef in die biblischen Schlagzeilen und auf die Titelseiten zahlreicher Kinderbibeln und Bühnenstücke. Über ein zweites Gewand in der Geschichte wird nicht so oft gesprochen, und dieses spielt eine mindestens ebenso große Rolle wie das erste (1. Mose 39). Es ist das Gewand, das Josef liegen ließ, um dem verführerischen Übergriff einer sexhungrigen Frau zu entkommen.

Nach den Maßstäben unserer heutigen säkularisierten Welt würde man diesem jungen Mann ohne Zögern eine Affäre gönnen, oder zumindest ein verständnisvolles Auge zudrücken. Schließlich hat er schon so viel durchgemacht, so viel Ungerechtigkeit erlitten, sich aber trotzdem anständig benommen und sich bis zum Geschäftsführer des Ministers Potifar hochgearbeitet. Die Dame, Potifars Frau, ist verfügbar. Der Ehemann hat vermutlich schon lange kein Interesse mehr an ihr. Er lebt für seine Geschäfte. Sie ist bildhübsch und perfekt gestylt. Keiner muss von der Affäre erfahren. Trotzdem kommt für Josef nur ein entschiedenes »Nein danke!« infrage (1. Mose 39,8f): *»Wie könnte ich so etwas tun? Es wäre eine große Sünde gegen Gott.«* Das Nein ist keine spontane Entscheidung von Josef. Der Wunsch, in Gottes Spur zu gehen, ist längst tief in seinem Herzen verankert. Ohne diese Voraussetzung hätte er es wohl nicht geschafft, beim Nein zu bleiben, erst recht nicht, als klar ist, welche Konsequenzen die beleidigte Frau folgen lässt. Es gibt eine größere Liebe in seinem Leben, der er sich verschrieben hat – der Liebe zu Gott. Sie ist ihm wichtiger als die Schmeicheleien und Begierden einer attraktiven Frau, auch wenn sie die erste Adresse in der Stadt ist.

Ob wir verheiratet sind oder nicht, unser sexuelles Verlangen ist ein schwaches Bild für eine Liebessehnsucht, die erst im Himmel ihre letzte Erfüllung finden wird: an dem Tag, an dem wir Gott von Angesicht zu Angesicht sehen und für alle Ewigkeit mit ihm vereint sein werden. Der weitverbreitete Trugschluss, dass man ohne Sex nicht leben kann, verliert damit seine Kraft. Zieht man Paulus zurate, brauchen sich christliche Singles Sprüche wie »Die Arme ist halt übrig geblieben und hat niemand gekriegt« nicht gefallen lassen. Gott sieht die Dinge anders. Verheiratete dürfen die Singles eher um den besonderen Beitrag, den sie in Gesellschaft und Gemeinde leisten können, beneiden.

Auch ich als glücklich verheiratete Frau muss mich mit der Möglichkeit abfinden, dass dieses Glück irgendwann vorbei sein wird. Sosehr mein Mann und ich darüber witzeln, gemeinsam sterben zu wollen, um nicht trauern zu müssen, ist die Wahrscheinlichkeit groß, dass entweder er mich oder ich ihn eines Tages zu Grabe tragen und wieder allein leben muss. Die Aussicht darauf finde ich unerträglich. Aber sie ist real. Auch die erfolgreichste Ehe geht einmal zu Ende. Der Tod wird uns eines Tages scheiden. Wir müssen darauf vorbereitet sein. Deshalb darf auch die beste Partnerschaft nicht den Platz Gottes in unserem Leben einnehmen.

## Das vorenthaltene Glück

Mir kamen Tränen in die Augen, als eine Freundin einmal von ihrer Angst erzählte, nie in einer Partnerschaft ihr Glück zu finden. Solche quälenden Grübeleien kennt jeder. »Vielleicht hätte ich jemanden kennengelernt, wenn ich auf die Reise mitgefahren wäre. Oder in Hamburg anstatt in München studiert hätte. Oder nicht in die Mission gegangen wäre. Oder doch in die Mission gegangen wäre. Oder in eine andere Gemeinde gegangen wäre. Oder wenn sich diese eine Beziehung nicht so unnötig in die Länge gezogen hätte. Oder wenn ich auf die warnenden Stimmen gehört hätte, bevor ich geheiratet habe.« In der Sehnsucht nach einer gelingenden Partnerschaft spielt unsere Fantasie grausame Streiche mit uns.

Aber auch mit unseren »Wenn nur …«-Fragen sind wir bei Gott in guten Händen. Etwas Gutes aus jedem Chaos zu machen, das das Leben mit sich bringt, ist eine Leidenschaft von ihm. Niemand von uns führt ausschließlich das Leben, das er sich erträumt hat. Wer das erwartet, wird immer mit Verletzungen und Enttäuschungen zu kämpfen haben. Aber von dem Augenblick an, in dem wir unseren brüchigen Lebenslauf – egal, in welchem Bereich – vor Gott bringen, um seine Vergebung für Fehltritte und um seine Hilfe für weitere Entscheidungen bitten, kommt eine ergreifende und kraftvolle biblische Verheißung ins Spiel: *Und wir wissen, dass für die, die Gott lieben und nach seinem Willen zu ihm gehören, alles zum Guten führt* (Römer 8,28).

Selbst vergangener Schmerz wird zum Guten verwandelt: die gähnende Leere nach der gescheiterten Freundschaft, die stechenden Erinnerungen an eine Ehe, die mit so viel Freude und Verheißung angefangen hat, aber dann auf Grund gefahren ist. Wenn Gott ohne Wenn und Aber klarmacht, dass er Scheidung hasst (Maleachi 2,16), tut es dies nicht mit dem erhobenen Zeigefinger der moralischen Entrüstung, sondern weil er gebrochene Herzen nicht mitansehen kann. Ein Kopfkissen, das Nacht für Nacht mit einsamen Tränen benetzt wird, während der abtrünnige Partner sein Bett mit einer anderen teilt, lässt auch ihn nicht kalt. Witwen und Waisen – auch Scheidungswitwen und -waisen – haben schon immer einen besonderen Platz in seinem Herzen (Psalm 68,6; Jakobus 1,27). Mit unserer Trauer um vermeintlich verpasstes Glück sind wir bei Gott an der richtigen Adresse. Wenn es jemanden gibt, der offene Wunden heilen, unerträgliche Erinnerungen verblassen lassen, auf neue Wege des Glücks führen kann, dann ihn.

## Zurück zur Ursache

Das Verlangen eines jeden Menschen, begehrt zu sein, findet seinen stärksten Ausdruck in unserer Sexualität, geht aber viel tiefer. Bis wir am Herzen Gottes unsere Heimat gefunden haben, wird unser Leben darauf ausgerichtet sein, irgendwo in dieser Welt eine Nische zu finden, in der wir uns unersetzlich fühlen, wo wir nicht übersehen werden, in der wir aus der Menge herausstechen und bleibende Spuren hinterlassen. Die gute Nachricht Gottes ist: Das alles ist nicht notwendig. Für ihn sind wir nicht nur einer unter vielen. Wir sind bei ihm unersetzlich, begehrt. So sehr, dass wir als Ehrengäste zum Fest geladen sind, unter seinem Schatten sitzen und von seiner heilsamen Frucht essen dürfen. Egal wie viele Kinder sich um seinen Tisch sammeln, bei Gott ist die Zahl Eins wichtig. Er geht dem *einen* Schaf hinterher. Sucht nach der *einen* abhandengekommenen Münze. Will nicht, dass »*eines* von diesen Kindern« verloren geht (Matthäus 18,14). Jeder von uns ist für ihn diese Zahl »Eins«.

»Ich verstehe das Problem nicht«, regte sich meine Tochter zum wiederholten Mal auf, »ich bin volljährig und vernünftig, und du weißt, dass ich beim Jugendabend in braver, frommer Gesellschaft bin und dass ich nach Hause begleitet werde – was musst du da immer wach bleiben und dir Sorgen machen? Mir kann gar nichts passieren.« Ich gab zu, dass mein Verhalten doof war, und beschloss, wenigstens so zu tun, als ob ich schlafen würde, wenn ich das nächste Mal ihre Tritte spätnachts auf der Treppe hören würde. Aber ich kann es nicht ändern. Egal wie vernünftig, gut erzogen, brav unterwegs und volljährig meine Kinder sind – solange sie unter einem Dach mit mir leben, bleibe ich wach, bis alle im Haus sind und die Haustür abgeschlossen ist.

Gott macht das noch viel mehr. Er wartet sehnsüchtig auf den Klang deiner Fußtritte im Gang, ihm bricht das Herz, wenn du in den Trümmerfeldern deiner Enttäuschungen einsam herumirrst, anstatt in seine Arme zu rennen. Er kann sich nicht zur Ruhe legen, wenn du nicht da bist. Wenn du nicht von dir aus kommst, macht er sich auf und klopft an deine Tür, um ein Mahl mit dir zu halten (Offenbarung 3,20). Wer diese Liebe tief und nachhaltig geschmeckt hat und täglich in ihr lebt, wird nicht mehr von seinen Trieben gesteuert. Er muss nicht von einer Beziehung in die nächste stolpern, von Gemeinde zu Gemeinde, von Arbeitsstelle zu Arbeitsstelle – in der Hoffnung, dass er irgendwo die Zuwendung findet, nach der er sich sehnt. Seine Seele ist nach Hause gekommen.

Eine Frau mit Namen Hagar, alleinerziehende Mutter und ausgestoßene Dienerin Sarahs, kommt nicht darüber hinweg, dass Gott sich nur für sie auf den Weg gemacht hat, um sie in ihrer Not aufzusuchen. Sie nennt ihn *El Roi*: *Du bist ein Gott, der mich sieht!* (1. Mose 16,13; ELB). Nach dieser Begegnung hat sie den Mut, zum Ort ihres Schmerzes zurückzukehren und der nächsten Etappe ihres Lebens ins Gesicht zu schauen. Bevor Gott aufgetaucht war, hatte sie sich in völliger Verzweiflung auf ihren Tod eingestellt. Wer Gott als *El Roi* begegnet ist und weiß, er ist von keinem Geringeren als dem Schöpfer dieser Welt gesehen worden, der muss nicht alles daransetzen, von Menschen gesehen zu werden. Sein Glaube ist mehr als nur die Abdeckung eines seelischen Mindestbedarfs. Er ist auf eine Liebe gestoßen, die ihn ergreift, packt, nicht mehr loslässt, die köstlicher ist als Wein (Hohelied 1,2). Es ist eine Liebe, die Ehen beflügelt, die das Singledasein zu einem Abenteuer macht und die gebrochenen Herzen eine neue Heimat schenkt: *Ich begehre in seinem Schatten zu sitzen, seine Frucht schmeckt meinem Gaumen köstlich* (Hohelied 2,3).

## Kapitel 13

# DAS PICKNICK IM ZELTLAGER

## Die Einladung wird weitergegeben

Als die aussätzigen Männer am Rande des Lagers ankamen, gingen sie in eines der Zelte, aßen, tranken und schleppten Silber, Gold und Gewänder heraus und versteckten alles. Dann gingen sie in ein weiteres Zelt und verfuhren ebenso. Schließlich sagten sie zueinander: »Wir handeln nicht richtig, wenn wir die gute Nachricht dieses Tages nicht weitersagen. Wenn wir bis morgen warten, machen wir uns schuldig. Kommt, gehen wir zurück und erzählen es im Palast des Königs.«

*2. Könige 7,8f*

Wenn jemand einen Grund hätte, eine gute Nachricht für sich zu behalten, dann diese Männer. Sie sind Aussätzige, der Abschaum der Gesellschaft, der Inbegriff von Verlierern: sozial, finanziell, gesundheitlich. Unglücksboten auf verkrüppelten Beinen. Im fortgeschrittenen Stadium der Krankheit werden statt der Füße nur noch eitrige Stümpfe übrig bleiben werden. Der einzige Ausweg ist letztlich der Tod. Mit der Flucht aus der belagerten Stadt Samaria können die Männer nichts verlieren. Schlimmstenfalls endet sie mit einem raschen Schwerthieb durch den Feind. Besser immerhin als die Qual eines langsamen Hungertodes in der Stadt, in der selbst im Palast alle Küchenschränke leer sind.

Die Aussätzigen spielen mit ihrem Leben und knacken den Jackpot. Die Feinde sind vor einer Gefahr geflüchtet, die gar nicht da war, und haben alles stehen und liegen gelassen. Nicht nur ein Festessen, sondern Gepäck im Wert von Millionen. Mit diesem Fund könnten die kranken Männer ganz Israel zu Geiseln machen. Verstecke für Gold, Silber und teure Waffen aushöhlen, ein Lebensmittelunternehmen aus dem Boden stampfen und satte Umsätze mit den ausgehungerten Stadtbewohnern machen. Aber dazu sind sie zu aufrichtig. Komisch, dass die Leidenden dieser Welt manchmal einen besseren Sinn für rechtes Benehmen haben als die Glückspilze.

Ein einmaliger Fund, der geteilt werden muss. Eine Einladung zu einer festlichen Gala mit dem Angebot, alle Freunde mitzubringen. Ein Festmahl, das man mit großen Augen anschaut und zu dem man andere dazuholt, damit sie ebenfalls genießen können. Atemlos durch die Straßen rasen, überzeugt und fröhlich einladen, ungeachtet der verwirrten Blicke und des Kopfschüttelns der wildfremden Passanten: Wenn die Bibel etwas zum Thema Mission zu sagen hat, dann sind das die Bilder, die einem in den Sinn kommen. Kein mühsames Pflichtprogramm, sondern überschäumende, ansteckende Begeisterung.

Der staunende Tatendrang der Aussätzigen von Samaria fängt diese Stimmung bildhaft ein. Bei den ersten Jüngern klingt dies Jahrhunderte später wieder nach, als sie dem Hohen Rat in Jerusalem erklären: *»Wir können nicht aufhören, von dem zu erzählen, was wir gesehen und gehört haben«* (Apostelgeschichte 4,20). Von Jesus zu erzählen, ist mehr als ein Posten auf dem vollen Monatskalender einer aktiven Gemeinde, es ist auch nicht der Zusatztermin für die besonders Frommen, die ihre Frömmigkeit auch noch anderen aufdrängen wollen. Auch nicht eine Aktion, bei der schon beim Aufruf zum Mitmachen alle gerne in die andere Richtung schauen und hoffen, dass dieser peinliche Kelch an ihnen vorübergeht.

Ein Christ ist per Definition ein Missionar.

## Die Aufgabe mit dem unangenehmen Nebengeschmack

»Das ist gar nicht mein Ding«, höre ich mich selber sagen. Alles in mir sträubt sich gegen den Gedanken, ein Missionar zu sein. Bilder von religiösen Eiferern schießen durch meinen Kopf, die mit Traktaten in der Hand gierig nach ihrem nächsten Opfer schauen, bereit für den Sprung. Dazu kommt, dass ich im Formulieren von Argumenten nicht gerade schlagfertig bin und dass meine Freunde, die Gott für tot erklärt haben, mit ihren Argumenten schneller und überzeugender sind. Und erzählen, dass ein Messias, der nach Aussage seiner Freunde vor 2000 Jahren vom Tod auferstanden ist, für unser Leben heute relevant ist? Wer will das schon wissen? Wildfremde Menschen fragen, ob sie sich jemals über den Sinn des Lebens Gedanken gemacht haben? Niemals! Ich möchte doch nicht als Sektenspinner angesehen werden. Lieber sollen es die machen, die für solche Aktionen dreist genug sind. Oder geistlich genug.

Noch weniger Lust habe ich, nachdem ich Seminare über Mission besucht habe. »Interkulturelle Kompetenzen – das ist das, was wir brauchen!«, rief ein junger Redner einmal hinter der Kanzel. »Amen!«, kamen die zustimmenden Rufe aus dem Publikum. Mein Herz sank. »Ihr denkt, dass eure Nachbarn Deutsche sind, genauso wie ihr, in Wirklichkeit habt ihr aber keine Ahnung, wie sie ticken! Wir müssen raus aus unseren frommen Gettos.« War es meine Einbildung, oder blickte er uns ältere Zuhörer besonders scharf an? Der Redner klärte uns auf, wie die moderne Welt tickt und wie wenig wir Christen (vor allem wir älteren Semester) »am Puls der Zeit« sind. Er legte uns nahe, unseren Stil und unseren Ruf neu zu überdenken, um dem modernen Weltbürger ja in nichts nachzustehen.

Nebenher zeigte er, wie es geht. Eine flotte Lederjacke, Designer-Sonnenbrille und eine Sprache übersät mit würzigen Adjektiven:

»Geil, krass, fett, crazy, powerful; Church ist mega-cool, Jesus ist hip, die Band ist abgefahren.« Bei ihm funktionierte es. Er brauchte nur auf die Straße zu laufen, und schon sammelte sich eine Traube neugieriger Schaulustiger um ihn – und ja, er erzählte ihnen tatsächlich von Jesus. Ich fragte mich, wie meine kirchenfernen Freunde reagieren würden, wenn ich plötzlich so kommen würde.

> 5. Juni 20**. »Seminar über kulturrelevante Mission. Ich komme mir irrelevant, hemdsärmelig und am Puls keiner Zeit vor. Am liebsten würde ich mich verkriechen und Gott ein für alle Mal sagen, er soll es doch selber machen und mich aus dem Spiel lassen. Die Superevangelisten erzählen ihre neuesten Erfolgsstorys, und wir wissen mal wieder, wie toll es andernorts funktioniert. Kommt dazu das schlechte Gewissen, weil haufenweise Menschen in die ewige Verdammnis gehen, nur weil ich nicht auf der Höhe der missionarischen Kulturrelevanz bin.«

## Feiglinge in guter Gesellschaft

Zu meiner Erleichterung finde ich meine Einwände und Hemmungen überall im Wort Gottes. Ein Hoch auf die unwilligen Missionare! Und auf die Ehrlichkeit der Bibel, die deren Frust schonungslos wiedergibt.

Da finden wir zum Beispiel den Jona. Prediger vom Fach. Er hat Evangelisieren und Weissagen studiert und wird dafür bezahlt. Da er sogar am Hof des israelitischen Königs Jerobeam II. angestellt ist (2. Könige 14,25), muss er gut sein. Aber auch wählerisch. Von den Günstlingen des Königs Beifall für nette Andachten zu ernten, das Land Israel mit Mut machenden Prophetien auf Erfolgskurs zu bringen und mit der High Society des Landes zu verkehren, das ist kein schlechtes Leben. Ein geistlicher Vollprofi, der es im Leben zu etwas gebracht hat. Plötzlich kommt der Ruf nach Ninive. Den Erzfeinden Israels aus der Patsche zu helfen und ihnen eine göttliche Rettung anzubieten, diese Nummer ist zu groß. Der Mann Gottes redet sich ein, dass er sich die Stimme seines Herrn nur eingebildet hat, schmiedet andere Pläne, kauft ein Ticket und besteigt ein Schiff in die entgegengesetzte Richtung. Ein Gewitter schlägt ein, und ein paar spirituell angehauchte Menschen an Bord ahnen, dass es sich hier nicht um die üblichen Wetterkapriolen auf hoher See handelt. Alle Augen richten sich auf Jona, den Mann, der bekanntlich einen besonderen Draht zum Himmel hat. Er packt aus, beichtet und ist bereit, sich den Folgen seiner Dienstverweigerung zu stellen.

In den Anfangsjahren unserer Gemeindearbeit hatten wir zu wenig Geld, um GEMA-Gebühren für Kindermusik zu bezahlen. So beschäftigte ich mich zum ersten Mal eingehend mit Jona und schrieb ein Kindermusical dazu. Ein riesiger Wal als Herzstück der Kulisse, tanzende Fische und Seepferdchen, ein urlaubsreifer Held, der es sich auf einer Kreuzfahrt gemütlich macht, anstatt in die Mission zu gehen, ein Gott, dem die kreativen Ideen nie ausgehen, und eine ganze Stadt, die auf die Knie geht: Stoff für einen Bühnenkrimi, der ein voller Erfolg war.

Irgendwann fiel mir etwas auf, was leicht zu überlesen ist. Es waren die Fragen, die die heidnischen Seeleute an den frommen Passagier richten: *»Sag uns doch ... Was ist dein Beruf? Aus welchem Land kommst du? Zu welchem Volk gehörst du?«* (Jona 1,8). Abgesehen von der Notlage, in der diese Männer sich befinden, könnten diese Fragen bei jeder Betriebsfeier, jedem Kaffeekränzchen, jedem Stammtisch, jedem Sportereignis gestellt werden, auch Tausende von Jahren später in Deutschland. Es ist banaler Smalltalk. Aber genug, um dem Mund des Propheten ein durchschlagendes Zeugnis zu entlocken, das Folgen hat: *»Ich bin ein Hebräer, und ich bete den Herrn an, den Gott des Himmels, der Meer und Land geschaffen* *hat«* (Jona 1,9). Gottes Plan für eine geistliche Erweckung in der Stadt Ninive kommt wieder in die Gänge.

Die Bedeutung für uns? Eine ganze Stadt bekehren – das ist Gottes Sache. Aber plaudern, Fragen stellen und Fragen beantworten können auch wir. »Wer bist du? Was machst du so im Leben? Wo kommst du her?« Man muss nur reden können, neugierig sein, seine Schüchternheit überwinden und die Verbindung zu einem Mitmenschen aufnehmen. Vielleicht entdecken wir nebenher, dass es danach doch nicht so kompliziert ist, über den Glauben zu reden.

## Die Kunst, Menschen zu mögen

Unser Problem ist weniger das fehlende durchschlagende Argument für den christlichen Glauben als unsere Vorbehalte, uns auf andere Leute einzulassen. Es ist anstrengend, uns die Sorgen wegen eines bevorstehenden Umzugs anzuhören und womöglich bei der nächsten Begegnung noch mal nachzuhaken, ob er gut gelaufen ist. Oder uns über Krankheiten Gedanken zu machen, die uns nicht betreffen. Mitzufühlen ist anstrengend. Und bringt die Gefahr mit sich, abserviert oder aber zu sehr vereinnahmt zu werden. Im britischen Kinderklassiker »Paddington Bear« trifft die kleine Judy Brown auf die Haushälterin Mrs Bird und fragt sie, ob ihre Rheumaschmerzen immer noch so schlimm seien. Diese Stelle wurde in der deutschen Übersetzung gestrichen mit der Begründung, dass eine deutsche Judy nie auf den Gedanken kommen würde, so etwas mitten auf der Straße zu fragen. Unsere individualistische Kultur hat uns gesprächs- und beziehungsfaul gemacht. Wir vergessen, dass unsere Mitmenschen eine Menge über uns wahrnehmen, lange bevor Begriffe wie »Jesus« oder »Gott« oder »Bibel« fallen. Erste Eindrücke sind hartnäckige Gesellen. Aber auch im positiven Sinne.

Wir müssen nicht sofort nach dem Rheuma fragen. Manchmal reichen ein freundlicher Handschlag an der Tür zum Gottesdienstsaal, eine nette Begrüßung und eine Information darüber, in welchem Raum der Kindergottesdienst stattfindet, um einen kirchenfernen Besucher zu ermutigen, ein zweites Mal wiederzukommen.

Die gute Nachricht ist, dass unsere Gesellschaft nicht unreligiös geworden ist. Nach Sinn suchende Menschen gibt es überall – und oft fallen sie in ihrer Sehnsucht nach verlässlichen Lebensinhalten auf zum Teil groteske und gefährliche Ideologien herein. Den Vorsprung im Kampf um die Seelen haben jene Gruppen, die es verstehen, den Leuten zu signalisieren: »Ich mag dich«, »Ich will dich hier haben.« Menschen wollen geliebt, nicht bekehrt werden. Es kostet den Abschied von unserer schwer überwachten Privatsphäre. Wir müssen unseren Mitmenschen triftige Gründe geben, warum sie ihr Glück lieber bei uns in der Gemeinde als in der Bar oder in der nächsten Florida-Reise suchen sollen.

## Mit System auf das Abstellgleis

Ein weiteres Hindernis beim Thema Mission ist, dass vor allem wir Deutsche unverbesserliche Bürokraten sind. Wir fühlen uns in Arbeitskreisen und Fachgremien in unserem Element. Am besten mit Tabellen und Grafiken, römisch Eins, Zwei, Drei plus Unterpunkte. Wir sind chronische Systematiker und mögen alles, was in einer PowerPoint-Präsentation untergebracht oder auf einer Liste abgehakt werden kann und uns danach in Ruhe lässt. Alles, was wir nicht fest im Griff haben, was an die Gefühle geht, nicht strukturiert ist oder ein Zeitlimit überschreiten könnte, löst in uns Bauchschmerzen aus.

Ich hatte einmal bei einem Vortrag ganze Bögen mit Notizen zum Thema »Soziale Kompetenzen« ausgefüllt, bevor es mir amüsiert auffiel, dass ich meinen Sitznachbarn nicht einmal begrüßt hatte. Ein andermal saßen wir bei einer Tagung über »Förderung von missionalen Kompetenzen«. Ein Fremder verirrte sich aus Versehen in den Saal. Es fiel weder mir noch irgendjemand anderem ein, ihn willkommen zu heißen, ihm weiterzuhelfen oder gar eine Tasse Kaffee anzubieten, geschweige denn ihm zu sagen, dass Gott ihn liebt. Einem Theoretiker fällt so ein Widerspruch nicht einmal auf. Einen Seelsorgekongress zu besuchen fällt uns leichter, als einmal die Kollegin zu fragen, wie es ihr geht. Ein Seminar über Gebet abzusitzen fällt uns leichter, als zu beten. In der abgeschirmten Loge der Kommentatoren und Strategen lebt es sich risikofrei. Das Spielfeld, nicht die Zuschauertribüne, ist aber der Platz, auf dem Fakten geschaffen werden.

Nicht ohne Grund finden in kontaktfreudigen Kulturen ganze Sippen zum christlichen Glauben. Schon zur Zeit des Alten Testaments, aber auch in der Urgemeinde waren alle bis hin zu Küchenbediensteten und Gärtnern in die Großfamilie miteingebunden. Clans hielten zusammen. In der Apostelgeschichte rufen sowohl der Hauptmann Cornelius als auch der Kerkermeister in Philippi (Apostelgeschichte 10; 16,23ff) den ganzen Haushalt zusammen, um die Verkündigung des Evangeliums zu hören.

Einzelne, die von ihrer Sippe getrennt wurden, nahmen die Spielregeln ihrer Glaubenskultur mit in die Fremde. Selbst im Gefängnis war Josef, Sohn des hebräischen Patriarchen, Gentleman genug, um zwei Mitgefangene nach ihrem Wohlergehen zu fragen (1. Mose 40,7). Philippus, der Evangelist, sprach den Kämmerer ganz unbefangen mit der Frage an: *»Verstehst du auch, was du da liest?«* (Apostelgeschichte 8,30). Auch er ist bereit, die Schwierigkeiten eines Fremden zu seinen eigenen zu machen. Und öffnet dadurch die Tür für das Evangelium in Äthiopien. So klein fängt es an. Eine Eingebung des Heiligen Geistes mag es in beiden

Fällen gewesen sein. Aber auch Interesse, Ermutigung, Mitgefühl, Aufmerksamkeit, ein offenes Ohr.

Genau das ist auch die Strategie von Jesus selber. Sein Herz schlägt für die Menschen. Seine Bühnen und Kanzeln sind die staubigen Straßen, die Wohnstuben und die Marktplätze Israels.

Er gehört nicht zu denen, die sich als Letzte durch die Tür schleichen und als Erste wieder gehen, weil sie Begegnungen mit Menschen auf alle Fälle vermeiden wollen. Er mischt sich ein, gibt sich hin. Und sucht zwischendrin die Begegnung mit dem Vater, um wieder Kraft zu holen. Keine Termine nach Vereinbarung oder nur in der Sprechstunde. Er sagt zu seinen Anhängern: *»Wie der Vater mich gesandt hat, so sende ich euch«* (Johannes 20,21). Jesu Hauptbeschäftigung war es, Menschen lieb zu haben. Wer ihm nachfolgen will, muss dasselbe tun, Schüchternheit hin oder her.

## Die Sprache der Befreiten

Jeder Christ, der eine Zunge hat, kann reden, wenn er muss. Jeder Christ, der ein mit Freude und Hoffnung erfülltes Herz hat, kann nicht aufhören weiterzusagen, was ihm wichtig ist. *Dankt dem Herrn, denn er ist gut und seine Gnade bleibt ewig bestehen*, fordert uns Psalm 107 gleich am Anfang auf. Und weiter: *Alle sollen es bezeugen, die der Herr gerettet hat*. Gottes Kinder sollen sprechen, es bezeugen, nicht davor zurückschrecken, Geschichten ihrer Rettung großzügig unter die Leute zu bringen. Kostproben dieser Erfahrungen mit Gott werden in den darauffolgenden Versen aufgelistet.

Manche der Befreiten des Herrn hatten keine Heimat, wurden von Hunger und Durst gequält und standen kurz vor dem Tod (Psalm 107,4f). *Da schrien sie zum Herrn in ihrer Not und er rettete sie aus ihrer Verzweiflung* (Vers 6). Das ist es wert, weiterzugeben. Andere waren in Gefangenschaft geraten, weil sie sich von Gott abgewandt hatten. Auch sie schrien bei dem Herrn um Hilfe und wurden herausgeholt: *Er führte sie aus Finsternis und tiefster Dunkelheit; er zerriss ihre Ketten* (Verse 10-14). Gescheiterte, Schiffbrüchige, Verängstigte, Einsame und Arme begegnen Gott in ihrer Not und erzählen davon. Es sind Geschichten, die jeder aus seinem eigenen Leben kennt. Niemand braucht ein Diplom in Theologie oder ein Seminar in Rhetorik, um seine Geschichte mit Gott zu erzählen; auch keine besondere Salbung oder sensationelle geistliche Erlebnisse. Nur ein Herz, das Feuer gefangen hat.

Wer auf den Herrn blickt, wird »vor Freude strahlen«, verspricht der Psalmist (Psalm 34,6). Solche Gesichter sind eine Seltenheit geworden. Sie fallen auf. Wenn es eine Marktlücke für Christen gibt, dann hier. Die Befreiten des Herrn dürfen sich in aller Öffentlichkeit wie Befreite verhalten. Müssen unsere Jugendlichen ihren Spaß in den Nachtlokalen suchen, nur weil ihnen das Treiben dort freier wirkt als in unseren Gemeinden? Wenn es Menschen gibt, die guten Grund haben, ihre Versammlungen als ausgelassene, freudige Höhepunkte der Woche zu feiern, dann sind es die Christen.

Paulus beschreibt seine christlichen Freunde in Korinth als einen Brief von Christus, der nicht mit Tinte geschrieben wurde, »sondern mit dem Geist des lebendigen Gottes« (2. Korinther 3,2f). Die Mittel, mit denen wir das Evangelium bekannt machen, mögen je nach Alter, Kultur und Hintergrund verschieden sein, letztlich sind wir aber selber der Liebesbrief Gottes an seine Welt. Ein ganz schön starker Auftrag. Aber irgendwie auch befreiend. Ich muss mich nicht verkünsteln, nicht versuchen, cool zu sein oder die Welt nachzuahmen, muss auch nicht andere Christen kopieren, die es scheinbar besser können. Ich muss nicht mehr tun als schwärmen, sprudeln, überfließen aus Liebe und Dankbarkeit. Wenn ich von Jesus berührt bin, brauche ich nur die Freude, die er in meinem Herzen ausschüttet, nach außen dringen lassen.

Es braucht nicht viele solcher Menschen, um eine ganze Nachbarschaft, eine Stadt, ein Land und sogar die ganze Welt mit schmackhaftem Salz zu würzen und eine dichte Finsternis mit Lichtpunkten zu übersäen. Die bedeutendsten Wendepunkte in der Geschichte des Volkes Gottes fangen mitten im Leben an, meist völlig unerwartet. Gott taucht auf, berührt einzelne Menschen und verändert durch sie den Lauf der Geschichte. Er ruft den Sohn eines Migranten aus Ur, der sich in der Stadt Haran niedergelassen hat, und schickt ihn in ein ihm noch unbekanntes Land (1. Mose 12,1). Er begegnet Mose bei der Arbeit, als er die Schafe und Ziegen seines Schwiegervaters Jitro hütet (2. Mose 3,1). Gideon wird von Gott aufgesucht, als er beim Korndreschen ist (Richter 6,11f).

Was haben diese Geschichten gemeinsam? Sie sind alle unspektakulär. Sie erzählen von Durchschnittsbürgern, die mitten in einem ganz normalen Tagesgeschäft, das auch unseres sein könnte, von Gott berührt werden. Und noch etwas: Gott taucht gerade dann auf, wenn am wenigsten mit ihm gerechnet wird. Er legt seine Hand auf Abraham, nachdem es seit Noah kein sichtbares Zeichen seiner Existenz mehr gegeben hat. Er beruft Mose am Tiefpunkt der Sklavenzeit in Ägypten, in der es keine Aussicht auf Rettung gibt. Er bewegt das Herz von Gideon in Tagen, in denen das Volk sich vor den Moabitern versteckt und fragt, ob Gott es vergessen hat. Immer wenn man meint, dass Gott sich endgültig verabschiedet hat, fängt irgendwo ein Herz für ihn wieder Feuer. Und Gottes Geschichte mit seinem Volk nimmt wieder ihren Lauf.

## Ein Auftrag, der kein Zuckerschlecken ist

Gott verabschiedet sich nie. Auch heute nicht. Auch in den Zeiten, in denen wir ihn nicht wahrnehmen, ist er beharrlich auf der Suche nach Möglichkeiten, im Leben von Menschen einzugreifen.

Im Neuen Testament heißt es von Jesus, dass er seine Wiederkunft hinauszögert, weil er noch viele zu sich rufen will: *Er möchte nicht, dass auch nur ein Mensch verloren geht, sondern dass alle Buße tun und zu ihm umkehren* (2. Petrus 3,9). Schon im Alten Testament spart Gott keine Mühe, um in den Städten Sodom und Gomorrha so viele wie möglich zu retten. Drei Abgesandte Gottes statten Abraham einen Besuch ab, reisen danach in die gefährliche Stadt, um Lot und seine Familie herauszuholen. Abraham ringt mit Gott in einer beispiellosen Liebe zu den vom Untergang bedrohten Menschen – und Gott lässt mit sich handeln, gibt Abraham die Zusage, dass die Anwesenheit von zehn Gerechten in der Stadt reichen würde, um das drohende Gericht abzuwenden. Schließlich schleppt er den zögernden Lot und seine widerstrebenden Angehörigen fast gewaltsam aus der Stadt, bevor diese vollends vom Feuer verzehrt wird.

Es ist nicht so, dass die Gottlosigkeit Sodoms Lot kaltgelassen hat. Er wird im Neuen Testament als ein »gerechter« Mann gewürdigt, der unter dem ausschweifenden Leben der anderen leidet (2. Petrus 2,7). Er ist auch kein radikaler Fanatiker, der mit seiner aufdringlichen Art aneckt. Offensichtlich hat er sein Bestes gegeben, um als gottesfürchtiger Mann gewinnend und versöhnlich unter den Bürgern Sodoms zu leben. Seine Töchter sind mit Einheimischen verlobt, die Familie hat ein Haus gekauft, sie gehören ganz dazu. Seine Versuche, die Stadt zu missionieren, sind dennoch gescheitert und das Bemühen um ein gottgefälliges Leben hat ihn nicht beliebt gemacht. *»Du hast dich als Fremder bei uns niedergelassen und jetzt spielst du dich als Richter über uns auf! Wir werden dich noch schlimmer zurichten als diese beiden Männer«*, drohen ihm die Männer der Stadt, weil er versucht, seine Gäste vor einem verheerenden sexuellen Angriff zu schützen (1. Mose 19,9). Die Feindseligkeit hat wohl mit der Botschaft selber zu tun. Wer will schon hören, dass er ohne Gott verloren ist? Dass er auf den Abgrund zusteuert, wenn er seine Hoffnung auf diese Welt setzt und nicht auf eine Ewigkeit bei Gott?

Die Bibel redet nicht um den heißen Brei herum, wenn sie ihren Lesern eine Welt vor Augen malt, die dem Verderben geweiht ist. Jesus warnt eindringlich und immer wieder davor, in sorgloser Realitätsferne zu essen, zu trinken und zu feiern ohne Rücksicht darauf, dass das Lebensschiff jederzeit untergehen kann. Es ist nicht die höfliche Einladung zu einem verbesserten Lebensentwurf im Diesseits, der mit anderen Lebensentwürfen in Konkurrenz steht. Jesu Reden über die Vergänglichkeit dieses irdischen Lebens und das Ende dieser Zeit sind ausführlich, energisch (Markus 13; Lukas 21; Matthäus 24 und 25). Viele seiner Gleichnisse veranschaulichen eindrücklich den Schrecken einer Ewigkeit ohne Gott. Am schauerlichsten ist die Geschichte des reichen Mannes, der in dieser Welt alles hat und erst in der Ewigkeit merkt, wie arm er die ganze Zeit war (Lukas 16,19-31). Doch es ist zu spät. Jesus ruft dazu auf, sich aus dem brennenden Gebäude zu retten, während noch Zeit dazu ist. Ohne herumzudiskutieren, welcher Ausgang der bequemste wäre, oder mit der Feuerwehr zu streiten, ob es überhaupt stimmt, dass das Gebäude schon bald zusammenstürzen könnte. Ein Tag der Abrechnung wird kommen, das macht Jesus deutlich. *»Aber wer bis zum Ende durchhält, wird gerettet werden«* (Matthäus 10,22).

Christen sind Wegzeiger, nicht Diplomaten. Sie verteidigen keine Ideologie, sie weisen auf einen Rettungsweg hin in einer Welt, die offensichtlich aus den Fugen geraten ist. In seinem Buch *Pilgerreise zur seligen Ewigkeit* stellt der englischer Schriftsteller John Bunyan (1628–1688) gleich am Anfang den Pilger vor, *in einem unflätigen und zerrissenen Kleid … mit einem Buch in der Hand und einer großen Last auf seinem Rücken*. Der Leser erfährt, dass er das Buch öffnet, *und während er las, weinte und zitterte er, und da er sich nicht länger halten konnte, brach er in den Angstschrei aus: »Was soll ich tun?«* Der Pilger erzählt seiner Frau, dass »Feuer vom Himmel diese unsere Stadt verzehren wird« und dass ein sicherer Tod auf jene wartet, die »nicht beizeiten einen Weg zu unserer Rettung finden«.[16]

Dem Pilger wird plötzlich seine Vergänglichkeit bewusst, und er fürchtet das, was kommen wird. Es ist eins dieser seltenen Blitzlichter, die auch uns manchmal bis zum Horizont sehen lassen – ganz unvermittelt, beim Einkaufen, beim Lernen für die Prüfung, auf dem Weg zur Arbeit. Dann fragen wir uns auf einmal: »Wohin geht es mit dieser Erde?« »Wessen Idee war es, dass ich lebe?« »Gibt es einen da draußen, der von mir was will?« Seltsam, wie flüchtig diese Augenblicke der Wahrheit sind und wie schnell wir sie von uns wegdrängen. Das Telefon klingelt, und schon ist es vorbei. Es sei denn, man ist vernünftig genug, um sich, wie der Pilger in Bunyans Buch, auf die hartnäckige Suche nach Antworten zu machen.

## Die Schlaftablette weglegen

An einem mir unvergesslichen Tag im September 1966 erlebte ich mit meinen sieben Jahren, wie schnell eine Welt zusammenbrechen kann. Meine Eltern hatten sich in einem bis dahin friedlichen Teil Nordnigerias niedergelassen, außerhalb der Stadt Bukuru, wo mein Vater als Finanzdirektor für eine britische Firma arbeitete. Am Anfang jenes Tages gingen wir wie immer zur Schule. Mein Vater fuhr ins Geschäft und plante einen Abstecher bei der Bank, um Geld zu holen. Es war Gehaltstag für die afrikanischen Angestellten. Am Ende des gleichen Tages war die Schule geschlossen, ein Großteil der Mitarbeiter der Firma tot, die Straßen übersät mit Leichen, und wir übernachteten unter Polizeischutz in einem fremden Haus, ohne zu wissen, ob wir die Nacht überleben würden. So schnell kann ein vermeintlich sicheres Leben auf den Abgrund zusteuern. Auch die aufgeklärteste moderne Demokratie hat dagegen keinen wirklichen Schutz.

Der Zusammenbruch aller Sicherheiten holt jeden von uns irgendwann ein, spätestens am eigenen Sterbebett. Das Ende kann aber an jedem beliebigen Tag kommen, ungeachtet unseres Alters oder Gesundheitszustandes. Eingeplant ist es nie, dafür vorgesorgt selten. Je früher wir uns damit beschäftigen, ob es ein Danach gibt und wie wir dafür Vorkehrungen treffen können, desto besser. Am liebsten, lange bevor das Kartenhaus zusammenfällt und wir uns fragen, wie es sich anfühlt, in einem Sarg unter der Erde zu liegen.

Einfacher ist es, sich mit aller Macht und mit jeder möglichen Ablenkung vor dieser Realität zu schützen. Schon zu biblischer Zeit wurde man für einen Spinner gehalten, wenn man Menschen ermahnte, sich mit Gott zu beschäftigen. Allen voran Jesus selber. *»Gott segnet die, die verfolgt werden, weil sie in Gottes Gerechtigkeit leben«*, sagt Jesus, *»denn das Himmelreich wird ihnen gehören«* (Matthäus 5,10). *»Da sie mich verfolgt haben, werden sie auch euch verfolgen«*, mahnt er weiter (Johannes 15,20). Widerstände sind einkalkuliert. Nur 25 Prozent des Ackerlands im Gleichnis des Sämanns (Matthäus 13,1-23) haben einen vorzeigbaren Ertrag gebracht. Trotzdem muss der Same gesät, das Wort der Rettung verkündigt, der Preis bezahlt werden ohne Rücksicht auf persönliche Verluste.

## Missionarisch und trotzdem normal

Ein missionarischer Lebensstil, beflügelt von der Liebe Gottes und der Dringlichkeit der Botschaft: So schien es bei den ersten Christen zu sein. Das ist der Grund, warum ich vor langer Zeit beschloss, auch entgegen meiner unwilligen Natur mit dem Evangelisationsteam unserer Gemeinde auf die Straße zu gehen, in aller

Öffentlichkeit Loblieder zu singen, Einladungen in die Gemeinde zu verteilen und Gespräche mit interessierten Passanten zu führen. Kirche ohne Außenwände, Gottesdienst mitten im Einkaufsgetümmel. Das fühlt sich zeitweise unendlich peinlich an, aber goldrichtig und angemessen. Und es ermutigt mich, mich auch sonst im Leben mit meiner Liebe zu Jesus nicht zurückzuhalten.

Ich habe Schluss damit gemacht, mir Ausreden auszudenken, zu hoffen, dass es rechtzeitig für den Straßengottesdienst regnet. Ich widerstehe dem Drang, abgeschirmt in meinem Schneckenhäuschen zu bleiben. Weil ich weiß, dass ich jedes Mal mit fröhlichen Schritten nach Hause gehe, wenn ich von Jesus erzählt habe, meist frischer und freudiger als davor. Auch wenn niemand von mir erfahren wollte, warum ich Jesus nachfolge, auch wenn ich mir mal wieder tollpatschig und ungeschickt vorgekommen bin.

Mir leuchtet ein, warum es mir guttut. Paulus zeigt den Christen in Ephesus, wie sie sich am besten gegen feindliche Angriffe schützen können. Er nimmt dazu die damals gut bekannte römische Waffenrüstung als Bild. Mit dem Gürtel der Wahrheit, dem Panzer der Gerechtigkeit, dem Helm der Heilsgewissheit, dem Schild des Glaubens und dem Schwert des Geistes werden Gefühle und Gedanken gründlich abgeschirmt, wenn Zweifel, Anklagen oder Verzagtheit an die Tür unseres Herzens klopfen. Aber auch die Füße müssen geschützt werden, und zwar mit Stiefeln, »bereit einzutreten für das Evangelium des Friedens« (Epheser 6,15; LUT).

Ein gesunder, vor Angriffen geschützter Christ ist also ein verkündigender Christ. Eine gesunde Gemeinde ist eine verkündigende Gemeinde. Wenn eine Kirche aufhört, kirchenferne Menschen mit dem Evangelium zu erreichen, ist sie bereits tot, egal für wie lange die Programme, Renovierungsarbeiten und Gehälter noch ungeschmälert weiterlaufen. Die bekleideten Füße der Bereitschaft sind kein freiwilliges, sondern ein lebenswichtiges Stück unseres Schutzprogramms. Wir brauchen dazu keine schrägen religiösen Exoten werden. Die ersten Christen waren kompromisslos, aber nicht fanatisch. Bodenständig, aber nicht langweilig. Auch nicht weltfremd. Sie waren ergriffen von Christus, und das strahlten sie aus.

Kirche ist der missionarische Lebensstil im Plural. Das Schaufenster, in dem die Menschen beobachten können, wie ein Miteinander in Gottes Welt aussieht. In der Kirche bekommt das Wort Gottes Füße, Hände und ein warmes Lächeln. Kirche ist die Liebe, die aufspringt, um der jungen Mutter mit ihren quengelnden Kindern und ihren schweren Einkaufstaschen zu helfen. Ein freundliches Wort für den alten Herrn, der einsam auf der Bank auf dem Friedhof sitzt. Ein Mut machendes Dankeschön für die gestresste Flugbegleiterin, eine herzliche Begrüßung an der Tür zum Versammlungssaal, die Einladung zu einer Tasse Kaffee danach, zur Erdbeertorte nachmittags und zum Geburtstagsfest, zu dem alle kommen dürfen, die einsam sind. Dann wird es Gelegenheiten geben, die Botschaft in einer guten Weise weiterzugeben: *Und wenn man euch nach eurer Hoffnung fragt, dann seid immer bereit, darüber Auskunft zu geben, aber freundlich und mit Achtung für die anderen* (1. Petrus 3,15f).

In einer Musikklasse von Zehnjährigen unterhielten wir uns einmal über Bonhoeffers Lied »Von guten Mächten wunderbar geborgen«. Das Gespräch uferte aus, und schon waren wir bei Leid, Krieg und menschlichen Gemeinheiten allgemein. Eins der sensibleren Mädchen fragte verzweifelt: »Warum tut Gott nichts dagegen?« Es war die Frage, die auch mich seit meinen frühesten Kindheitsjahren nachts oft wach hält. Wie kann Gott die geballte Wucht menschlicher Hilfeschreie über Jahrhunderte hinweg hören und in aller Ruhe auf seinem Thron sitzen? Wenn jemand den Horror stoppen könnte, dann doch er.

Die Antwort kennen wir. Er hat etwas getan. Er blieb nicht auf seinem Thron sitzen. Er erhob sich, zog seine Arbeitskleidung an und kam. Mitten in den blutgetränkten Schlamassel hinein, den wir Menschheitsgeschichte nennen. Drei Jahre lang machte er die grausamen Auswirkungen von Sünde und Tod rückgängig, überall, wo er hinkam. Drei Jahre lang waren nicht Krankheit und Sünde ansteckend, sondern Gesundheit und Heiligkeit. Der Tod verlor seine Endgültigkeit. Hungrige wurden gesättigt, Verstoßene an seinen Tisch gebeten. Der Gott, von dem alle geträumt hatten, kreuzte auf. Schade, dass es nur drei Jahre waren und alles nur auf das kleine Land Israel begrenzt.

Daran hatte er selber auch gedacht. Deshalb gründete er die Kirche und nannte sie seinen Leib. Den Teil von ihm, der seine begonnene Arbeit weiterführen sollte. Sein Kontrastprogramm, geküsst vom Himmel, inspiriert von der Ewigkeit.

»Doch, er hat etwas gemacht«, antwortete ich dem Mädchen. »Er hat dich auf die Welt geschickt. Und mich. Und uns alle.« Selten habe ich so ein betroffenes Schweigen im Unterricht in der fünften Klasse erlebt. Was für eine gigantische Zumutung, dachte ich.

*»Und ich sage euch: Viele Menschen werden aus der ganzen Welt herbeiströmen und mit Abraham, Isaak und Jakob im Himmelreich zu Tisch sitzen«* (Matthäus 8,11), erklärte der Gastgeber einmal. Dieser Tisch ist noch Zukunftsmusik. Aber wir, seine Diener, haben Kostproben von diesem Mahl schon in diesem Leben zum Mund geführt. Wie die Aussätzigen Samarias blicken wir auf die Kostbarkeiten, die vor unseren Augen ausgebreitet sind, und rasen davon, um jeden dazuzuholen, der sich einladen lässt. Der Auftrag hat sich seitdem nicht geändert.

*»Deshalb geht hinaus an die Straßenecken und ladet jeden ein, dem ihr begegnet.« Also brachten die Diener alle, die sie finden konnten, gute und schlechte Menschen, und der Festsaal war voller Gäste* (Matthäus 22,9f).

Kapitel 14

# DER REST, DER ES IN SICH HAT

## Loslassen mit Gewinn

Aber backe mir zuerst einen kleinen Laib Brot und bring ihn heraus. Dann backe für dich und deinen Sohn.

*1. Könige 17,13*

Ob die Witwe und ihr Sohn für einen weiteren Tag überleben, hängt von einem kleinen Rest Mehl und Öl ab. Nur noch einmal ohne knurrenden Magen schlafen gehen. Danach wartet auf die Mutter und ihren Sohn in dieser kleinen Wohnung in der heidnischen Stadt Zarpat ein langsamer, qualvoller Hungertod. Am allerschlimmsten ist für die Mutter die Aussicht, ihren Sohn leiden zu sehen.

Ausgerechnet jetzt kommt Besuch. Die Frau wird aufgefordert, das, was sie und ihr Kind für noch einen Tag am Leben halten würde, in fremde Hände zu legen. Eine kolossale Zumutung. Ein Tag Leben hin oder her? Eigentlich hat sie nichts zu verlieren. Mit einem Kraftakt des Vertrauens durchbricht sie ihre letzte Schmerzgrenze, schenkt dem Propheten Glauben und legt ihre Essensreste in seine Hände. Ihr Glaube zahlt sich aus: *Sie, Elia und ihr Sohn aßen viele Tage lang. Denn das Mehl im Topf nahm kein Ende und das Öl im Krug ging nicht zur Neige, wie es der Herr durch Elia versprochen hatte* (1. Könige 17,15f). Es ist nicht das erste, auch nicht das letzte Mal, dass der Gott Israels etwas wegnimmt, bevor er etwas schenkt.

Eine existenzielle Not wie diese haben die meisten von uns nicht erlebt. Aber Situationen, in denen wir etwas hergeben mussten, das uns lebensnotwendig erschien, schon. Das überlebenswichtige Mahl, an das man sich klammert und das nun eingefordert wird, kann Verschiedenes sein: der Partner, mit dem ich eine Zukunft planen wollte, der aber nicht mehr will. Die Jugendarbeit, die beendet wurde, sodass mein ganzer Einsatz umsonst war. Das Kind, für das ich große Pläne hatte und das jetzt in die Irre geht. Der Beruf, den ich lernen, das Buch, das ich schreiben, das Lied, das ich dichten wollte. Man klammert sich an letzte Reste eines Traums, von dem man abhängig geworden ist, setzt alles daran, ihn einen weiteren Tag am Leben zu halten. Und dann kommt die innere Stimme, die man in so einem Augenblick am wenigsten hören will: »Lass los!«

## Gewinnbringende Opfer

Die arme Witwe bereut das Opfer nicht, das ihr abverlangt wird. Sie bekommt mehr als nur einen letzten Imbiss zurück: ein sattes, tägliches Mahl, das die Hungersnot überdauert, auch für ihren Sohn und für den Mann Gottes, der bei ihr zu Gast ist. Ihr Geheimnis ist nicht nur ein bedingungsloses Vertrauen in die Führung Gottes. Es schwingt noch etwas anderes mit. Ihre Bereitschaft, die eigene Not zurückzustellen und einen Mitmenschen mit dem Brot zu versorgen, das sie selber dringend braucht. Ahnt sie vielleicht die Einmischung Gottes in der unverschämten Bitte des Propheten: *»Und bring mir bitte auch ein Stück Brot mit«* (1. Könige 17,11)? Auch ohne zu begreifen, auf was er hinauswill? Wir erfahren nicht, welche Gedanken durch ihren Kopf gegangen sind. Was sie tut, steht in direktem Gegensatz zum heutigen Zeitgeist, der uns drängt, unsere Bedürfnisse zu befriedigen, unseren Träumen zu folgen, unseren ehrgeizigen Plänen treu zu sein und uns von niemandem auf der Jagd nach unserem Glück aufhalten zu lassen. »Lass los und gib an

Gott ab«, »Die Kunst, deinen Traum sterben zu lassen« – das sind nicht gerade reißerische Titel für eine Predigt.

Die Frau aus Zarpat verschenkt das, wovon sie sich ernähren will. Ihre Geschichte ist eine Vorschau auf die späteren Worte von Jesus: *»Ein Weizenkorn muss in die Erde ausgesät werden. Wenn es dort nicht stirbt, wird es allein bleiben – ein einzelnes Samenkorn. Sein Tod aber wird viele neue Samenkörner hervorbringen – eine reiche Ernte neuen Lebens«* (Johannes 12,24). Er warnt seine Freunde immer wieder, dass es nicht klug ist, ihr Glück von etwas Irdischem abhängig zu machen, was ihnen jederzeit entrissen werden kann. Denn: *»Wer sein Leben in dieser Welt liebt, wird es verlieren. Wer sein Leben in dieser Welt gering achtet, wird es zum ewigen Leben bewahren«* (Johannes 12,25).

Wenn Kinder ihren Vater um ein Ei bitten, gibt er ihnen nicht stattdessen einen Skorpion (Lukas 11,12). Genauso wenig macht es Gott Spaß, uns etwas Schädliches zu geben oder uns irgendetwas schadenfroh wegzunehmen. Er will nur selber die erste Adresse sein, bei der wir unsere Versorgung suchen. Er zieht den Blick der Witwe von der eigenen Not weg, hin zu dem anderen, der auch Brot braucht. Dazu gibt es viele biblische Beispiele: Nachdem Josef aufgehört hat, sich von seinen eigenen Träumen vereinnahmen zu lassen, wird er frei, sich für die Träume seiner Mitgefangenen zu interessieren (1. Mose 40,7). Hanna findet wieder Frieden, nachdem sie ihren Kinderwunsch in die Hände Gottes gelegt hat und sich wieder unter die Menschen traut, auch ohne ein spürbar erhörtes Gebet (1. Samuel 1,18). Die Witwe Rut lässt ihre eigene Trauer bei Gott und kümmert sich um ihre trauernde Schwiegermutter, sodass Boas ihr zusagt: *»Der Herr, der Gott Israels, unter dessen Flügeln du Zuflucht gesucht hast, soll dir das vergelten und dich reich dafür belohnen«* (Rut 2,12). Keine dieser Personen kann im Voraus damit rechnen, dass Gott ihre Wünsche erfüllt. Sie alle haben aber gelernt, dass ihre Anliegen in Gottes Händen bestens aufbewahrt sind. Und das reicht. Vertrauen ist die tiefe Überzeugung, dass Gott, und nicht ich, bestimmen soll, wie das Wort Glück in meinem Leben aussieht. Vertrauen ist auch das Wissen, dass alles, was er anfasst, zumindest langfristig gesehen, sich in Gold verwandelt.

## Friede mitten in Tränen

Auch in den weniger dramatischen Engpässen unseres Alltags kann Gottes Aufforderung »Lass los, gib es mir« ein Lebensretter sein. Auch wir werden gebeten, das Mahl, das uns lebenswichtig erscheint – unsere Zeit, unser Geld, unsere Lebensenergie, unsere Zuwendung –, Gott zu geben.

Nach einer Fehlgeburt stand ich vor einem seelischen Abgrund. Es hätte entweder ein Mädchen namens Charlotte oder ein Junge namens Johannes sein sollen. Ich hatte mich von ganzem Herzen auf das Kind gefreut. Und dann war alles vorbei. Ich fühlte, wie ich innerlich in einen dunklen Strudel von Verzweiflung hinuntergezogen wurde. In so einem Augenblick hilft kein noch so gut gemeinter, sachlicher Rat. Ja, ich hatte schon vier Kinder und war für sie unendlich dankbar. Ja, wir hätten unser Leben mit einem fünften Kind mit wenig Platz und wenig Geld von Grund auf neu organisieren müssen. Ja, die Schwangerschaft war ungeplant gewesen. Aber mein Herz schrie nach diesem Kind.

Mitten in meiner Trauer kam von irgendwoher der Gedanke, Babygeschenke für zwei schwangere Bekannte zu kaufen, die den gleichen Geburtstermin hatten, wie ich ihn gehabt hätte. Verrückt. Ausgerechnet jetzt. Aber ich hatte gelernt, solche Impulse ernst zu nehmen. Gerade weil sie unmöglich aus meiner eigenen Gedankenwelt kommen konnten, die sich nur um sich selber drehte. Ich griff nach meinem Geldbeutel, lief hängenden Kopfes, aber entschlossen in die Babyabteilung eines großen Kaufhauses, betete dabei für meine Bekannten und ihre ungeborenen Babys und kaufte Strampler und Glückwunschkarten, dazu Geschenkpapier mit Schnullern drauf. Bald schleppte ich meine Füße nicht mehr, die Einkaufstour machte mir immer mehr Spaß.

Mein Schmerz war damit nicht verschwunden. Aber ich konnte wieder an andere Dinge denken. Die Dunkelheit war grau, nicht mehr pechschwarz. Meine Freude für die beiden Frauen, die gespannt auf den Segen warteten, der mir vorenthalten blieb, war echt. Die Tränenausbrüche wurden weniger, ich nahm Trost von anderen dankbar entgegen und fing an, mein Leben wieder zu gestalten.

Ein weiteres Baby sollte es nicht geben, dafür andere Aufgaben. Die Heldin in dem Roman, den ich später schrieb, heißt Charlotte. Bis heute geht mir hin und wieder ein Stich durchs Herz, wenn ich die Kinder – inzwischen Jugendliche – meiner Freundinnen sehe, die zu unserem Geburtstermin kamen. Es gibt Brüche im Leben, mit denen zu leben man lernen muss.

Eines wurde mir klar. Anderen Menschen Gutes zu tun, ist eine der effektivsten Maßnahmen gegen Verzweiflung. Gott ist nicht dafür bekannt, dass er treffende Erklärungen für sein Wirken oder Nichtwirken liefert. Wer ihn als Freund haben will, muss sich damit abfinden. Wer nicht permanent sauer auf ihn sein will, muss die gedankliche Schiene manchmal wechseln. Wie Petrus, der seine Vision von Ruhm und Ansehen in der Großmacht Israel unter König Jesus begraben und sich stattdessen über das Wohlergehen von Schafen – der menschlichen Sorte – Gedanken machen musste. Dabei war er von Natur aus gar kein pastoraler, seelsorgerlicher Typ, zumindest in seiner Jugendzeit nicht. Aber er lernte, dass der schnellste Weg, im Sinne Gottes groß zu werden, der ist, andere Menschen groß zu machen. Es ist das ABC des Christenlebens. Gib und es wird dir gegeben. Verschenke dich selber und überlasse Gott den Rest.

## Die verpönte Freiheit

Eine merkwürdige Personalregelung im zweiten Buch Mose (Kapitel 21) stellt bildhaft dar, wie die Bibel diesen Lebensstil versteht. Ein freigelassener Sklave, der an seinem Meister hängt, darf sich aus freien Stücken gegen seine Freilassung entscheiden und für den Rest des Lebens Leibeigener werden. Der Sklave, der dies tut, ist zu dem Schluss gekommen, dass ein Leben als Diener seines Herrn der angebotenen Freiheit vorzuziehen ist. Er macht sich zum Besitz seines Meisters, aus purer Liebe. Als sichtbares Zeichen für diesen Beschluss wird sein Ohr durchstochen – der erste aufgezeichnete Fall von Piercing in der Antike (2. Mose 21,6).

Sich freiwillig zum Eigentum eines anderen machen. Das klingt zunächst wie Unterwerfung aus dem Mittelalter, erst recht wenn das Wort »Leibeigener« fällt. Wenn der Beschluss gegenseitig ist, ist es eine ganz andere Geschichte. Jesus schenkte sich mir, lange bevor ich mich ihm verschenkte. Auch in der Ehe ist es ein gegenseitiges Sichschenken. Ich habe mich entschieden, lieber Eigentum eines anderen zu sein, als alleine durch das Leben zu pilgern und zu tun und zu lassen, was ich will. Ich finde mich um dieses höheren Glücks willen mit allen Einschränkungen ab, die der Beschluss mit sich bringt. Im erweiterten Sinne gilt das Gleiche für das Leben in einer christlichen Gemeinschaft. Schmerz und Freude werden gemeinsam getragen. Wenn ein Glied leidet, leidet der Rest mit (1. Korinther 12,26). So wie mein Schmerz der Schmerz aller ist, so auch meine Freuden und Erfolge. Mit einer derartigen Gesinnung bleibt wenig Platz für Neid, Intrigen, Konkurrenz, Minderwertigkeit, Gehässigkeiten. Das ist die Freiheit, die der Himmel anbietet –

Freiheit von den Stricken des Egoismus. Freiheit vom Zwang, nach Lust und Laune zu leben und erst zu spät zu entdecken, dass so ein Lebensstil mit Freiheit nichts zu tun hat.

Die Freiheit des Leibeigenen Gottes geht noch weiter. Meine Talente, mein Geld, mein Besitz – auch sie gehören dem Meister, dem ich mich mit Leib und Leben verpflichtet habe. Folglich stehen sie auch seinen Leuten zur Verfügung und gehören nicht mir. So erklärt sich unter anderem, mit welch unverschämter Transparenz die Bibel über Geld redet. Unsere Finanzen sind so etwas wie ein Barometer. An unserem freigiebigen Umgang mit Geld und Eigentum lässt sich unser Gottvertrauen ablesen. *Denn wo dein Reichtum ist, da ist auch dein Herz* (Matthäus 6,21). Alles, was wir haben, ist ausgeliehenes Gut. Es wird uns anvertraut, um unsere Welt zu einem besseren Ort zu machen. Geld, das im Auftrag des eigenen Glücks angehäuft wird, ist ein grausamer Tyrann. Als Christ bin ich lediglich Verwalter meiner Finanzen, der damit sorgsam umzugehen hat und irgendwann Rechenschaft dafür ablegen muss.

Nicht nur mein Geld, sondern alles, was ich bin und habe, gehört nicht mir, sondern Gott. So kann ich es auch anderen zur Verfügung stellen. Ich kann mich freuen, wenn Gott andere segnet, auch wenn ich selber im Moment keinen Segen wahrnehme. Wenn das Kind der Freundin eine Eins in der Mathearbeit schreibt, bin ich genauso stolz, wie ich es auf mein eigenes Kind wäre. Wenn das gleiche Kind eine Sechs schreibt, hat Schadenfreude keine Chance. Ich leide mit. Ich mache Werbung für das Anliegen eines anderen mit der gleichen Energie wie für die eigene Sache. Es geht ja nicht mehr um mich. Vorbei die Nächte, in denen ich wach bleibe, weil ein anderer bevorzugt wurde oder weil ich für meinen Einsatz kein öffentliches Lob bekommen habe. Oder weil ich mir den Urlaub nicht leisten kann, den der andere sich leistet. Das ist in der Tat Freiheit.

## Eine Geheimwaffe

Diese Haltung legt mit einem Schlag die drei Hauptkiller einer menschlichen Seele – Stolz, Neid und Größenwahn – lahm. Gott segnet die Demütigen, nicht die Stolzen. Dabei hat biblische Demut nichts damit zu tun, dass wir klein *von* uns denken. Sie hat damit zu tun, dass wir wenig *an* uns denken. Große Begabungen gepaart mit tiefer Bescheidenheit sind eine kraftvolle Mischung und bewahren eine Gemeinschaft davor, der Boden für ein Schaulaufen der Talente zu werden, um die unterschiedlichen Bedürfnisse nach Geltung zu stillen. Demütige Menschen strahlen Ruhe und Sicherheit aus und sind bereit, wenn es sein muss, auch die niedrigen Arbeiten zu machen; sie denken nicht nur an ihre eigene Förderung. Sie können dienen und sich anderen unterordnen, weil sie ihre Identität in Christus gefunden haben und wissen, dass sie Kinder des Königs sind. Sie können auch ein entschiedenes Nein sagen. Die seelische Festigkeit, die Christus ihnen gibt, befähigt sie, auch Grenzen zu setzen: So kann ich die Liste ohne schlechtes Gewissen an mir vorbeiziehen lassen, wenn wieder einmal Kuchen und Salate für das Gemeindeessen gebraucht werden und ich keine Zeit habe, sie vorzubereiten. Dienen im Sinne Gottes hat nichts mit einem Helfersyndrom zu tun. Christen, deren Blick ständig und ausschließlich auf die eigenen Gaben gerichtet ist, machen sich unbrauchbar und stolpern dauernd zwischen Selbstüberschätzung und Minderwertigkeit hin und her, sie schleppen sich von einer Gemeinschaft zur nächsten auf der Suche nach Bestätigung. Oder sie ziehen sich frustriert zurück, wenn ihr Dienen nichts zu bringen scheint.

Als Diener Gottes müssen wir nicht mehr zeigen, wie großartig wir sind. Nur, wie großartig unser Herr ist. Wir müssen nicht krampfhaft einen Gabentest nach dem anderen machen, um unsere Identität und Rolle in dieser Welt zu finden. Unsere Identität ist

Christus, unsere Aufgabe ist, den anderen so zu lieben, wie Jesus ihn liebt. So einfach ist es. Rückschläge und Enttäuschungen im Leben ziehen uns dann nicht mehr den Boden unter den Füßen weg. Weil wir uns an dem, der segnet, festhalten und nicht an dem Segen, den er schenkt.

Riesige Lasten fallen von einer Gemeinschaft weg, wenn ihre Mitglieder lernen, sich zu verschenken. Wenn ich nicht mehr damit beschäftigt bin, aus jeder Situation meine Vorteile rauszuholen, werden auf einmal Kapazitäten frei, mich fröhlicher um Gottes Leute und seine Welt zu kümmern. Laut Jesus reicht es manchmal, wenn man jemandem ein Stück Kleidung schenkt, der nichts zum Anziehen hat, oder einen Krankenbesuch macht oder jemanden tröstet, der im Gefängnis sitzt (Matthäus 25,36). Einheit im Leib Christi wird auf diese Weise gelebt, sie ist nicht mehr eine krampfhafte Pflichtübung oder der mühsame Versuch, einen gemeinsamen Nenner zu finden, während unterschwellig Konkurrenzkämpfe toben.

Einmal besuchten wir eine neu gegründete Jugendgemeinde, die den Ruf hatte, sich für etwas Besseres als alle anderen zu halten. Daher stellten wir uns mit einem inneren Seufzen darauf ein, eine perfekte Selbstdarstellung frommer Profis zu erleben. Wir wurden eines Besseren belehrt. Ein junger, bescheidener Pastor erzählte der Versammlung, dass sein Leitungsteam einer anderen Gemeinde gerade Geld zu ihrem Jubiläum gespendet hatte, um den Christen Wertschätzung zu zeigen, die in der Stadt schon länger am Werk waren. Keine Spur von einer selbstherrlichen Haltung. Wir waren bewegt.

## Wie es nicht funktioniert

Die Bibel erzählt von vielen Menschen, deren geistliches Dienen sich mit der Suche nach Selbstverwirklichung vermischte. Legendär ist Sarahs Versuch, auf krummen Wegen zum lang ersehnten Sohn zu kommen: Sie schickt ihre Dienerin für eine heiße Sexnacht zu ihrem Mann ins Zelt (1. Mose 16). Dass Gott ihr den versprochenen Sohn durch ein Wunder schenken kann, traut sie ihm nicht zu. Der Familienfrieden ist damit Vergangenheit. Jakob führt die zweifelhafte Familientradition weiter, als auch er versucht, Gottes Plänen ein wenig nachzuhelfen. Er betrügt seinen Bruder um das Erbrecht und zieht seinen Onkel über den Tisch, um das eigene Vermögen zu vermehren. Dumm gelaufen. Er bedient sich, genau genommen, an dem, was Gott ihm sowieso geben will – und vergrault damit seine Familie. So auch Mose, der in seiner Wut über die Misshandlung seiner Landsleute auf einen ägyptischen Bauleiter einschlägt und plötzlich eine Strafanzeige am Hals hat (2. Mose 2). Der spätere israelitische König Saul verspielt eine Chance nach der anderen, sein Gottvertrauen unter Beweis zu stellen (1. Samuel 13). Das traurige Ende der Geschichte: Er sucht bei einer Wahrsagerin Hilfe und Trost, weil er die Stimme Gottes nicht mehr hört (1. Samuel 28).

Jahrhunderte später nimmt Jesus kein Blatt vor den Mund, wenn es um Besitzrechte über ein Leben geht. Er verlangt von einem Jungmillionär, sein Geld, und damit die Kontrolle seines Lebens, herzugeben. Der junge Mann wendet sich empört von Jesus ab. Schon beim Weglaufen spürt er, dass er eine Entscheidung getroffen hat, die kein Glück verspricht. *Doch als der junge Mann das hörte, ging er traurig fort, denn er war sehr reich* (Matthäus 19,22). Menschliche Versuche, Glück an sich zu reißen, scheinen irgendwie ins Gegenteil umzuschlagen.

Wünsche, Sehnsüchte und Bedürfnisse, wie diese biblischen Charaktere sie hatten, werden auch in uns weitertoben, solange wir in dieser Welt leben. Dürfen sie auch. Sie sind ein Teil von uns. Gott ist nicht an einer Kirche voller weltfremder Asketen interessiert. Wenn wir uns aber bei ihm einhaken, haben wir die grandiose Möglichkeit, zwar mitten in dieser Welt mit ihren Gelüsten, ihrem Frust, ihrer Unvollkommenheit zu leben, aber gleichzeitig nicht zu dieser Welt dazuzugehören (Johannes 17,16). Das heißt, anders zu sein. Das heißt, mitten in den Missständen unseres Umfeldes nach anderen Werten zu leben und dadurch unsere Mitmenschen auf den Himmel hinzuweisen. Ein Gott der Liebe lässt es nicht zu, dass wir unsere Leidenschaft für Dinge einsetzen, die uns langfristig nicht sättigen werden. Das Mahl muss weggegeben werden, damit wir lernen, dass der Mensch nicht nur von Brot lebt (Matthäus 4,4).

Das Schöne dabei: Wenn Gott in unserem Leben mitmischt, kehrt das Mahl, das wir verschenken, in irgendeiner Form zurück. Das wusste schon der Prediger, der seine Leser in seinem Weisheitsbuch auffordert: *Wirf dein Brot hin auf die Wasserfläche! – denn du wirst es nach vielen Tagen wieder finden!* (Prediger 11,1; ELB). Das Brot, das wir wiederfinden, wird garantiert anders sein als das, das wir auf die Wasserfläche geworfen haben. Geläutert, verfeinert, gereinigt und sättigender als das ursprüngliche. Mag sein, dass es Zeit braucht. Gott hat bekanntlich größere Geduldsreserven als wir. Mose ist erst mit achtzig diensttauglich. So lange braucht es wohl, bis die Eitelkeit und der falsche Ehrgeiz aus seinem Inneren gründlich herausgespült sind. Wichtiger als das: Gott will nicht einen einzelnen Ägypter erschlagen, er will ein ganzes Volk aus Ägypten herausführen. Sein Traum ist größer als der von Mose.

## Das Rohmaterial der Träume – und was Gott daraus macht

So ist es auch mit anderen biblischen Helden, die ihren Lebenstraum hergeben mussten. Petrus träumt davon, das davidische Reich von Israel unter der Herrschaft eines irdischen Messias aufzurichten. Gott träumt davon, sein Reich in der ganzen Welt aufzurichten. Hanna will ihrem Mann ein Kind schenken. Gott will seinem Land einen Propheten schenken, der es zur Umkehr ruft. Josef strebt an, Leiter eines großen Familienclans zu sein. Gott strebt an, ihn zum Leiter der damals bekannten Welt zu machen.

Davids Lebensziel ist es, einen Tempel zu bauen. Es soll nicht sein. Sein Sohn bekommt den Auftrag von Gott (2. Chronik 6,8) und erfüllt den Traum seines Vaters. David darf lediglich das Material zusammenstellen und wird mit der Zusage Gottes getröstet, dass der Herr ihm ein Haus bauen wird (1. Chronik 17,10). Der Prachtbau, der unter König Salomos Herrschaft entsteht, wird im Jahr 586 v. Chr. von Nebukadnezar zerstört, die beiden nachfolgenden Tempel ereilt ein ähnliches Schicksal. Erst im Licht des Neuen Testaments wird die Tragweite von Davids unerfülltem Lebenstraum und Gottes Ansicht dazu deutlich. Steine und Felsbrocken werden vergehen, aber die »lebendigen Steine« (1. Petrus 2,5), die aus Davids Geschlecht hervorgehen, sind unvergänglich. Auch wir gehören dazu, Tausende von Jahren später. Das Haus für den Herrn, »für den Mächtigen Israels«, wovon David immer wieder schwärmt (Psalm 132,5), ist ein Tempel, der nicht von Menschen gebaut wird (Apostelgeschichte 7,48). Wieder ist das Mahl, das Gott zurückgibt, viel größer als das ursprüngliche Mahl, das er weggenommen hat.

Als Kind hatte ich alle möglichen Träume. Ich wollte Musikerin, Schriftstellerin, Mary Poppins und Maria von Trapp, Mutter Teresa und Professorin werden – alles zusammengerollt in einer glanzvollen geistlichen Karriere. Eine Liebesgeschichte kam dazwischen. Ich übernahm den Traum meines Mannes und wurde Eigentum meiner Gemeinde: Pastorenfrau und Vollzeitmutter von vier Kindern. Aber kleine Elemente meiner Kindheitsträume haben die harte Landung in der realen Welt überlebt. Ich durfte Musik machen, Bücher schreiben, Menschen helfen, Kinder zum Singen anleiten – auf einem bescheidenen Niveau. Meine Kinder haben andere Teile meiner Träume umgesetzt, die ich nicht umsetzen konnte. Man hat ja nur ein Leben.

Als Studentin wollte ich als Missionarin aufs europäische Festland ziehen – erst recht, nachdem ein Studienkollege entsetzt geäußert hatte: »Nach Europa? Spinnst du? Europa ist der Friedhof der Missionare. Briten gehen nach Indien oder Afrika in die Mission.« Französisch war zu der Zeit meine bessere Fremdsprache. So fühlte ich mich nach Frankreich berufen, verliebte mich in einen jungen Mann, der das gleiche Ziel hatte, und dachte mit Genugtuung, meine Zukunft sei damit geklärt. Überall erzählte ich, wie toll es ist, von Gott geführt zu werden, und wie klar ich seine Stimme gehört hatte. Peinlich. Der junge Mann brach mir das Herz, ich beendete die Beziehung, und jede Erinnerung an Frankreich und alles Französische löste Weinkrämpfe aus. Auf der Flucht vor schmerzhaften Erinnerungen bewarb ich mich um ein Stipendium für ein Auslandsjahr in Deutschland, weil eine Freundin es mir empfohlen hatte. Ich fragte Gott nicht einmal, ob es richtig sei, weil ich nicht damit rechnete, es zu bekommen. Doch prompt wurde ich akzeptiert und landete mit meinem gebrochenen Herzen in Tübingen, wo ich meine Zukunft in die Hände des Herrn legte und ihn für meine Anmaßung und Besserwisserei um Verzeihung bat. Deutschland war der Ort, an dem Gott mich haben wollte. Der Traum von Europa war richtig gewesen – nur waren es im ersten Anlauf der falsche Mann und das falsche Land.

Eine Freundin wollte als Missionarin ins Ausland. Ein Schicksalsschlag verhinderte es. Stattdessen unterstützt sie nun andere Missionare und kümmert sich um sie, wenn sie auf Heimaturlaub sind. Ein befreundetes Ehepaar hatte unendlich viel Kummer mit seinen Kindern und musste seinen Traum, ein vorbildliches christliches Familienleben zu führen, zunächst einmal hergeben. Als die Söhne das Haus verließen, erneuerten sie ihren Entschluss, dem Herrn zu dienen, und kümmerten sich rührend und erfolgreich um die Kinder anderer Familien.

Unsere Träume sind Rohmaterial. Sie werden erst dann brauchbar, wenn sie hergegeben, geformt, gereinigt und vom Kreuz Jesu berührt werden. Sie sind nicht etwas, womit wir uns rühmen können. *»Rühmen will ich mich nur einer Sache: des Kreuzes von Jesus Christus, unserem Herrn«,* bekennt der Apostel Paulus (Galater 6,14). Gerade er erlebt sowohl enorme geistliche Aufbrüche mit einem explosiven Gemeindewachstum als auch Zeiten, in denen alle ihn im Stich lassen (2. Timotheus 4,16). Er könnte auf vieles stolz sein, was er geleistet hat, und könnte mit außergewöhnlichen Erfahrungen mit Gott prahlen. Doch er hat gelernt, dass nicht das, was wir tun und erleben, sondern das, was Christus uns bedeutet, am Ende zählt.

*Ich habe gelernt, mit dem zufrieden zu sein, was ich habe. Ob ich nun wenig oder viel habe, ich habe gelernt, mit jeder Situation fertig zu werden: Ich kann einen vollen oder einen leeren Magen haben, Überfluss erleben oder Mangel leiden,* schreibt Paulus an die Gemeinde in Philippi (Philipper 4,11f) und fügt zuversichtlich hinzu: *Denn alles ist mir möglich durch Christus, der mir die Kraft gibt, die ich brauche* (Philipper 4,13). Das ist die Rede eines Mannes, der gelernt hat, an nichts mehr im Leben festzuhalten. Er gibt alles bereitwillig her, was sein Meister von ihm einfordert. Der Rest ergibt sich. Eine weltweite Kirche wird gegründet. Das Brot wird vermehrt. Das Mehl im Topf geht bis heute nicht aus. Auch wir ernähren uns davon.

Kapitel 15

# ZURÜCK ZUM REICH GEDECKTEN TISCH

## Sterben mit Zukunft

> In Jerusalem wird der Herr, der Allmächtige, ein großes Fest für alle Völker ausrichten. Es wird köstliches Essen geben, fette Speisen und leckeren Wein, Markspeisen und erlesene Weine.
>
> *Jesaja 25,6*

Das Letzte, was man mitten in den Gerichtsreden der alttestamentlichen Propheten erwartet, ist eine Speisekarte aus einem Nobelrestaurant. Ein edles Mahl, das jedes Zählen von Kalorien für Zeit und Ewigkeit in den Wind schlägt, wird mit Qualitätsweinen hinuntergespült, die jedem Weinkenner den Mund wässrig machen. Das Festessen wird später, im letzten Buch der Bibel, vom Apostel Johannes noch einmal aufgegriffen. Es trotzt jedem menschlichen Versuch, Schönheit in Worte zu fassen. Das Hochzeitsmahl des Lammes in Offenbarung 19 wird angekündigt mit einem Lobgesang »wie das Rufen einer riesigen Menschenmenge oder das Rauschen mächtiger Meereswellen oder das Krachen lauter Donnerschläge« (Offenbarung 19,6). Johannes tut sich schwer damit, die richtigen Worte zu finden. Ebenso im ersten Kapitel der Offenbarung, in seiner Darstellung des auferstandenen Herrn Jesus. Er kann den Gastgeber des Hochzeitsmahls nur mit Vergleichen beschreiben: *Sein Kopf und sein Haar waren weiß wie Wolle, so weiß wie Schnee. Und seine Augen leuchteten wie Feuerflammen. Seine Füße glänzten wie im Feuer gereinigtes Erz, und seine Stimme war wie das Tosen mächtiger Meereswellen. Er hielt sieben Sterne in seiner rechten Hand, und aus seinem Mund kam ein scharfes zweischneidiges Schwert. Und sein Gesicht strahlte wie die Sonne in ihrer ganzen Pracht* (Offenbarung 1,14-16). Menschliche Worte können nicht annähernd die Szenen wiedergeben, die sich vor Johannes' Augen abspielen. Es ist wie der Versuch, jemandem Farben zu erklären, der nur schwarzweiß sehen kann.

## Grüße vom Himmel

Auch auf eine ganz andere Weise bekommen Menschen hin und wieder flüchtige Blicke in eine unsichtbare Welt geschenkt, die mit den natürlichen Augen nicht zu sehen und mit menschlichen Worten nicht zu erklären ist. Manche Künstler, Musiker und Dichter leben von solchen Wahrnehmungen. Der Dichter stochert nach Begriffen in seinem Versuch, das Geflüster des Unsichtbaren in Worte zu fassen. Der Komponist fügt Klänge zusammen, die seinen Zuhörern Tränen in die Augen treiben und einen kurzen Blick ins Paradies eröffnen. Der Maler lässt aus Farben ein Gemälde entstehen, das dem staunenden Betrachter eine Tür zur Ewigkeit öffnet.

Man muss nicht religiös sein, um solche Momente zu erleben. Die Romantiker haben sie Sehnsucht genannt. Ahnungen, die mit dem menschlichen Verstand nicht zu erfassen sind. Überall lauern sie. Man muss nur bereit sein, die Sinne dafür zu schulen, mitten im Leben vom Himmel berührt zu werden. Dann nimmt man in den kleinen Genüssen des Alltags Himmelsgrüße wahr: den Duft des Flieders an einem schwülen Nachmittag. Den Saft einer kühlen Melone an einem heißen Sommertag. Die Klänge einer beliebten Melodie. Das Streichen des Windes über das Gesicht, das Lachen eines Kindes, das letzte rote, gelbe und orangefarbene Leuchten eines Sonnenuntergangs oder das Glitzern der Morgensonne auf dem Schnee. Bilder, Klänge und Düfte, die von keinem Menschen nachgemacht werden können. Überreste einer längst vergangenen Epoche, in der Schönheit an der Tagesordnung war, in der es keine Tränen und keine verbrannte Erde gab, keine Waffen, Slums, Sprengsätze oder Umweltverschmutzung und auch keinen Mord oder sexuellen Missbrauch.

Genauso war es gedacht. Wir sollen Sehnsucht haben. Wir sollen das Gefühl haben, dass es etwas darüber hinaus gibt, hinter dem Horizont, etwas, nach dem wir uns innerlich ausstrecken, unruhig, bis wir es erreicht haben: nur noch durch diese eine Tür, nur noch um diese Ecke. Die Hoffnung auf das eine Ereignis, das das tiefe, undefinierbare Verlangen in uns ein für alle Mal befriedigt. Was wir mit diesem fehlenden Puzzlestück machen, entscheidet über Glück und Unglück in unserem Leben. Es entscheidet, ob wir letztlich unsere Sehnsucht mit Beziehungen, Anschaffungen oder anderen Dingen aus dieser Welt stillen wollen und uns somit betrügen oder ob wir unsere Hoffnung schon in dieser Welt auf den Himmel setzen.

Eine einzige Schnittstelle in der Weltgeschichte gibt es, in der Menschen mit Begeisterung gerufen haben: »Ich hab's gefunden!« Oder vielmehr: »Ich habe *ihn* gefunden!« Sie kommen ihr Leben lang nicht mehr darüber hinweg. Sie verhalten sich so, als ob ihre Suche nach einem Sinn im Leben tatsächlich ein Ende gefunden hätte. Den lebendigen Gott in den Seiten der Bibel zu finden, ist spannend. Noch spannender war es vermutlich, ihn zur Zeit des Neuen Testaments leibhaftig zu erleben. Das zeigen die Reaktionen der Menschen, die Jesus begegnet sind. Die, die begriffen haben, dass diese Welt nicht glücklich machen kann, sind außer sich vor Freude und Staunen.

Jesu Vetter Johannes hüpft begeistert schon im Mutterleib, als die mit dem Christuskind schwangere Maria den Raum betritt (Lukas 1,41). Die Hirten, der Seher Simeon, die Prophetin Anna: Sie sind nur die ersten in einer langen Reihe von Zeugen, die Jesus mit dem Ruf »Der ist es!« begrüßen. Wir sind mit diesen Texten so vertraut, dass wir leichtfertig über sie hinweglesen. *»Wir haben den gefunden, von dem Mose und die Propheten geschrieben haben!«*, schwärmt Philippus seinem skeptischen Bruder Nathanael vor (Johannes 1,45). Nathanael denkt, es sei ein Witz: *»Kann denn aus Nazareth etwas Gutes kommen?«* Philippus lässt nicht locker: *»Komm mit und überzeuge dich selbst!«* (Johannes 1,46). Nathanael überzeugt sich und ist völlig platt; die Begegnung mit Jesus verschlägt ihm die Sprache. Keine Spur mehr von dem Spötter, der glaubt, dass der Messias unmöglich aus Nazareth kommen kann. *»Rabbi, du bist der Sohn Gottes – du bist der König Israels!«*, bekennt er voller Ehrfurcht (Johannes 1,49).

## Bleibende Folgen

Dieses Aha-Erlebnis ist keine Eintagsfliege. Nicht wie das Medikament, das viel verspricht und doch nicht die Genesung bringt. Oder die Partnerschaft, die die große Liebe verheißt, aber nur ins Elend führt. Menschen, die Jesus begegnen, sind bereit, ihre Entdeckung mit dem Leben zu bezahlen. Sie sind tiefgründig und dauerhaft verändert. Sie haben den Himmel geschmeckt und finden alles andere nun fade. Der hitzköpfige Petrus, jung, impulsiv, auf vollem Erfolgskurs in diesem Leben, will alles hinschmeißen und die Herrlichkeit, die er für einen Moment erblickt, mit aller Macht festhalten: *»Meister, wie wunderbar ist das! Lass uns drei Hütten bauen«* (Lukas 9,33). Einmal in seinem turbulenten Leben will der Eiferer, der sonst immer in Bewegung ist, stillhalten.

Ein Zusammenstoß mit Gott ist allerdings nicht immer bequem. Der Prophet Daniel ist zwei Wochen lang krank, nachdem ein Engel Gottes ihm erschienen ist (Daniel 8,27), Jesaja zittert vor Angst beim Anblick des Herrn auf seinem Thron (Jesaja 6), Johannes fällt bewusstlos auf den Boden (Offenbarung 1,17). Gottes Nähe zu suchen darf nicht flapsig oder beiläufig sein. Nicht weil er unnahbar ist, sondern weil die Finsternis in meiner Seele im Licht seiner Vollkommenheit kaum zu ertragen ist. Mein Schauspielen hört spätestens dort auf. Ich werde gesehen, wie ich wirklich bin, mitsamt den blöden Gedanken, die mir heute schon wieder durch den Kopf gegangen sind. Gut, dass Gott den Anblick einer entblößten menschlichen Seele aushält. Ob es für uns angenehm ist oder nicht, mit Gott zusammenzutreffen ist lebensverändernd.

Begegnungen mit Gott sind nicht nur ein paar Superhelden vergönnt, die zufällig in Israel zur Zeit Jesu gelebt haben und ihm über den Weg gelaufen sind. Die Kraft der Gemeinschaft mit Jesus lässt im Lauf der Kirchengeschichte keineswegs nach. Sein Angebot ist universell, überspannt Zeitalter, Sprachen, Kulturen, gesellschaftliche Schichten und Altersgruppen. Jesus ist zweitausend Jahre später nicht weniger anwesend als damals auf der Erde. Auch heute können wir mit dem Dichter Paul Gerhardt zusammen bezeugen: *Ich sehe dich mit Freuden an und kann mich nicht sattsehen.*[17] Auch heute gibt es ein Sehen im Glauben, das Hunger auf den Himmel macht.

Ein Teil von mir kann den Tag kaum erwarten, an dem ich Gott nicht mehr »wie in einem trüben Spiegel« sehen werde, sondern »in völliger Klarheit« (1. Korinther 13,12). Ich freue mich auf eine Zukunft, in der es keine Kopfschmerzen mehr gibt, keinen Streit mit bockigen Teenagern, keine Klagen über mangelnde Mitarbeiter im Küchenteam, keine mühsamen Gänge zur nächsten Zahnprophylaxe und keine Schockstarre bei neuen Schreckensmeldungen aus dem Nahost. Und dennoch: Sosehr ich versuche, meine Seele mit Bildern aus dem Himmel zu ernähren, dreht sich mir der Magen um bei dem Gedanken, dass meine Überreste eines Tages in die Erde hinuntergelassen werden und dass die Finger, die diese Worte tippen, eines Tages steif in einem Sarg liegen werden. Meine Freunde werden ihre Tränen weinen, Kaffee trinken und dabei hoffentlich ein paar nette Worte über mich sagen. Danach geht die Welt ohne mich weiter, und mein Name bleibt als Randbemerkung in irgendwelchen Archiven, mein Leben auf einen Bindestrich zwischen Geburts- und Todesdatum reduziert. Meine Panikgefühle helfen nichts. Es wird passieren. Solange ich einen irdischen Körper habe, bleibt auch meine Seele hoffnungslos und hartnäckig an diese Erde gebunden, egal wie schön der Himmel in der Bibel beschrieben wird. Der Tod bleibt ein misstönendes Grauen, gegen das sich jede Faser meines Wesens wehrt. Genauso, wie wenn eine mir nahestehende Person stirbt. Trost spendende Bibelworte vor dem klaffenden Loch eines offenen Grabs klingen in meinen Ohren dünn und fad. Das Bewusstsein, dass ein selbstverständlicher Teil meines Lebens gelöscht wurde, einfach so, unwiederbringlich, überrollt mich mit einer brutalen, finsteren Endgültigkeit. Spätestens hier hätte Gott doch beweisen können, dass das Christsein etwas bringt. Er hätte seinen Kindern diese Misere ersparen, hätte uns irgendwie schmerzfrei wegzaubern können – samt allen Menschen, die uns lieb sind, damit auch die Trauer der Trennung aufgehoben wäre.

## Die große Verdrängung

Die Welt hat ihre eigenen Möglichkeiten, diesen Knoten im Magen loszuwerden. Die Umsätze mit der Vergänglichkeit sind so alt wie die Menschheit und waren schon immer ein gewinnträchtiges Geschäft. Die Pharaonen deckten den Schrecken des Grabes mit umfangreichen Schatzsammlungen zu, die man auch ins Jenseits mitnehmen konnte. Dachten sie wenigstens. Der moderne Wohlstandsbürger baut Häuser, als ob sie für die Ewigkeit bestimmt wären. Verfolgt einen Gesundheitswahn, der für die Pharmaindustrie opulente Gewinne eintreibt. Auf allen Seiten tobt die Jagd nach dem Anschein der Unvergänglichkeit. Eine Versicherung gegen jede erdenkliche Panne, eine Therapie gegen jede Art von Störung. Ein Sündenbock für alles, was nicht nach Konzept läuft. Katastrophen sind Dinge, die anderen passieren, man verdrängt sie möglichst. Selbst der teuerste Schmuck der Pharaonen an einem mumifizierten Leichnam konnte jedoch die Zersetzung der Organe nicht verhindern. Das vornehmste Auto wird eines Tages auf dem Schrotthaufen verrosten, das perfekt ausgestattete Haus eines Tages eine Ruine sein, die glatteste Haut mit Falten übersät. Während ich diese Worte schreibe, läuft eine Live-Übertragung aus Paris nach dem IS-Terrorangriff. Die zivilisierte Welt taumelt vor Wut und Schock. Das übliche Abspulen hilfloser Gesten beginnt. Lichtermeere vor den Kirchen, Schweigeminuten, Solidaritätskundgebungen, Facebook-Porträts in den Farben der Trikolore, die üblichen Plattitüden der Politiker. Die Gesichter der Opfer erscheinen überall in den Tageszeitungen, die dramatischen Geschichten derer, die knapp davongekommen sind, werden ausgebreitet. Schon nächste Woche werden die 24-Stunden-Übertragungen von den Szenen der Katastrophe vorbei sein, die Sensationsjäger werden abziehen und die neuesten Promi-Skandale und Bundesliga-Ergebnisse die Schlagzeilen zurückerobern. Bis zur nächsten Katastrophe. Und wir werden wieder empört, erschrocken, entsetzt sein. Bis das normale Tagesgeschäft uns wieder mit der Illusion in den Schlaf wiegt, dass es immer so weitergehen wird wie bisher. Mit einem riesigen Aufatmen verdrängen wir den Gedanken: »Das hätte auch ich sein können.« Nur Pech für diejenigen, deren Leben nie wieder das gleiche sein wird.

## Der Tod ohne seinen Stachel

Die Bibel schildert erbitterte Kämpfe gottesfürchtiger Menschen gegen ihre Todesängste. Menschen, die Gott kennen, blicken dem Tod ins Gesicht und setzen sich mit ihm auseinander. Hiob stellt sich vor, wie eine Leiche aussieht, die von Maden zerfressen wird (Hiob 13,28), und schreibt diese makabren Gedanken auch noch auf. Hiskia fleht Gott unter Tränen um Genesung von seiner tödlichen Krankheit an (2. Könige 20,3). Jeremia klagt den Gott an, der ihn »in den Staub gedrückt« hat (Klagelieder 3,16). Für Gott ist das Thema Tod kein Tabu. Der Schöpfer, der »die Ewigkeit in ihr Herz gelegt« hat (Prediger 3,11; ELB), weiß sehr wohl, dass der Gedanke an Verwesung ein Graus ist für Menschen, die für das Leben und nicht für den Tod geschaffen wurden.

*»In der Welt habt ihr Angst«* (Johannes 16,33; LUT). Jesus sagt dies als der Lebenserfahrene, der Schweißausbrüche und Panikattacken kennt, der Blut schwitzt, als er die Aussicht auf eine qualvolle Hinrichtung vor sich hat. Er richtet an seine Freunde Trostworte wie *»Friede sei mit euch«* (Johannes 20,21) oder *»Hört auf, euch Sorgen zu machen«* (Matthäus 6,31). Damit erspart er uns zwar nicht ein Grauen vor dem Sterben, aber der Tod darf nicht mehr über uns herrschen. Er hat nicht mehr das letzte Wort in einem Leben unter Gottes Regie. Wir können die Staatsbürgerschaft wechseln. In dem Augenblick, in dem wir unser Leben Gott anvertrauen und Vergebung für die Schuld empfangen, die unser Todesurteil verursacht hat, werden wir Bürger eines anderen Staates. Wir ändern unsere Adresse. Diese Welt mit ihren Zwängen und

Horrorszenarien bedrängt uns zwar nach wie vor, gibt aber nicht mehr die Richtung vor. *Denn diese Welt ist nicht unsere Heimat; wir erwarten unsere zukünftige Stadt erst im Himmel* (Hebräer 13,14). Wir leben hier als Botschafter und vertreten die Interessen unseres eigentlichen Heimatlandes in einem fremden Land, bis der Meister uns nach Hause ruft. Paulus schreibt deshalb mit Zuversicht an seine Freunde in Philippi: *Ich sehne mich danach, zu sterben und bei Christus zu sein, denn das wäre bei Weitem das Beste* (Philipper 1,23). Er meint das ernst.

*»So lehre uns denn zählen unsere Tage, damit wir ein weises Herz erlangen«* (Psalm 90,12; ELB), betet David in dem Bewusstsein, dass eine innere Ausrichtung auf die Heimat im Himmel gelernt werden muss. Am besten, bevor das Schicksal zuschlägt. Mitten in Krisen, wenn eine lähmende Dunkelheit die Seele überschwemmt, sind die Psalmen ein wunderbares Lehrbuch dafür. Sie beginnen oft mit einer Klage, zum Beispiel der Psalm 10: *Herr, warum bist du so fern, warum verbirgst du dich, wenn ich dich am nötigsten habe?* Die Gefühle einer geplagten Seele werden in ein Gebet verwandelt. Am Schluss kehrt die Gewissheit des Glaubens zurück: *Der Herr ist König für immer und ewig… Herr, du hörst das Verlangen der Hilflosen. Du schenkst ihnen Gewissheit und leihst ihnen dein Ohr* (Psalm 10,16f). Ruhe kehrt ein, Gott bekommt das letzte Wort.

So lässt sich auch die außerordentliche Gelassenheit erklären, mit der sowohl Jesus als auch Paulus gelebt und gewirkt haben. Jesus schläft wie ein Kind mitten in einem lebensbedrohlichen Gewitter auf dem tobenden See (Markus 4,35-41). Eine giftige Schlange, die sich an seinem Arm festhakt, bringt Paulus nicht aus der Ruhe, er schüttelt sie einfach ab (Apostelgeschichte 28,1-6). Er muss keinen Gottesdienst besuchen, keine Lobpreislieder oder Choräle singen, keinen speziellen Heilungsprediger herbeirufen, um das Wunder zu erleben. Er vertraut Gott bedingungslos und lebt in diesem Vertrauen.

Es irritiert mich manchmal, wie unbefangen die Bibel mit Leid und Tod umgeht. Paulus' Mitstreiter Jakobus fordert seine Freunde auf: *»Wenn in schwierigen Situationen euer Glaube geprüft wird, dann freut euch darüber«* (Jakobus 1,2). Es ist eine Sache, uns mit dem Leid zu arrangieren, eine andere, uns darüber zu freuen. Das geht nur, wenn wir, wie Jakobus und die anderen biblischen Autoren, das Leben vom Ende her beurteilen, vom Festessen, das Johannes in der Offenbarung erblicken darf.

Auch alttestamentliche Größen sehen ihrem Tod mit Gelassenheit entgegen. So scheint es zumindest. Gott gibt Mose den Auftrag: *»Steig auf das Gebirge östlich des Flusses … Blicke dann über Kanaan, das Land, das ich den Israeliten zum Besitz gebe. Danach sollst du dort auf dem Berg sterben«* (5. Mose 32,49f). Die Uhr tickt. Ein Spaziergang, ein letzter Blick auf das verheißene Land, dann geht das Licht aus. Gott spricht zu Mose, als ginge es um eine Urlaubsreise und nicht um seinen bevorstehenden Tod. Keine Samthandschuhe, kein behutsames Sichvortasten in ein empfindliches Thema hinein. Ähnlich entspannt geht es bei König David zu. *»Ich gehe nun den Weg, den jeder Mensch eines Tages gehen muss«*, sagt er zu seinem Sohn Salomo (1. Könige 2,2). *»Du aber sei mutig und verhalte dich wie ein Mann.«*

Jesus versichert einer Trauergemeinde in Bethanien mit Nachdruck: *»Wer an mich glaubt, wird leben, auch wenn er stirbt. Er wird ewig leben, weil er an mich geglaubt hat, und niemals sterben«* (Johannes 11,25f). Um an Ort und Stelle zu beweisen, dass er die Wahrheit spricht und dass er auch über den Tod Sieger und Herr ist, ruft er seinen Freund Lazarus aus dem Grab heraus.

Wir dürfen in der freudigen Gewissheit leben, dass für die Nachfolger Jesu der Tod nicht das Ende ist. Wer den Herrn fürchtet, braucht sich vor nichts mehr zu fürchten. Wer »mit Christus gekreuzigt« ist (Galater 2,19), hat auf dieser Erde nichts zu verlieren. Wer schon in diesem Leben mit Christus gestorben ist, muss weder vor dem Leben noch vor dem Tod Angst haben. *Ich lebe, aber nicht mehr ich selbst, sondern Christus lebt in mir* (Galater 2,20). Christus, der in uns lebt, ist vom Tod auferstanden. Dadurch tragen wir das Erbgut des Himmels schon in uns, noch bevor wir dorthin kommen.

## Beflügelt vom Himmel

Glaube ist, wenn der Traum von der ungetrübten Nähe Gottes im Himmel, worauf wir uns freuen, jetzt schon in unseren Gedanken Wurzel schlägt. Glaube ist, wenn jede Trübsal dieses Lebens ein Anlass ist, Heimweh nach dem Himmel zu haben. Glaube ist, wenn ich mich selber in den Zeilen der Bibel entdecke. Wenn die Geschehnisse, von denen ich lese, Realität werden, wenn ich beginne, in meinem eigenen Leben mit dem handfesten Wirken Gottes zu rechnen, so wie ich es in seinem Wort finde.

Mit den Hirten zusammen eile ich von Bethlehem fort und erzähle allen, denen ich begegne, von dem Wunder, das ich erlebt habe. Mit Petrus zusammen staune ich mit großen Augen beim Anblick des verklärten Christus. Ich ringe mit Johannes nach Worten, um die Herrlichkeit der himmlischen Stadt zu erfassen. Mit den Emmausjüngern rase ich nach Jerusalem und erzähle, wie mein Herz brannte, als Christus die Schriften auslegte. Meine Seele wird zu einer Bilderfabrik. Auf einmal ist es, als ob Jesus auf der langen Autobahnfahrt neben mir sitzt, über meine Schulter blickt, wenn ich Kinder unterrichte oder Klavier spiele, mir Frieden ins Herz flüstert, wenn ich voller Angst auf einen Saal von Menschen blicke, die auf meinen Auftritt warten. Und er erinnert mich, dass ich auf dieser Erde nur kurz zu Besuch bin, in seinem Auftrag. Und dass das Eigentliche noch kommt.

Vergessen wir Vorstellungen von pummeligen Engeln, die auf Wolken sitzen und Harfe spielen, Vorstellungen von der Aussicht, für alle Ewigkeit gähnend Däumchen zu drehen, während himmlische Chöre eine Darbietung nach der anderen von sich geben. Die Bibel schildert eine Symphonie aus Klang, Farbe und feinsten Speisen, bei deren Anblick jedem das Wasser im Mund zusammenlaufen muss, in einer Atmosphäre ausgelassenen Feierns. Ein Grüßen, Küssen, Händeschütteln bei einem Wiedersehen, das über unsere Vorstellungskraft geht, eine Freude ohne Verfallsdatum (1. Thessalonicher 4,14). Unser jetziger Körper würde es nicht verkraften. Das Beste, was die Erde an Schönheit zu bieten hat, ist nur ein flüchtiger Schatten dessen, was uns im Himmel erwartet. Es ist, wie wenn der Nebel sich auflöst und die Sonne plötzlich strahlt. Unsere himmlischen Leiber sind nicht durchsichtige, eintönige Formen, die durch die Gegend schweben. Eher unsere irdischen Leiber. Nicht Jesus war das Gespenst, als er mit seinem auferstandenen Leib durch eine geschlossene Tür lief. Man könnte gewagt behaupten, dass eher die Tür das Gespenst war. Der Leib, der den Himmel berührt, hat eine Qualität, die diese Erde nicht kennt. *Ich bin aber davon überzeugt*, schreibt Paulus an die Christen in Rom, die einer beispiellosen Verfolgung ausgesetzt waren, *dass unsere jetzigen Leiden bedeutungslos sind im Vergleich zu der Herrlichkeit, die er uns später schenken wird… die ganze Schöpfung hofft auf den Tag, an dem sie von Tod und Vergänglichkeit befreit wird zur herrlichen Freiheit der Kinder Gottes* (Römer 8,18.21).

Paulus streut kleine Vorspeisen aus dem Himmel überall in seine Briefe und Predigten ein; Vorahnungen auf das unfassbare Glück, das uns erwartet, weil wir uns schon in diesem Leben auf Gottes Heilsplan eingelassen haben. Jesus lädt uns ein, schon jetzt unsere Schätze im Himmel zu sammeln, wo sie nicht zerstört werden (Matthäus 6,19f), schon jetzt unser Herz als Pfand in die Ewigkeit vorauszuschicken, mit Freuden auf die leisen Echos zu reagieren, die der Himmel uns schickt. So betten wir unsere Vergänglichkeit in seine Ewigkeit hinein, wissend, dass wir uns nie in dieser irdischen, geliehenen Zeit zu Hause fühlen können. Jeder von uns wird eines Tages den Schlüssel an den Besitzer abgeben müssen und für das, was wir mit der Leihgabe unseres Lebenshauses hier auf Erden gemacht haben, Rechenschaft abgeben. Es ist nur zu unserem Vorteil, wenn wir uns in dieser Welt nicht beheimatet fühlen. Die größte Schwierigkeit ist nicht der Tod selbst, sondern die Vorbereitung auf den Tod: das Leben hier.

*Wer nach dem Himmel strebt, dem wird die Erde »in den Schoß fallen«; wer nach der Erde strebt, dem geht beides verloren*[18], schreibt C.S. Lewis. Mit anderen Worten, wer innerlich auf den Himmel ausgerichtet ist, findet auch auf dieser Erde zu sich selber, wird zu dem Menschen, zu dem Gott ihn machen möchte. Paulus drückt es ähnlich aus, wenn er die Korinther ermutigt, nicht müde zu werden, weil der Geist jeden Tag erneuert wird, auch wenn der Körper stirbt (2. Korinther 4,16). Je mehr wir uns dem Himmel nähern, desto fröhlicher holen wir die »Macht der zukünftigen Welt« (Hebräer 6,5) in unseren Alltag hinein. Mitten in die Warteschlange beim Arzt, in den Dunst von Zigarettenrauch im Bus, in die wimmelnden Menschenmengen hinein. Die Erde ist nur eine Durchgangsstation, wir sind Migranten, Pilger auf Zeit.

Gefühle von Angst bleiben: die Verzweiflung nach dem niederschmetternden Arztbefund, die erschreckende Leere, wenn das Glück plötzlich auseinandergebrochen ist, Hände, die nach einem Halt in der Finsternis tasten, durchweinte Nächte, in denen man sich fragt, wie das Leben weitergehen kann ohne den Beistand des geliebten Menschen, der nicht mehr da ist, oder ohne die Freundschaft, die in die Brüche gegangen ist. *»In der Welt habt ihr Angst«* (Johannes 16,33; LUT). Das wird so bleiben. Aber Christus in uns, »die Hoffnung der Herrlichkeit« (Kolosser 1,27; ELB), darf uns immer wieder ins Ohr flüstern, dass bald eine Zeit kommt, in der es weder Tod noch Trauer noch Weinen noch Schmerz geben wird (Offenbarung 21,4). Bis wir die lang ersehnten, erlösenden Worte hören dürfen: *»Gut gemacht, mein guter und treuer Diener … Lass uns miteinander feiern!«* (Matthäus 25,23), haben wir genug zu tun. Im Auftrag unseres Meisters dürfen wir, wenn auch manchmal unter Tränen, die Trauernden trösten, den Ängstlichen Mut zusprechen, den Schwachen sagen: *»In der Welt habt ihr Angst; aber seid getrost, ich habe die Welt überwunden«* (Johannes 16,33; LUT).

Mit unserem äußeren Auge sehen wir nur ein trostloses Loch in der Erde, traurige Gesichter, Taschentücher, schwarze Anzüge. Mit unserem inneren Auge sehen wir als Christen ein köstliches Essen, fette Speisen und leckeren Wein, Markspeisen und erlesene Weine. Lachen, Musik, Feierlaune. Einen Vater, der mit einem Taschentuch in der Hand alle Tränen von Schmerz, Verlust und Enttäuschung in einem Augenblick abwischt und auslöscht. Das ist Sterben. Das ist das Fest, auf das alles zuläuft. Das ist der reich gedeckte Tisch, der immer gedeckt bleibt. Weil er Gottes Tisch ist. Das Warten lohnt sich. *Siehe, die Wohnung Gottes ist nun bei den Menschen! Er wird bei ihnen wohnen und sie werden sein Volk sein und Gott selbst wird bei ihnen sein* (Offenbarung 21,3).

Wenn Sie Verbindung mit der Autorin aufnehmen wollen, können Sie dies gerne über ihre Homepage tun:
www.nicola-vollkommer-buecher.de

# ANMERKUNGEN

1 Corrie ten Boom. Randnotizen aus meinen Tagebüchern. Neuhausen-Stuttgart: Hänssler, [2]1996, S. 42.
2 C.S. Lewis. Über den Schmerz. Gießen: Brunnen, [8]2012, S. 93.
3 jjs production: Steady Heart – Cover by Conny und Pratibha, online unter: https://youtu.be/AhaH3kTtiBU, abgerufen am 5. 2. 2016.
4 C.S. Lewis. Prinz Kaspian von Narnia. Moers: Brendow, [11]2005, S. 121.
5 Ders. Über den Schmerz. Gießen: Brunnen, [8]2012, S. 117.
6 Ders. Der König von Narnia. Moers: Brendow, [6]2005, S. 136.
7 Isaac Watts. Schau ich zu jenem Kreuze hin. Übersetzt von Ira Sankey und Walter Rauschenbusch. In: Lied des Lebens. Tübingen: Jugend mit einer Mission, 1986, S. 46 f.
8 C.S. Lewis. Ist Theologie Dichtung? In: Der innere Ring und andere Essays. Basel: Brunnen, [2]1992, S. 58.
9 Paul Gerhardt. O Haupt voll Blut und Wunden. In: Evangelisches Gesangbuch. Ausgabe für die Evangelische Landeskirche in Württemberg. Stuttgart: Gesangbuchverlag, 1996, Nr. 85.
10 Ders. Geh aus, mein Herz, und suche Freud. In: Evangelisches Gesangbuch. Ausgabe für die Evangelische Landeskirche in Württemberg. Stuttgart: Gesangbuchverlag, 1996, Nr. 503.
11 Dietrich Bonhoeffer. Gemeinsames Leben. München: Chr. Kaiser, [15]1976, S. 19.
12 Ebd.
13 Zitiert nach: Leo Bigger. Adlerauge. Ein Buch über Berufung, Vision und Fokussierung. Basel/Gießen: Brunnen, 2014, S. 122 f.
14 Martin Luther. Wie man beten soll. Für Meister Peter den Barbier. Herausgegeben von Ulrich Köpf und Peter Zimmerling. Göttingen: Vandenhoeck & Ruprecht, 2011, S. 39.
15 Ebd.
16 John Bunyan. Pilgerreise zur seligen Ewigkeit. Lahr-Dinglingen: Johannis, [9]1979, S. 23.
17 Paul Gerhardt. Ich steh an deiner Krippen hier. In: Evangelisches Gesangbuch. Ausgabe für die Evangelische Landeskirche in Württemberg. Stuttgart: Gesangbuchverlag, 1996, Nr. 37.
18 C.S. Lewis. Pardon, ich bin Christ. Basel: Brunnen, [8]1990, S. 123 f.